A criança dada por morta

Riscos psíquicos da cura

Dados Internacionais de Catalogação na Publicação (CIP)
(Câmara Brasileira do Livro, SP, Brasil)

Brun, Danièle
  A criança dada por morta : riscos psíquicos da
cura / Danièle Brun ; tradução Joaquim Pereira Neto,
José de Souza e Mello Werneck. — São Paulo : Casa
do Psicólogo, 1996. — (Estudos psicanalíticos)

  Título original: L'enfant donné pour mort :
enjeux psychiques de la guérison.
  Bibliografia
  ISBN 85-85141-

  1. Cura – Aspectos psicológicos 2. Psicanálise
infantil 3. Tumores em crianças – Aspectos psicológicos I. Título.

95-4002   CDD–618.928917
                                             NLM-WS 105

Indices para catálogo sistemático:

  1. Crianças com câncer : Cura : Psicanálise infantil :
     Medicina   618.928917
  2. Cura : Crianças com câncer : Psicanálise infantil :
     Medicina   618.928917

Editor: Anna Elisa de Villemor Amaral Güntert

Capa: Antonio Mancini (1852-1930)
"*A Criança Doente*", 1875.
Museu Nacional H.W. Mesdag Haia
Foto Mauritshuis, Haia

Revisão: Ana Venite Fuzato

estudos psicanalíticos
coleção dirigida por Latife Yazigi

A criança dada por morta
Riscos psíquicos da cura

Danièle Brun

Tradução:
Joaquim Pereira Neto
José de Souza e Mello Werneck

Casa do Psicólogo®

Título original:
L'enfant donné pour mort

Enjeux psychiques de la guérison

©1996 Casa do Psicólogo Livraria e Editora Ltda.

©1987 Bordas, Dunod

Reservados os direitos de publicação em língua portuguesa à
Casa do Psicólogo Livraria e Editora Ltda.
Rua Alves Guimarães, 436 – CEP 05410-000 – São Paulo – SP
Fone (011) 852-4633 Fax (011) 3064-5392

É proibida a reprodução total ou parcial desta publicação para
qualquer finalidade, sem autorização por escrito dos editores.

Impresso no Brasil / *Printed in Brazil*

Notas sobre a tradução

O Ministério da Cultura e da Comunicação da França — Direção do Livro e da Leitura — patrocinou a tradução desta obra.

Como os demais títulos desta coleção, o Dicionário de Psicanálise de Laplanche e Pontalis serviu como fonte de referência, visando unidade terminológica.

Índice

APRESENTAÇÃO XI
    Curar-se: alegrar-se? XI
    Psicanálise e Câncer XIV
    Figuras infantis da morte XVII
PREFÁCIO XXI

Primeira Parte
OS PARADOXOS DA CURA

1. UMA CRIANÇA DADA POR MORTA: RELAÇÃO ENTRE
    A MÃE E O FILHO CURADO 1
    Perder um filho 1
    Tenham outro filho 4
    Anunciar a cura 8
    Tratem-na como uma cirança normal 9
    Um discurso de duplo sentido 15

2. PEDIDO DE CURA, DESEJO DE CURAR, QUERER
    CURAR 17
    A condição do doente 17
    A recusa em acreditar 21
    Efeito de interpretação selvagem da palavra "cura" 23
    Recorrer ao psicanalista 25

3. PSICANALISTA EM CANCEROLOGIA INFANTIL 31
    Histórico de um grupo de trabalho 31
    Psicanálise e cancerologia da criança 35
    Sexualidade, feminilidade: pílula = menstruação = filho 38
    A ideologia materna 43
    Fazendo um balanço da pesquisa: a questão da transferência . 46

VIII   *A criança dada por morta*

4. A INTERRUPÇÃO DE UMA LINHAGEM 49
   A vida ao preço da esterilidade 49
   Posição da esterilidade na vida psíquica 52
   A fecundidade da mãe posta à prova 54
   Representação infanticida e desejo de ter filhos 58

Segunda Parte
A CURA: ATO DE CONSCIÊNCIA E PRODUÇÃO DO
INCONSCIENTE

5. ROTEIROS DE INFANTICÍDIO NA TRANSFERÊNCIA ... 69
   Atribuir à morte um lugar inequívoco 69
   Violência do psicanalista, violência feita ao psicanalista . 71
   A representação da criança dada por morta 74
   O modelo da situação analítica 75
   A maternidade da criança 78
   Natureza das fantasias de salvamento 84
   Morrer ao mesmo tempo que o filho 90
   Atacar o sorriso da infância 94

6. A MEMÓRIA VIVA 101
   A íntima convicção 101
   Lutar contra o esquecimento 103
   Posição da resistência ao esquecimento 105
   Não conseguir libertar-se da lembrança 107
   A economia da vigilância 108
   A impressão de regredir 116

7. A NECESSIDADE DE ACREDITAR NO PERIGO
   EXTERNO 119
   A angústia de morte 119
   Os dois tempos da cura 122
   As representações de contraste difíceis 123

Índice IX

Imagens de morte, imagens de mãe, imagens de criança 124
Poder dizer "eu...eu" 129
Imagens da tranferência 132
Uma conversa de mulher para mulher 133
Um vigilante para a criança 135

8. DÍVIDAS DE VIDA PARA COM A MÃE 141
O direito à excessão 141
A identificação com um ser excepcional:
uma identificação feminina 144
Fantasias da criança com a mãe 149
A esterilidade na perspectiva dos elementos
do passado 154
Pelo prazer de carregar um filho dentro de si 160
O desejo de um filho por parte de um homem 166
Dar à luz à mãe 173
Instrumentos de pensamento 177

Terceira Parte
REPRESENTAÇÃO DA CRIANÇA DADA POR MORTA

9. CORPO DE CRIANÇA, PALAVRAS DE MÃE 187
Papel da narração 187
O Percalço psíquico da cura 188
O encontro com o psicanalista 190
Os riscos da narração 193
"Por elas mesmas" 196
Transformação do papel da narração 200
Escrever para contar: questões de filiação 204
O sentido da narração 207

10.A CENA ONÍRICA DA DOENÇA MORTAL 211
Os sonhos de morte de pessoas queridas 211
Constituição do desejo de infanticídio 217

X   *A criança dada por morta*

Imagens de criança 223
A visão da criança morta 225
Evitar um luto 229
Processo maligno, processo materno 231
O desejo infanticida na tranferência 234

Quarta Parte
RIVALIDADE FRATERNA E CÂNCER

11. AS RELAÇÕES ENTRE IRMÃOS E IRMÃS
INSTAURADAS PELO CÂNCER 245
Um irmão obstrutivo 245
Hostilidade contra um irmão menor num sonho 248
Morte acidental de uma criança curada numa irmandade 252
Movimentos de vida e de morte na criança 258
O ciúme entre crianças 263

12. A PERDA DO DIREITO DE PRIMOGENITURA 271
Inversão de papéis na irmandade 271
O casamento e a morte 277
Fantasias a respeito da morte e morte real 279
Ciúme infantil e compulsão à repetição 283
Uma rivalidade baseada na eqüidade 285

BIBLIOGRAFIA 291

Apresentação

Prisioneiro de uma sala, do barulho, um homem embaralha cartas. Numa delas lê-se: "Eternidade, eu a odeio!" Em outra: "Que esse instante me liberte!"

E numa terceira carta o homem escreve: "Indispensável morte". Assim, na falha do tempo, ele caminha, iluminado pela sua ferida.

YVES BONNEFOY
Poemas
(Paris, Gallimard, 1982)

Curar-se: alegrar-se?

"Curar-se" — é um paradoxo constitutivo dos processos que operam na vida psíquica — não combina necessariamente com "alegrar-se". A cura supõe, com efeito, a realização de um trabalho de luto bem como uma transformação dos investimentos exteriores e interiores. Sua aceitação geralmente é regida por uma lógica interna, independente das leis da razão, cujos riscos são ao mesmo tempo plurais e superdeterminados.

O câncer, particularmente quando uma criança acaba de curar-se, oferece uma ilustração impressionante dessa conjuntura. Muitos pais, por exemplo, não conseguem desvencilhar-se da impressão que o medo e a representação da morte da criança deixam em suas mentes. Então, é importante ouvi-los e admitir que se o fato de recobrar a saúde após vários anos de doença proporciona uma inegável satisfação, ter, nessa ocasião, que

XII   *A criança dada por morta*

modificar o universo dos seus pensamentos pode vir a ser uma fonte de sofrimento.

Por mais diversas que sejam suas interações, por mais sutis que sejam suas interferências, os ritmos corporais e os ritmos psíquicos seguem, portanto, caminhos bem distintos. O uso pede, no entanto, com o desprezo da ilusão que o sustenta, que se conceba com mais facilidade sua coesão que seus afastamentos ou sua autonomia. Falaciosa harmonia que a consideração da cura põe em frangalhos.

É isso que o título *A criança dada por morta* tenta atestar, de maneira concisa. O subtítulo, mais explicativo, informa o leitor do aspecto vivo da argumentação, ou seja, da distinção que convém estabelecer, no momento oportuno, entre cura física e cura psíquica. Se, com efeito, parece ser evidente que a cura física, uma vez constatada e anunciada pelo médico, diz respeito unicamente à criança que foi acometida pelo câncer, o mesmo não ocorre com o que se convencionou chamar de cura psíquica. Esta não diz respeito exclusivamente à criança já crescida; implica igualmente, senão prioritariamente, os pais. E o nosso objetivo aqui é mostrar como, na sua dimensão psíquica, a cura é obtida quando cada um encontra ou reencontra o sentimento da sua identidade ou, para exprimir as coisas numa linguagem comum, recupera a possibilidade de dizer: "Eu, eu".

Assim sendo, cura física e cura psíquica não são dissociáveis mesmo que não se produzam conjuntamente. Essa defasagem pode-se explicar pela volta à circulação, no pensamento dos pais, de determinadas representações até então recalcadas ou ocultadas pelas preocupações relativas à doença da criança. Essas representações, privadas do seu suporte em razão da cura física, manifestar-se-ão por toda uma série de medos diante de uma esperança de vida devolvida à criança, e por toda uma série de medidas destinadas a manter alianças tornadas obsoletas.

Por que, depois de ter envidado de ambos os lados esforços consideráveis para conseguir suportar a doença, vem a ser tão

Apresentação   XIII

doloroso, tão difícil renunciar a ela? As formas mais ou menos marcadas de adicção ou de apego às condições de vida criadas pela doença, no que diz respeito à sua essência, continuam incompreensíveis se esquecermos o impacto duradouro de determinadas representações relativas à morte de uma criança, e se não atribuirmos a essas representações particulares um *status* diferente daquele que é atribuído aos medos justificados para a vida da criança de carne e osso.

Que *status* essas representações possuem na vida psíquica? Que incidência têm no futuro da criança? Elas são ou não de ordem objetal? Supondo que sejam sustentadas pela perspectiva indefinidamente rejeitada da morte de uma criança, nada permite pensar que se trate, em última análise, de uma criança que tenha uma existência real ou que corresponda a uma descrição precisa.

A hipótese aqui sustentada é a seguinte: admitindo que seja pertinente apor o adjetivo infanticida a essas representações, não nos poderíamos satisfazer em estimar que elas traem desejos de morte pura e simplesmente destinados à criança real. Parece, antes, que a pessoa da criança se oferece a elas como lugar de eleição privilegiado. Assim, a criança real lhes serve, sem que o saibam, principalmente de testa-de-ferro. Isso, num primeiro tempo. Num segundo tempo, acontece fazê-las suas a ponto de se alienarem nelas.

Isso equivale a dizer que se o temor da morte, justificado pelo câncer, confere a essas representações infanticidas uma espécie de materialidade, essas todavia seguem um trajeto que lhes é próprio. Equivale a dizer também, numa formulação voluntariamente ambígua, que a duração de vida dessas representações não se sobrepõe à da doença. Elas não caducam com o anúncio da cura. Parece, ao contrário, que ganham nesse momento um vigor e uma eficiência novos. Tal é seu paradoxo. E não podemos explicá-lo senão supondo que elas operam na surdina desde a mais tenra infância. É preciso supor igualmente que essas representações infanticidas visam principalmente à criança que nós próprios fomos, que são alimentadas por questões arcaicas

XIV   *A criança dada por morta*

relativas à presença de uma criança no ventre da mãe, bem como pelo papel desempenhado pelo pai na gestação. Elas são, em suma, auto-referenciadas. É por isso que os objetos que elas elegem como suporte se revelam, com o tempo, como intermediários necessários mas não suficientes.

Psicanálise e câncer

Não obstante qualquer tentativa de explicação psicossomática ou psicogenética do câncer, convém examinar os vínculos que essas representações mantêm com o surgimento do câncer. De fato, a descoberta da sua configuração e da sua eficiência na vida psíquica bem como na vida cotidiana surgiu de uma pesquisa. Durante essa pesquisa, realizada por mais de dez anos num serviço de cancerologia infantil e centrada nos problemas relativos à cura, impõe-se progressivamente a imagem da *criança dada por morta*.

Descrever essa imagem, seja qual for a realidade que a sustenta, é também descrever uma visão onírica. Ela brota da realidade "como um cogumelo do micélio" (essa metáfora, facilmente reconhecível, é tomada de Freud). A criança, como no sonho que Freud dá como exemplo para definir os Sonhos típicos de morte de pessoas queridas, é vista morta, estendida no seu caixão.

A imagem da *criança dada por morta* fica promovida pelo diagnóstico de câncer, ela é a expressão de uma representação infanticida que, como a imagem de um sonho, tem o valor de um ato psíquico. Se até aqui estávamos de acordo em reconhecer a emergência de uma visão de criança morta, quase sempre produzida pelo anúncio de uma doença potencialmente letal, também estávamos de acordo para privilegiar o índice de realidade dessa imagem.

A idéia, nova sob muitos aspectos, que guia e dá cadência à composição deste livro, está, pois, ligada ao duplo *status* da

Apresentação XV

imagem da *criança dada por morta: status* de incontornável realidade e *status* de autêntico ato psíquico, ato de consciência e de produção do inconsciente. Não podemos compreender os movimentos de vida e de morte engendrados pelo anúncio da cura do câncer sem deixar de considerar a maneira pela qual esses dois *stati* encontram meios para coexistir na vida psíquica de todos aqueles que, por qualquer razão, são parte ativa no curso da doença. Percebemos, então, que a *criança dada por morta* é uma personagem chave do teatro interno de cada um, aquele ao qual a palavra deve ser devolvida pouco a pouco, para que a loucura na qual mergulha o medo de perder um filho possa ser traduzido em palavras, e para que a existência da criança real não seja mais composta de instantes incansavelmente renovados.

A pesquisa começada nesse campo, numa ótica de aprofundamento e de diversificação, foi realizada simultaneamente com os médicos, com os pais, com os irmãos e irmãs reunidos em torno das crianças curadas já crescidas.

Em resposta a uma preocupação de descompartimentalização, o hospital não foi o único lugar de encontros. Esses aconteceram em instituições e em local privado, à maneira de conversas psicoterápicas, com um ritmo ora regular, ora episódico, de acordo com o dispositivo a que se dispuseram as famílias, as crianças e seus médicos. Assim, o trabalho clínico pouco a pouco passou a ser acompanhado por uma reflexão propriamente psicanalítica, graças à qual uma atitude terapêutica pôde ser definida. Essa atitude comporta uma dimensão ética, na medida em que o lugar concedido à interpretação é aí relativamente circunscrito. A interpretação, com efeito, pode, em semelhantes circunstâncias, ser concebida de duas maneiras:

1. Quando se trata do estudo após uma entrevista, nos empenhamos em identificar os tempos fortes, os temas, bem como as palavras portadoras do discurso, a fim de extrair, tanto quanto possível, o sentido latente do conteúdo manifesto, e, a longo prazo, valorizar a incidência das angústias de perda e de separação

XVI   *A criança dada por morta*

suscitadas pelo medo da morte. Empenhamo-nos também em estudar os efeitos do dito e do não-dito sobre o câncer curado, entre o antigo doente e os outros, nas situações da vida cotidiana. Empenhamo-nos, enfim, em pesquisar o significado que podem ter as seqüelas, sobretudo quando elas atingem a vida sexual e genital e quando se inserem no âmago das relações entre mãe e filha.

Considerando o lugar reservado à criança na economia psíquica da mulher, surge um certo número de hipóteses que tendem a mostrar de que modo essas seqüelas acabam encontrando seu lugar na relação, em razão da realização disfarçada de um desejo inconsciente que data da infância. Os movimentos de identificação e as fantasias primordiais que, no desenvolvimento do trabalho, são reconhecíveis como suporte da multiplicidade das reações às seqüelas, bem como da diversidade dos meios empregados para remediá-las continuam sendo um tema de investigação privilegiada.

2. Da interpretação, tal como a empregamos no processo psicanalítico, nesta obra, não se dá exemplos precisos pela simples razão de que os pacientes nela relacionados alimentaram um projeto de análise sem realmente assumir o risco de verificar sua legitimidade. A isso corresponde igual número de atitudes de recuo e de evitamento recolocados no contexto da transferência e da contratransferência.

A fim de constituir um utensílio de trabalho destinado a um público mais amplo, para poder também ser consultado na medida das necessidades do leitor, as representações infanticidas que constituem o eixo maior desta obra são tratados e desenvolvidas diferentemente. As inúmeras referências à literatura psicanalítica, especialmente aos textos de Freud bem como ao teatro e à poesia, os quais sustentam a exposição clínica, constituem uma espécie de percurso que o leitor é convidado a seguir para se familiarizar com a hipótese proposta, fazê-la sua e não deixá-lo anestesiar-se, para não dizer traumatizar-se, pela perspectiva e pela visão da criança morta. Isso o levaria, contra

Apresentação XVII

sua vontade, a adotar uma posição defensiva. Ao contrário, é da imagem da *criança dada por morta* que o leitor é solicitado a apropriar-se, para que o caráter excepcional do câncer não obstrua o despertar de suas representações de criança. Sendo um tanto didático, nem por isso esse plano é menos necessário se não quisermos, no trabalho com pais e crianças curadas de câncer, fechar-nos numa atitude de piedade e de comiseração, que não é absolutamente terapêutica para as famílias e que aliás é por ela dispensado. Desse ponto de vista, o desvio através dos textos pode favorecer a criação de novos instrumentos de pensamento, permitindo descobrir caminhos conhecidos, embora num campo relativamente pouco familiar atualmente. Ele favorece a emergência de movimentos identificatórios numa situação em que os pontos comuns são difíceis de descobrir.

Figuras infantis da morte

Convém agora nos perguntarmos se o aparecimento do câncer numa criança não teria, paralelamente ao componente onírico com que os pais o dotam, sem se darem conta disso, uma outra função inerente à realidade da doença. Eles não estariam buscando alguma forma de garantia ao procurar as provas da validade da imagem da *criança dada por morta*? Daí a dificuldade em aceitar a cura da criança e em sabê-la curada, considerando o impulso que esse saber, precisamente, confere às representações infanticidas. Essas, cujas forças e eficácia não haviam sido levadas em conta há muito tempo, porque são preferencialmente destinadas à amnésia e ao recalcamento, criam uma perturbação que afeta tanto a vida psíquica quanto a vida cotidiana.

Submeter essas representações ao exame equivale a submeter ao debate uma questão, embora fundamental, pouco abordada até então na literatura: a dos impulsos suicidas da infância, enquanto expressão de fantasias edipianas precoces.

XVIII   *A criança dada por morta*

Esses impulsos estão, evidentemente, destinados a permanecer virtuais, potenciais, a exemplo dos desejos de morte para com os irmãos mais novos aos quais Freud, ao longo de sua obra, nunca deixou de atribuir a maior importância.

Parece, com efeito e a despeito da marca que o câncer deixa para sempre em sua existência, que os problemas relativos à qualidade de vida dos doentes curados não são, na sua essência, fundamentalmente diferentes dos problemas com os quais qualquer ser humano que passou pela experiência da morte deve enfrentar durante a vida. A especificidade está ligada mais com a intensidade, ou seja, com o aspecto quantitativo, do que com o aspecto qualitativo das imagens que levam dentro de si.

Saber-se vulnerável é uma coisa, viver com a morte devido ao câncer é bem outra. Questão de luto, em suma, questão de ideologia, talvez. A insegurança torna-se uma droga, a preocupação também.

Tais circunstâncias provocam, na criança crescida e nas suas companheiras saudáveis, muitas reações defensivas. Muitas delas são igualmente reações de prestança contra desejos infanticidas que datam da infância, e cujas manifestações, mesmo mínimas, são temidas, dotadas de um poder demoníaco. A emergência desses desejos contribui, todavia, para a atualização e a dramatização de um processo que participa da vida. A convicção da precariedade da vida parece até ser seu elemento motor. A atitude para com o doente curado está então estritamente misturada com a atitude em relação à doença. Uma e outra parecem parasitadas por uma atitude de apropriação da doença de outrem realizada pelo sadio. Como se se tratasse a partir de então da doença de uma parte de si mesmo destinada à caducidade, e cujo destino a imagem da *criança dada por morta* autoriza ignorar.

Se é verdade que pensar a qualidade de vida é pensar a vida de outra maneira que não uma dependência alienante, podemos então compreender a utilidade da psicanálise, na medida em que ela abre à representação da perda e da separação uma multipli-

Apresentação XIX

cidade de registros que transcendem amplamente os da realidade exterior. Supondo-se que se produza, efetivamente, a entrada na aventura analítica procede de uma aceitação tácita em ver desaparecer a confusão entre a finitude da existência e a atemporalidade dos desejos de morte. O enigma do luto, "um desses fenômenos que [na opinião de Freud[1], não se esclarecem em si mesmos, mas aos quais trazemos outras obscuridades", repousa, ao que me parece, na existência desses desejos de morte dos quais nem a origem infantil, nem a natureza infanticida, podem ser ignoradas.

O lugar que, no decorrer desse trabalho, é concedido aos dizeres sobre o corpo — o próprio, o do outro —, deve requerer a maior atenção. Esses dizeres, essas palavras exercem uma influência considerável: eles organizam a transferência, favorecem a retomada de muitas atitudes de identificação, cuja antigüidade, diversidade e impacto são inevitavelmente suspensos. E se eu avaliar isso, a partir da incidência sobre a criança curada de câncer, do ponto de vista de um trabalho psicanalítico praticado com um ou outro dos seus próximos — pai, mãe, cônjuge, o que não exclui o médico —, constatarei que a qualidade de vida melhorou consideravelmente. Por quê? Porque entre os riscos da cura é preciso incluir o trabalho de reconhecimento e de separação dos seus objetos interiores de amor realizado, nessa ocasião, pelos próximos da criança e particularmente pela mãe. Agindo assim, alienada que está no emaranhado dos seus próprios medos de criança com seus temores pela criança cuja origem e ambivalência são ao mesmo tempo desconhecidas[2] , a mãe abre para o filho curado a possibilidade de organizar sua vida sobre bases novas.

---

1. 1915*d*, p. 323.
2. Não posso resistir aqui à tentação de citar Freud: "Nas nossas relações de amor mais ternas e mais íntimas – ele escreve – está presente, exceto num reduzido número de situações, uma parcela de hostilidade capaz de suscitar nosso desejo de morte inconsciente. [...] Resumamos pois: nosso inconsciente [...] é dividido (ambivalente) em relação à pessoa amada, tanto quanto o homem dos tempos originários". (1915*a*, p. 154, ed. de 1988).

XX *A criança dada por morta*

Assim, a ênfase recai sobre a complexidade de qualquer representação relativa à morte, sobre a confusão de identidade à qual ela conduz, sobre o fascínio que exerce. A cura psíquica me parece repousar em parte sobre a aptidão para expor à análise os efeitos desse fascínio. Sua gestão fantasmática é uma fonte de perplexidade, seja qual for a diversidade dos seus meios.

Prefácio

Os estudos de Danièle Brun aqui reunidos e agora traduzidos por iniciativa da Casa do Psicólogo enfocam essencialmente os aspectos psicopatológicos relativos à cura do câncer infantil. Psicanalista e professora da Universidade de Paris VII, com diversos artigos publicados em importantes revistas de psicanálise da França — *Études Freudiennes e Psychanalyse à l'Université* —, Danièle Brun expõe suas idéias numa linguagem clara e precisa, qualidade dificilmente encontrada, vale dizer, na literatura psicanalítica habitual. Seus trabalhos, resultado de uma pesquisa realizada por mais de dez anos no serviço de oncologia pediátrica do Institut Gustave Roussy, abrem acesso a um tipo de pensamento analítico pouco freqüente entre nós nessa área.

Interessada no futuro das crianças tratadas de câncer, a autora constata que o anúncio da cura e, paradoxalmente, muitas vezes vivido pela criança, senão prioritariamente pelos pais, como uma condenação à vida.

O diagnóstico de câncer coloca pacientes e familiares próximos à questão da morte possível, do sentido da vida, da dor insuportável; entretanto, o término do tratamento não é suficiente para distanciá-los dessas questões. Ao contrário, tal paradoxo aprisiona todos aqueles que, por alguma razão, tiveram participação ativa no curso da doença ou, o que equivale a dizer, confere à história do câncer um caráter interminável. A falta de sintonia entre os ritmos corporais e os ritmos psíquicos, desencadeada por ocasião da alta, determina o início de uma trajetória ideológica que dá sentido à composição desta obra.

Ao estudar os efeitos do dito e do não-dito sobre o câncer curado, entre a criança e os que estão a sua volta, ao estudar o significado que podem ter as seqüelas, sobretudo quando atin-

XXII   *A criança dada por morta*

gem a vida sexual e genital e se circunscrevem no âmago das relações mãe-filha, Danièle vê progressivamente impor-se a imagem de uma criança morta.

Tomando como referência as teorias de Freud, compara essa imagem àquela de uma visão onírica que, como toda imagem de um sonho, tem o valor de um ato psíquico.

A imagem da *criança dada por morta* deve ser entendida como a expressão de desejos alimentados por questões arcaicas, de representações infanticidas, de fantasias inconscientes dos pais, especialmente da mãe, relacionadas com a criança que queriam ser e queriam ter.

A idéia, nova sob muitos aspectos, sustentada por Danièle, refere-se ao duplo *status* atribuído a essa imagem: ato de consciência e produção do inconsciente — participa do sonho e da realidade simultaneamente.

A criança curada de câncer ocupa, pois, o lugar da personagem principal do mundo interno de cada um, em que o conflito emergente de preocupações ligadas por um lado à realidade da doença e, por outro, aos processos psíquicos que a criança põe em ação quando adoeceu.

O término do tratamento abre espaço para o ressurgimento inesperado de representações infantis recalcadas, as quais estavam até então encobertas pela doença. Se essas representações ganham uma 'espécie de materialidade' justificada pelo diagnóstico de câncer, no momento do anúncio da cura adquirem força, autonomia, seguem um trajeto que lhes é próprio, ou seja, visam muito mais à criança do desejo do que à criança real. Por essa razão a autora diz que a cura do câncer tem o efeito de uma interpretação selvagem: "veicula uma revelação brusca de elementos depositados no inconsciente sem que haja condições de seu reconhecimento.

Danièle dedica grande parte dos seus estudos à criança curada, já crescida, privada da capacidade de gerar filhos, uma marca deixada pela doença para sempre em sua vida. Para ela, a esterilidade ilustra de forma privilegiada a inadequação entre o senti-

Prefácio XXIII

do manifesto e o sentido latente desta imagem da *crianda dada por morta*, uma vez que remete o sujeito, os pais em especial, à ausência de uma representação de si como criança, muito mais do que à ausência de uma criança que não vai nascer. A criança que quase morreu, anatômica e fisiologicamente agora diferente, ao evocar uma criança que não terá existência, atualiza antigas representações que, apesar dos inúmeros disfarces que assumem para se manifestar, derivam de teorias sexuais infantis sobre a morte, sobre o nascimento e sobre a presença de uma criança no ventre da mãe.

Sob a luz do câncer curado, a autora ainda aborda temas fundamentais da psicanálise tais como fantasia edipiana precoce, ferida narcísica, falta básica, alienação no outro, filiação, maternidade, interrupção de uma linhagem, irmandade, etc. Com cuidadosa precisão conceitual, desenvolve seu raciocínio, tendo como interlocutores, além de Freud e Lacan, os psicanalistas contemporâneos Serge Leclaire, Piera Aulagnier, Joyce McDougall, Pierre Fédida, Jean Laplanche, Conrad Stein, Michel Fain e André Green, entre outros.

Chegando ao fim do caminho traçado por Danièle, conclui-se que a cura do câncer não é apenas uma constatação médica, mas, principalmente, uma confrontação às questões complexas regidas por uma lógica interna do que pela razão.

O cotidiano de um serviço de oncologia pediátrica, testemunho autêntico dessa situação, denuncia sobretudo a defasagem existente entre cura física e a assim chamada cura psíquica. Danièle Brun, por meio de um constante movimento reflexivo contido em cada página deste livro, convida-nos a examinar os vários aspectos dessa questão de forma inteligente e original.

Diante do atual número de crianças curadas de câncer, dificilmente se fica insensível à significativa contribuição inscrita nesta obra, cujo interesse maior aponta para a necessidade de um trabalho de reconhecimento de atitude ambivalente dos pais para com a criança curada, bem como da natureza dessa ambivalência. É

XXIV   *A criança dada por morta*

preciso reconhecer as fontes inconscientes responsáveis pela perpetuação da dificuldade daqueles envolvidos na situação em aceitar a cura da criança, em sabê-la curada, em acreditar na continuidade da sua vida, em permitir que ela assuma seu lugar na comunidade escolar, na comunidade social, etc. Caso contrário, apesar da esperança de vida devolvida à criança, ela continuará sendo eterno objeto de cuidados e a história do câncer uma referência obrigatória, um modelo insuperável.

A publicação deste livro traz à lingua portuguesa um valioso instrumento de pensamento, em que a diversidade dos temas, a profundidade das questões, a riqueza das idéias esclarecem, surpreendem e emocionam. Sua leitura fascinante nos coloca em contato com uma das reflexões mais importantes e rigorosas sobre o assunto, da qual saímos marcadas pela maneira corajosa com que a autora percorre o complexo universo da oncologia pediátrica.

Cláudia L. Epelman e Sidnei Epelman

Primeira Parte

OS PARADOXOS
DA CURA

Uma *criança dada por morta*: relação entre a mãe e o filho curado

1

Perder um filho

"Perder um filho é a pior coisa que pode acontecer a uma mãe", diz a mãe de um rapaz de vinte e sete anos, operado quinze anos antes de um tumor maligno e tratado com sucesso, *"porque um filho é coisa que não se substitui"*.

Estranho o discurso dessa mulher na presença do filho. Talvez ela tivesse esquecido que ele estava ali, que eu e ele a escutávamos contar aquela história. Ela havia empregado o infinitivo espontaneamente, sem se preocupar com o tempo ou com as pessoas. Falava de um filho, o seu filho, que haviam dado como morto. Enfim, era assim que ela havia compreendido o que lhe haviam dito; no mesmo sentido, procurando ler nos rostos, ela havia interpretado o que não lhe fora dito.

Dado como morto: a expressão estava de acordo com o que ela havia sentido. Chegou mesmo a ir mais longe, ela o tinha imaginado morto. Para ela, não havia outra saída a não ser essa. É por isso que a forma infinitiva era mais adequada para explicitar a atualidade sempre viva dos seus pensamentos daquela época; era a mais apropriada para representar esse presente indefinidamente renovado no qual vivia desde então: *perder um filho é a pior coisa que pode acontecer a uma mulher*.

É verdade que no momento em que foi necessário operar ninguém se mostrou otimista. O prognóstico não era dos melhores, não sabíamos se os tratamentos seriam eficazes nem quanto tempo o menino viveria. Alguns anos mais tarde, o pai também foi

2   *A criança dada por morta*

acometido na cabeça, como o filho, mas não no mesmo lugar. Um tumor ainda mais grave e inextirpável, em conseqüência do qual veio a morrer. A família era de origem modesta e foi preciso continuar vivendo, sempre com o mesmo temor lancinante: e se não houvesse para o filho como para o pai outra saída senão a morte? Quem poderia dizer se a doença não recomeçaria, se o tumor não voltaria a aparecer no mesmo lugar, ou se um dia não encontrariam metástases em outra parte? A adolescência do menino foi complicada. Ele sobrevivia, é verdade, mas seu futuro não estava garantido.

Hoje trata-se de um adulto um pouco solitário, de qualquer forma bastante satisfeito por ter conseguido encontrar um emprego como funcionário público. Quase uma façanha para um canceroso curado nos primeiros tempos! E isso não impede a mãe de falar de um filho perdido, insubstituível. Evidentemente, com a ajuda dos elementos da história, poderíamos apresentar as coisas de maneira mais unívoca, procurando entender esse discurso como o reconhecimento de uma diferença entre pai e filho: um homem pode ser substituído, um filho é impossível. A menos que o emprego da palavra 'mulher', de preferência à palavra mãe nesse contexto, tenha sido provocado por uma confusão entre o pai e o filho, ambos dados como mortos. A morte do pai não teria sido senão a morte adiada do filho? *Perder um filho é a pior coisa que pode acontecer a uma mulher.*

Aquele filho de vinte e sete anos, com físico de adolescente em atraso, continua a ser para ela a sombra daquele outro que ele foi: o que pensou ter perdido na idade de doze anos, aquele que ela poderia ter perdido e que agora sabe ter, paradoxalmente, perdido de uma outra maneira. O fato de continuar vivo, sempre agarrado a ela, não diminui em nada o medo que ela veio a sentir. Isso não quer dizer que ela não se alegre por saber que está curado, ou que não valorize sua presença! Mas justamente por não ter deixado de viver a seu lado, ele a obrigou a reconhecer que não correspondia à lembrança guardada por ela da criança que ele

Relação entre a mãe e o filho curado

havia sido. Era a lembrança que era falsa ou a criança que, mesmo estando viva, era falsa? Essa questão não está destinada a ser resolvida, ainda menos porque, certamente, jamais se colocou para a mãe nesses termos.

Nosso encontro lhe ofereceu a oportunidade de dizer em voz alta o que há anos pensa consigo mesma. Seu filho está ali, no consultório, sentado ao seu lado, ela só pensa nele, e fala como se ele não escutasse. Falando dele como faz, de forma impessoal, não se preocupa com as convenções. Diz o que pensa, ignorando as contradições: aquele rapaz, ainda que seja único, não é senão a pálida imagem de um outro ele-mesmo.

Os anos se passaram, e ela pôde ver as coisas com maior clareza; já não se revoltava, já não chorava, dizia as coisas um pouco abruptamente, talvez, mas com grande humildade. Essa mulher que fala por experiência e que no entanto não diz "eu" conhece o duplo *status* da criança real. Ela sabe que na sua presença a criança é ao mesmo tempo máscara e testemunha de uma perda interior, de uma perda que qualquer mãe, na sua vida psíquica, pode vir a chorar unicamente em função da maternidade, mas que os dramas da existência tornam intolerável. Ela tem razão de pensar que *um filho não se substitui*, assim como a criança que temos não pode substituir aquela que nós mesmos fomos. Já difícil de ser recebida numa consulta exterior ao meio hospitalar, sabendo-se, por outro lado, que a cura estava garantida, sua mensagem não podia ser ouvida, no entanto, no aqui e agora da ameaça de perda real, diante do fato consumado e no auge da doença. A verdade, naquele momento, só podia continuar escondida: ela não podia nem ser formulada para si mesma, nem dita para outrem.

Nenhum ouvido se presta a ouvir coisas semelhantes, porque a criança em perigo de morte, amputada nas suas promessas e nas suas perspectivas de vida, põe a mãe também em perigo. Ela dá à mãe a impressão de carregar a morte consigo. Nas suas fantasias, pode pensar que está novamente grávida dele. Esse vínculo que o câncer estabelece entre ambos também pode ser representado por uma bolsa invisível, construída a partir do modelo de um útero extensível que os contém a ambos. Como se o medo de uma morte indefinidamente repelida, mas sempre susceptível de se produzir fizesse-os viver. Esse medo vai-se tornar a sua droga.

Tenham outro filho

Na sua impotência, a mãe consegue produzir a impressão de uma força extraordinária. Ela experimenta e suscita o pavor, confronta a todos com o horror da castração que sente no mais íntimo de si mesma sem poder traduzi-la em palavras. Os médicos também não escapam; no mesmo momento em que anunciam a uma mãe que seu filho está sofrendo de uma doença potencialmente letal, aconselham-na a fazer outro. Não que seja absolutamente necessário substituir o primeiro, mas como resistir à tentação de oferecer algum conforto a pais deprimidos? Como, também, não procurar fazer calar a angústia que emana deles, fazer calar aquela angústia cuja presença adivinhamos em nós, a qual sabemos não ser compatível com a serenidade exigida pelo exercício da profissão?[1] Todavia, seria exagerado encarar essa proposta apenas em termos negativos, pois ela comporta uma solicitação à abertura, um apelo ao prazer sexual, um convite a dar um novo lugar ao pai aparentemente excluído da unidade constituída pela mãe e seu filho doente. Como saber, aliás, se ele é excluído ou se não se exclui a si próprio para escapar das angústias devoradoras e de aniquilamento que, nessa conjuntura,

---

1. No artigo que, depois de O. Posnanski, Nicole Alby (1974) dedicou ao problema da criança de substituição, a saber, nas gestações que merecem o qualificativo de reparadoras, ela nota que o projeto de substituição corresponde ao que "cada um tem vontade de fazer substituí-la [a criança doente] por outra saudável, que dê satisfação. A criança que vai morrer ameaça a função terapêutica assim como a função materna".

Relação entre a mãe e o filho curado 5

resultariam da superposição de duas imagens: a de sua própria mãe e a da mulher que ele transformou em mãe? Entretanto, tal como é dirigida à mãe, a proposta de substituir um filho por outro participa ao mesmo tempo do reconhecimento de uma ameaça — a da morte possível da criança — e da recusa de outra ameaça — a da castração.

Pouco importa, enfim, que essa proposta faça alguma violência ao outro, pois ela visa atenuar o horror da ausência, a idéia da perda, causa essencial do horror. A gravidez, nesse caso, pode ser considerada como uma experiência fixadora, que anula a ameaça de uma ruptura, restabelece a fusão corporal entre o erógeno e o orgânico, atesta o bom funcionamento dos órgãos genitais e desmente os temores de esterilidade. Ela representa um esforço de realinhamento, de uma nova união entre o desejo e seu objeto cuja inadequação não pode sequer ser aventada.

Dando, em semelhante caso, prova da sua fecundidade, a mulher ameaçada recupera sua continuidade de mãe e preserva a imagem do bom médico que por ela se faz 'arcanjo' anunciador de uma nova criança, suporte dos seus desejos respectivos, fruto de seus esforços comuns para não ter de conhecer a perda interior.

Mas o que dizer *quando não se pode fazer outra criança*, quando a tentativa resulta uma primeira vez num aborto, uma segunda vez numa gravidez extra-uterina? Denunciar o inaceitável, como a mãe daquela menininha de cinco anos, já sem argumentos e que cansava qualquer um de tanto repetir: "Dá para compreender? Eu só tenho a Annie, e eu não quero perdê-la". Diferentemente de outras mulheres que não se encontravam como ela brutalmente colocadas diante da realidade psicológica da castração, essa não podia ignorar a irremediável distância entre a criança de carne e a criança do desejo.

Se todas as mães conhecem instintivamente essa distância, a maioria delas a ignora por todo o tempo em que a vida do filho carnal não está em perigo. Mas numa situação extrema, tal como saber que o filho é dado como morto, não escapam mais à

6 *A criança dada por morta*

representação intolerável da perda. Acontece inclusive que elas fiquem surdas às explicações dos médicos, que acreditam ser impotentes diante do mal tido como incurável, quando, às vezes, é essa visão de si próprias às voltas com o pânico que as torna impotentes.

Acometida no corpo, ameaçada na sua vida por um câncer, a criança de carne, cuja doença venha a ser curada, nunca mais poderá ser confundida com a criança do desejo. Não haverá entre as duas maior correspondência do que entre aquela e seu eventual substituto que sofrerá com esse duplo imaginário já encarnado, que o precedeu no mundo dos vivos.

A incomunicabilidade que se instala na tela de fundo da morte possível da criança é a conseqüência de um mal-entendido entre as pessoas. Mais exatamente, é o resultado de um trabalho de negação. Constata-se que cada um dos interlocutores, quer se trate do pai, da mãe ou da criança, esforça-se para causar boa impressão diante dos médicos. Eles acreditam não ter escolha. Diante deles o tom muda, é claro, mas não é necessariamente mais exato. Cada um, imaginando a depressão do outro, dirige a si próprio um discurso feito de defesas e de resistências a fim de não ter de tocar nem de restabelecer o equilíbrio, por vezes frágil, (porém menos do que se acredita), do seu edifício interior, para não tomar conhecimento das suas angústias de morte. Mas não basta que a criança sobreviva, nem que continue presente entre os seus para que essas angústias se tornem caducas. Seria simplificar demais, também, dizer que uma criança curada de câncer é uma criança que já não está ameaçada de morte. Porque o fato de terem-lhe evitado a morte não significa que muitas das promessas de vida que ela trazia em si não tenham sido destruídas. São as conseqüências físicas, mais ou menos invalidantes da doença curada. Deve-se considerar também as conseqüências psíquicas da cura que são, no seu conjunto, imputáveis à maneira pela qual a criança curada mantém e permite aos outros à sua volta manter viva a imagem de uma *criança dada por morta.*

Relação entre a mãe e o filho curado　　　　　　　　　　7

Algumas pessoas verbalizam essa experiência, outras a exprimem através do desenho ou da escrita, como aquela menina de doze anos, convidada a contar uma lembrança importante de sua vida numa redação: "Quando eu tinha um ano, tiraram um rim meu, e mamãe me disse que se não o tivessem tirado a tempo eu teria morrido. Agora eu tenho doze anos e jamais serei como os outros porque tenho apenas um rim".[2]

Por que esse discurso, que explica para a criança os efeitos da sua passagem por entre a vida e a morte, permanece como letra morta? Por que esse imaginário relativo à morte na vida não consegue ser expresso em palavras, constituir o objeto de um intercâmbio verbal para que projetos para o futuro, adaptados à nova realidade da criança, possam ser formulados? Todavia, nem os pais, nem os terapeutas poderiam determinar a economia, ainda que tardia, de uma análise, dos riscos transferenciais do seu encontro. Com efeito, os laços que eles deram para a duração do contrato de confiança exigido pelo tratamento da criança não se dissolvem facilmente. Se a cura da criança, que justificava esse contrato, torna-o obsoleto, a separação dos contratantes não parece poder seguir um curso paralelo. É verdade que as relações se tornam mais espaçadas, que os encontros se tornam mais irregulares, mas o cancerologista continua sendo a primeira pessoa consultada quando surge qualquer problema de saúde. Ele é mantido a par de todas as dificuldades familiares ou profissionais mesmo quando não tem relação direta com o câncer superado. Nem as palavras de apoio, nem as explicações, mesmo quando são precisas e dadas de forma simples, apagam de uma vez por todas a obsessão do câncer. O demônio não se deixa capturar facilmente.

---

2. Dr. Odile Schweisguth, 1975, pp. 121-125.

Anunciar a cura

Uma criança curada do câncer é um ex-doente portador de seqüelas físicas e psíquicas mais ou menos visíveis, mais ou menos invalidantes, que conserva por muito tempo em si as marcas da ameaça que o atingiu em seu corpo e que pesou na sua vida. Curando-se, a criança transgride uma lei tácita, torna-se exceção a uma regra: a do 'ter de morrer', da qual, no espírito dos seus próximos, só provisoriamente estava isenta. Não se pode deixar de pensar, mesmo que por momentos não se queira acreditar nisso, que uma criança acometida de câncer é uma *criança dada por morta*. Com efeito, é porque o diagnóstico de câncer implica a idéia de uma morte adiada que seu anúncio aos pais é uma tarefa difícil para o médico. Ele a executa com prudência e cuidados, ficando voluntariamente na defensiva quanto ao futuro da criança, ainda que estatisticamente as possibilidades de curar o câncer estejam melhorando.

Durante um trabalho precedente, tive muitas vezes ocasião de constatar a carga de 'dinamite' que existe na própria palavra cura.[3] Pouco importa, aliás, que a palavra em si seja ou não pronunciada. A única coisa que conta é a maneira como os pais a ouvem, como eles compreendem que o tempo da doença acabou. Terão eles a impressão de estar sendo abandonados, entregues à própria sorte, largados? São numerosas as hipóteses de uma lista não-exaustiva e que não se excluem mutuamente, e nas quais é preciso pensar se quisermos dar uma aparência de explicação às reações em cadeia extremamente diversificadas que se produzem nessa ocasião. Com efeito, é no exato momento em que o médico, saindo da defensiva, transforma-se junto aos pais e junto à criança em porta-voz da boa-nova, apresentada por ele como um convite a viver de novo, que os pais lhe apresentam queixas cuja natureza profunda escapa ao médico. No seu modo de ver, é principalmente

---

3. Danièle Ullmo-Brun, 1976.

Relação entre a mãe e o filho curado 9

o caráter subsidiário dessas queixas que o choca. Não que ele despreze a importância dos fatos apresentados pelos pais, mas acredita que está em seu poder modificar suas opiniões. De fato, a satisfação que sente ao dizer-lhes que o filho está curado não encontra nos interlocutores o eco esperado. Em vez destes se alegrarem com uma cura tão ardentemente desejada, tão arduamente conquistada, eles caem em lamúrias. "A criança não está indo bem na escola, cansa-se com facilidade, é exigente..." Isso a curto prazo.

A longo prazo, as inquietações são de outra envergadura: 'Ela conseguirá ter uma profissão? Terá filhos? Recuperará o uso dos órgãos que foram lesados? E seus intestinos submetidos ao tratamento radiativo? E suas veias? E seus reumatismos?' São tantos pedidos de reparação em germe, dirigidos prioritariamente ao médico cancerologista que, apesar do seu próprio sentimento em relação a essa injustiça, dispõe-se a pedir a intervenção dos colegas especialistas para responder a tudo isso servindo-se do alargamento constante das possibilidades de recurso à máquina médica.

Tratem-na como uma criança normal

É amarga a vitória de uma criança cancerosa sobre a morte, pensar-se-á, principalmente porque é conseguida a preço de sua integridade física e afetiva. Nesse campo, entretanto, as variações são grandes. Alguns tumores se curam com seqüelas mínimas, sem incidência importante sobre a vida ulterior. Outros exigem tempo, intervenções cirúrgicas, ortopédicas ou tratamentos substitutivos. Com o tempo, essas seqüelas passam a fazer parte da vida, como muitos outros problemas, e a maneira pela qual são geridas às vezes causa espanto. Também não se deve confundir o embaraço que causam e as reivindicações que suscitam. Estas são a expressão de um sistema de pensamento diferente, no sentido de que se referem mais à *criança dada por morta* do que à criança curada.

Por mais sutil que possa parecer à primeira vista, num tal contexto, a distinção não deixa de ser necessária, por ser adequada para explicar a desproporção de determinados pedidos de reparação. Isso significa que as coisas não se dão somente no nível da realidade objetiva, fatual, mas também na cenário psíquico no qual reina ainda a imagem da *criança dada por morta*. A força dessa imagem, a facilidade com a qual volta à tona em qualquer ocasião, contribui para fazer da criança curada de câncer muito mais que um objeto de cuidados. Ela é a representação viva dessa imagem, o que explica a fascinação que provoca, o interesse que suscita, seu atrativo. Atrativo mantido por todos à sua volta por atitudes identificatórias difíceis de captar, porque são ocultadas por uma multiplicidade de pedidos anexos que mantêm as diferenças e conservam a separação entre médicos e pacientes. Esses pedidos dão prova de desilusão bem como de lassidão de ambas as partes.

Para o médico a decepção é dupla: uma relativa aos pais que não consegue satisfazer e outra à criança que não o satisfaz. Intimamente agredido, mas querendo parecer convincente, o médico tenta por vezes apresentar um novo argumento: "Tudo está bem, esta criança está ótima, vocês é que estão muito ansiosos... Vocês devem tratá-la como uma criança normal". A apresentação necessariamente caricatural desse tipo de discurso não altera o sentido do seu conteúdo. E o fato de se mostrar, ao mesmo tempo, cheio de boas intenções e agressivo não basta para explicar sua não-aceitação. Tais palavras não levam a modificações importantes no comportamento parental: na maior parte dos casos elas são compreendidas como críticas a uma atitude superprotetora que se tornou inútil. Pouco sensíveis a esse tipo de argumento cuja psicologia lhes parece supérflua, os médicos não lhes dão muita atenção. Consideram que suas explicações não dão lugar a comentários, correndo o risco, às vezes, na tentativa de se justificarem, de reforçarem a tese dos seus contraditores. Nestes

Relação entre a mãe e o filho curado 11

termos, por exemplo, já que se diz: "Sinta-se em sua própria casa" a um amigo de visita, por que não dizer: "Tratem-na como uma criança normal" a pais que se mostram exageradamente preocupados? É evidente que, assim como o amigo não age realmente como se estivesse em casa, os pais e a criança também não conseguem agir normalmente. A proposta só lhes interessa no que diz respeito à diferença nela contida. Mas ninguém se transporta de um lugar para outro, não se abandona a marginalidade pelo anonimato da multidão deixando a própria história para trás.

Como conseguir apagar, de repente, as marcas provenientes de uma experiência passada, vivida em comum e de maneira particularmente próxima? Quanto ao conselho, é no mínimo paradoxal, pois a formulação é em si mesma seu próprio desmentido: isso jamais é dito para uma criança normal. Ela poderia ser dita para uma criança curada de uma doença benigna, não a uma criança curada de câncer. Porque, para os pais, essa criança continua a ser *criança dada por morta*, e não é possível agir como se tal não tivesse acontecido. Mas como, sem remorso nem hesitação, simplesmente ignorar as palavras do médico?

A experiência mostra que os pais reconhecem a legitimidade dessa injunção, mas que ela não corresponde à imagem que fazem da criança, à imagem que os outros têm dela e menos ainda à imagem que a criança oferece de si mesma. Portanto, não está em seu poder responder a isso, a não ser tornando se, por exemplo, um porta-voz junto aos educadores responsáveis pela criança. Esses, por sua vez, também acabam ficando numa situação conflitiva, porque pais e educadores sabem que essas palavras são dirigidas a uma outra criança, criança essa que não teria estado doente.

Foi o que se deu com um garotinho de sete anos. Retornando de uma consulta de controle anual, a mãe foi procurar a professora do menino para mantê-la informada. Esta nos relatou suas palavras alguns meses depois durante um encontro pluridisciplinar no âmbito de um jornada de estudos sobre a cura do câncer infantil: "No centro de tratamento das crianças cancerosas

12

A criança dada por morta

disseram-me: 'Ele é normal'. A senhora deve ensiná-lo a ler, ele é como os outros".

Esse discurso traduz, é verdade, a identificação especular do pai com o médico. O primeiro, tentando ilusoriamente apropriar-se do poder do segundo pela imitação do seu comportamento, retoma ao mesmo tempo, por sua conta, um desejo de normalidade dirigido à criança, ou desejo de retorno ao *status quo ante*, pelo qual a mutilação da criança consegue ser negada. Mas a dimensão da perda não sofre, dessa feita, senão um deslocamento, já que ela repercute no professor, impotente para reparar a deficiência da criança cujos fracassos escolares destroem seus esforços. Levado a constatar o problema, o professor não pode decidir-se a assumir essa responsabilidade.

> "Quando no fim de um dia — contava uma professora primária, com uma emoção dificilmente contida — a gente não conseguiu nada dessa criança, que passou o tempo todo indo ao banheiro, à sala do diretor para conversar, fica-se tão desanimado que se pensa: 'Será que realmente vale a pena tudo isso?' Eu compreendo que alguém venha a sugerir que a deixem em paz porque ela vai morrer mesmo".

Mais livre que os pais, menos culpada do que eles por imaginar a morte da criança, menos obcecada que eles por essa idéia, a professora recolocou as coisas nos seus devidos lugares. Ela que estava habituada com as crianças, que passava o dia todo com elas, tinha consciência do impasse em que se encontrava. Para essa professora era impossível tratar aquela criança como uma criança normal, bem como responder ao pedido dos pais tal como era formulado. Prensada entre a representação da criança normal e a da criança que encarnava a morte, ela também não sabia como abordá-la. Exasperada pelos bons conselhos dos pais, de qualquer forma resolve um dia estimulá-la e vê, encantada, a

Relação entre a mãe e o filho curado 13

criança se pôr a brincar, a dançar, a comportar-se, enfim, *como os outros.* Mas diante dela, que já não esperava tanto, a criança acaba caindo e 'rachando a cabeça no aquecedor!' A expressão é exagerada, naturalmente, mas foi a que ela empregou para explicar o medo que sentiu. Medo esse redobrado pelo fato de que a criança havia sido operada e tratada dois anos antes de um tumor no cerebelo. Mais que outras, certamente, e não sem razão objetiva, considerando a taxa de mortalidade, as crianças curadas de tumores cerebrais são crianças dadas por mortas, pelos pais como também pelos médicos. E se imaginarmos — foi dessa maneira que, desde o início a minha colaboração foi requisitada no posto onde eu trabalhava, e que a minha atenção e interesse foram despertados — que as pesquisas sobre a cura do câncer começaram com crianças que tiveram tumores no cerebelo, não podemos deixar de pensar que esse projeto, elaborado por iniciativa dos médicos, era igualmente sustentado por um duplo projeto. Um projeto científico, explícito: determinar a parte psíquica eventual das seqüelas e um projeto íntimo, muito mais difícil de ser expresso em palavras: exorcizar a imagem perturbadora de uma *criança dada por morta.* Daí a superdeterminação evidente da frase: *Tratem-na como uma criança normal.*

Voltando à professora, qual não foi seu espanto ao se ver "acusada" pelo pai de "ter mimado demais" a criança quando ela esperava críticas pelo seu descaso, clássicas nesse tipo de situação, quando ela se criticava por ter enfim ousado tratar a criança *como uma criança normal,* em outros termos, por não ter dado muita atenção a *ela.*

Assim, torna-se manifesto que essa atitude, ou a inversa superproteção, têm efeitos inadequados pela simples razão de que a criança acaba não sendo reconhecida na sua diferença. Ela inclusive é anulada nessa diferença, fundida na representação de um retrato falado onde se sobrepõem uma infinidade de características tomadas de um grande número de crianças para formar uma imagem compósita, uma categoria: a da criança normal. Esforçar-se por *tratá-la como uma criança normal,* portanto como aquilo que ela não é, significa também ignorar que ela é uma criança curada de câncer. Espera-se, precisamente, das crianças que, por qualquer razão, encontram-se fora da norma, que correspondam em todos os pontos a esse retrato falado do qual, na verdade, as outras crianças, ditas normais, têm apenas alguns traços, já que dele se afastam continuamente.

A cura do câncer força a família a uma nova representação da criança e do seu futuro, impõe-lhe o luto das suas promessas anteriores de vida. *Tratá-la como uma criança normal,* é privar-se, talvez até proibir-se de fazer morrer a imagem da 'criança de antes', de renunciar a uma imagem tão ilusória quanto impossível. Talvez seja também assumir o risco de fazê-la morrer.

Permitir-se dizer claramente *"Não"* numa tal injunção, seja qual for a sua origem, de outra parte, equivaleria a reconhecer aquilo que a criança não é, o que ela não é mais, mas também o que ela é agora. Dar-lhe-iam a possibilidade de formular seu próprio desejo face ao desejo que seus familiares teriam, de sua parte, reformulado para ela e ao qual teria inclusive a liberdade de aderir ou opor-se.

Raros são os pais que chegam por si mesmos a uma seme-lhante tomada de posição, pois ela os deixaria com a sensação de culpa. A maioria deles se limita a transmitir a outros a mensagem: *Tratem-na como uma criança normal,* certamente porque vêem nisso a perspectiva de uma felicidade para a criança e a economia para todos do reconhecimento de uma perda. Todavia, tornar-se ou acreditar tornar-se o agente da felicidade da criança não basta para se penetrar na dialética do desejo. À infelicidade opõe-se a felicidade, à doença a saúde, à anormalidade a normalidade, todas elas categorias a serem colocadas na gaveta do retrato falado.

Será assim tão difícil suportar a idéia de ser desejante para essa criança tal como é, no estado em que se encontra, com um corpo curado mas modificado? Essas modificações, visíveis ou não, constituem, não pela sua realidade mas pela maneira como cada

Relação entre a mãe e o filho curado 15

um as sente dentro de si, uma de espécie chamamento onde se vem formar a representação de uma perda insuportável e incomunicável.

Um discurso de duplo sentido

Por fim, qualquer que seja a maneira pela qual a abordemos, a noção de normalidade nunca é dinâmica. No final das contas, ninguém acredita nela, nem mesmo aqueles que a utilizam e muito menos os pais. Mas temos o direito de nos perguntar por que ela resiste, insiste, volta com tanta freqüência nos discursos de uns e de outros. Talvez porque supõe a relação com a morte que se insiste em negar através dela. *Tratar como uma criança normal* uma criança da qual a morte chegou tão perto, coisa vivida como a mais anormal e a mais inadmissível que há no mundo, equivale a anular os efeitos dessa ameaça. Denunciar o logro da criança normal seria denunciar a ilusão que faz crer que os médicos, os terapeutas, os pais, poderiam ignorar até o fim o preço da vida. (*Pouco importam as seqüelas com tanto que ela viva*); é não mais poder negar o ressurgimento de um desejo de morte em relação à criança.

Assim, o tempo da cura inicia a eclosão de uma fantasmática relativa à morte, até então contida, e que se exprime em termos e atitudes contraditórias, tanto da parte dos pais quanto da parte dos terapeutas. Como se, não estando ligada à morte real, essa fantasmática tivesse perdido seu principal suporte; como se, a partir de então, fosse conveniente encontrar-lhe sutis disfarces.

Pedido de cura, desejo de cura, querer curar

2

A condição do doente

Em 1966, instado por Jenny Aubry e por Ginette Raimbault para participar de uma mesa redonda na Escola de Medicina, Jacques Lacan frisava a mudança radical que o desenvolvimento das técnicas médicas iam significar para o papel e a função do médico.[1] A partir de então, esse último, promovido de certo modo ao título de 'homem de aparelho'[2], se apresentaria como um entre muitos numa equipe de cientistas de especialidades diversas.

> Na medida em que — definiu Lacan com muita lucidez, parece-me — o registro da relação médica com a saúde se modifica, na medida em que essa espécie de poder generalizado que é o poder da ciência dá a todos a possibilidade de vir pedir ao médico sua cota de benfeitoria com um objetivo preciso imediato, vemos se esboçar a originalidade de uma dimensão que eu chamo de pedido [...] Responder que o doente nos vem pedir a cura é o mesmo que não responder [...]
>
> Quando o doente é enviado ao médico ou quando ele o aborda, não digam que ele espera pura e simplesmente a cura. Ele desafia o médico a tirá-lo da condição de doente, o que é completamente diferente, porque isso pode

---

1. Documento que permaneceu inédito por muito tempo, publicado em 1987 em *Le bloc-notes de la psychanalyse,* pp. 20-21.
2. É a expressão que me parece mais apropriada para resumir o pensamento de Lacan nessa conferência. Deve ser tomada no seu sentido literal.

A criança dada por morta

implicar que ele esteja completamente apegado à idéia de conservar sua condição de doente.[3]

E fundamenta suas palavras num exemplo tirado da prática, exemplo em que curiosamente se trata de uma "mãe temível" que esperava o fim da consulta de um filho, já adulto, com o Dr. Lacan, tendo tomado todas as providências para que a consulta não tivesse seqüência. Impossível, pois, a despeito do pedido formulado, que qualquer dispositivo conducente a uma mudança seja implementado. Impossível, em suma, separar a mãe da criança. O exemplo me interessou muito na medida em que coincidia com a minha própria experiência no trabalho com mães e crianças curadas de câncer. Lendo-o percebo que a distinção entre pedido de cura, desejo de curar-se e querer curar-se, impõe por si mesma. Esse tema seria um tabu?

Seja como for, Lacan, no decorrer dessa mesa redonda, causou escândalo e os médicos a quem se dirigia não deixaram de atacá-lo e de mostrar-lhe o esoterismo daquele discurso. Vinte anos mais tarde, e a despeito do aumento crescente do número de psicanalistas nos postos médicos altamente especializados, o cenário não perdeu nada da sua atualidade. Mais do que se deixar arrastar por críticas acerbas sobre as dificuldades da colaboração entre médicos e psicanalistas, não se deveria pensar as coisas em termos de economia interna? A leitura dos debates que se seguiram à conferência de Lacan é, a esse respeito, ao mesmo tempo instrutiva e esclarecedora. Uma das intervenções mais especialmente merece ser mencionada, pela luz que lança sobre os mecanismos daquilo que entrava a comunicação:

> Eu queria perguntar — diz um dos participantes — se o senhor Lacan não revelou inconscientemente — (queira me desculpar) — uma parte do problema enfrentado pelos médicos que são confrontados com psicanalistas [...] Esse

---

3. Jacques Lacan, *op.cit.*

Pedido de cura, desejo de cura, querer curar 19

problema consiste no fato de o médico ver-se de alguma forma privado, frustrado quanto àquela espécie de relação com o doente da qual se tem a impressão que o psicanalista vai desviá-lo.

Privação, desvio: essas são duas palavras-chaves. Por quanto possam parecer estranhas, vindas da boca de um pediatra, elas pretendem traduzir o mal-estar sentido em relação a esse terceiro intruso que o psicanalista vem a tornar-se, após ter sido chamado exatamente por aqueles que o criticam por estar presente. Na verdade, essas palavras dão a medida dos riscos transferenciais e passionais da relação médico-paciente, particularmente quando a entidade 'doente' se compõe do casal formado pela criança e um ou outro dos pais. A representação da perda atualizada e concretizada pelo perigo de morte inerente à doença presta-se então a todos os tipos de mutações e de apropriações. Quanto aos pais, por exemplo, e ainda que possa parecer banal lembrá-los, eles são forçados a constatar que uma parte das suas responsabilidades lhes é subtraída. Por mais que possam estar informados, por mais que sejam consultados em relação a todas as decisões importantes relativas à criança, eles sabem exatamente que a iniciativa das coisas já não lhes pertence. Quanto aos médicos, a realização de sua tarefa exige que disponham de uma certa liberdade de ação e que não sejam estorvados por considerações contingentes no exercício de suas funções. De sorte que a luta para manter a criança viva gera, queiram ou não, quer reconheçam ou não, inevitáveis movimentos de apropriação em relação à criança. O temor de ser desapropriado, privado de um bem muito precioso, resume as diferentes variantes dessa luta, e de maneira exata, em seu componente narcísico comum.

O fato desse temor ser diversamente sentido, e com maior ou menor acuidade, pelos personagens que ocupam a cena da doença não tira nada da força de ligação e de desligamento que ela instaura. Há nas manifestações desse temor algo de instintivo, de animal mesmo, considerando-se a repartição dos territórios de

20 *A criança dada por morta*

cada um. Daí a idéia de que independentemente do sexo real daquele que demonstra esse temor ou da sua função, em última análise, é à pressão de moções essencialmente maternas que corresponde o medo de perder.

Tal seria a natureza íntima do sentimento de desapropriação de que se trata aqui e que se revela com nitidez quando se abre, em momentos cruciais, o espaço que Lacan oportunamente designou pela expressão *falha entre o pedido e o desejo*. Sucintamente, ele acrescenta:

> Aí estão, portanto, duas balizas: o pedido do doente em primeiro lugar, e em segundo essa dimensão ética; mas não as confundamos, porque aqui intervém nada mais nada menos que a teoria psicanalítica que vem a tempo, e certamente não por acaso, no momento em que a ciência entra em cena com aquele ligeiro avanço que é sempre característico das invenções de Freud".

A introdução da dimensão ética, na sua relação com a problemática do desejo, permite descobrir a ambigüidade assim como a superdeterminação de qualquer pedido de cura. A necessidade de que procede um tal pedido parece dever então ser examinado pelo duplo registro da vida exterior e da vida interior.

Toda consideração da dimensão ética em psicanálise acarreta evidentemente uma superação das categorias lógicas habituais. Se bastasse reparar o corpo do doente para que a ordem se restabelecesse e se recomeçasse a vida, as dificuldades encontradas pelos médicos, no exercício de sua profissão, quase não seriam diferentes das encontradas pelos mecânicos. A comparação, no entanto, só seria possível em não se levando em conta a confusão relativa à pertença do corpo daquele que está doente. Uma confusão pouco objetivável, é certo, mas efetiva e eficiente e que provoca a apropriação silenciosa pelo sujeito saudável do corpo do doente como parte do seu próprio corpo. É

Pedido de cura, desejo de cura, querer curar 21

isso que faz com que as fronteiras entre si e o outro se tornem eminentemente móveis; é isso que, entre outros motivos, facilita o desvio.

A criança que colocamos no mundo e que está ameaçada nas suas promessas de vida perde a sua especificidade de criança. Na dupla função que desempenha para o outro, a de criança real e a de criança fantasmática, ela suscita reações nas quais o sagrado se mistura com o sacrílego. A partir de então, recorrer à dimensão ética como instrumento de pensamento para enfrentar os paradoxos da situação supõe que em tal conjuntura as fontes da tensão interna não se esgotam, nem se apagam com o desaparecimento do perigo exterior. Se curar é uma necessidade vital, a satisfação dessa necessidade de modo algum diminui a tensão pulsional que poderia passar desapercebida durante todo o tempo em que se confundisse com o perigo real. Uma vez passado o tempo de sua conjunção, apenas essa continua ativa, constituindo uma verdadeira fonte de energia para comportamentos cuja lógica interna está longe de ser evidente.

A recusa em acreditar

No mais das vezes, às palavras do médico anunciando a cura as pessoas têm reações de incredulidade, uma incredulidade que convém distinguir, na sua essência, do temor de uma recaída ou de outras conseqüências desagradáveis. Ninguém espera, com efeito, que esses temores de uma recaída caduquem miraculosamente assim que o estado de saúde da criança melhore. A questão não é essa. Trata-se, de maneira mais essencial, do suporte e do argumento que a recusa em acreditar, na sua dimensão inconsciente, encontra nesses temores. A recusa em acreditar é a expressão de um processo complexo que resulta de um encontro entre duas atitudes contraditórias: dever acreditar num acontecimento — no caso a cura do câncer —, cuja realidade pareceu incerta por um lado; perceber, por outro lado, que se ignorava totalmente que

22

A criança dada por morta

o acontecimento se produzisse um dia. É sobre essas bases, e com apoio de um exemplo buscado nas suas lembranças pessoais e que foi relatado a Romain Rolland, que Freud confere a essa reação o *status* de um ato psíquico que participa simultaneamente do sonho e da realidade.[4] A recusa em acreditar se apresenta como uma forma de ceticismo inesperado que é a tradução canhestra de uma confusão diante da realização de um desejo.

Voltando aos pais, à sua maneira de reagir, ninguém se espantaria se no curso da doença da criança eles exprimissem em voz alta sua revolta ou seu sofrimento, se expusessem, no auge da situação, como se sentem intimamente ameaçados, agredidos. A experiência mostra, ao contrário, que nem seu pesar, nem sua dor os impedem de agüentar firmes. É quando a possibilidade de cura se torna realidade que eles descompensam. É no momento em que poderiam alegrar-se que se queixam, lamentando sua impotência. Além disso, o mau humor que demonstram para com o médico parece, em primeiro lugar, dirigido contra eles próprios. Anuncia-se-lhes uma boa notícia, eles a escutam atentamente, ouvem com seus próprios ouvidos, mas nenhum argumento os convence. No fundo de si mesmos e ainda que não tenham condições de justificar aceitavelmente seu estado de espírito, não conseguem admitir a boa-nova. Mas como, levando-se em conta a realidade daquilo que eles vivenciaram, poderiam ter noção da subjetividade de suas reações? Aí está, pois, uma amostra privilegiada dos sentimentos de estranheza cuja causa, segundo Freud, não deve ser procurada fora da pessoa mas no interior de sua vida psíquica e que, diz ele, "de certa forma, desempenha o papel das alucinações acidentais nas pessoas sadias".[5]

A meio caminho entre o sonho e a vigília, esses sentimentos de estranheza estão fincados na realidade do presente. Seja como for, sua dependência em relação ao passado, principalmente em

---

4. Ver Freud, 1936, pp. 221-231.
5. *Ibid.*

Pedido de cura, desejo de cura, querer curar 23

relação às experiências precoces penosas que sucumbiram ao recalque, não deve ser subestimada. É o que permite supor, no prolongamento dessa linha de pensamento, que as reações de incredulidade dos pais visam muito mais a criança que existe neles do que à criança real. Elas são a expressão manifesta de uma vivência de estranheza que eles não se permitem identificar como tal. Sua recusa em acreditar deslocada, deformada, baseia-se num processo de negação que atesta a ativação de forças recalcadas. Semelhantes reações pareceriam, a partir de então, resultar igualmente de um efeito de interpretação selvagem que o médico produziu, inocentemente, ao pronunciar a palavra mágica: 'cura'.

Efeito de interpretação selvagem da palavra 'cura'

É claro que nenhum médico aceita facilmente a idéia de que ao anunciar a cura da criança faz, sem saber, um trabalho de interpretação selvagem. Ele ignora até mesmo — e quem pode criticá-lo? — o sentido dessa expressão. Mas os fatos que se produzem não lhe permitem mais encarar a patologia das seqüelas do ponto de vista exclusivamente orgânico. Convidadas a novamente assumir um lugar no mundo dos seres saudáveis, as crianças curadas não correspondem à expectativa; a despeito das garantias prodigalizadas, a despeito de uma aparente obediência aos conselhos que lhes são dados, os pais insistem em acreditar que o perigo não está totalmente afastado e que a reinserção escolar ou profissional do filho está comprometida. Os limites do racional e do razoável não são extensíveis; quando são transpostos, o apelo aos especialistas do irracional deixa de ser um luxo.

Se não é surpreendente que o diagnóstico de câncer muitas vezes seja entendido como uma condenação à morte, não se pode permanecer insensível ao fato de que o anúncio da cura seja entendido como uma condenação à vida. O interesse que eu tenho

24 · *A criança dada por morta*

há muitos anos pelo futuro das crianças acometidas de câncer me levou a considerar o anúncio da cura como um fato fundamental para o desenrolar das situações fantasmáticas provocadas pelo aparecimento da doença. Sugerir que a doença provoca situações fantasmáticas não significa que ela as crie sob todos os aspectos. Mas na sua incontornável realidade, ela pode ao mesmo tempo revelá-las e ocultá-las, duas funções cuja coexistência é despistada pela notícia da cura. Principalmente porque o emprego desse termo é bem menos unívoco do que se imagina espontaneamente, *a fortiori* se não se esclarece de que cura se trata. Trata-se da cura da doença? da cura da criança? Como e quando é possível fazer essa distinção?

Não que seja necessário contar até dez antes de pronunciar a palavra mágica, mas é importante saber que a palavra que designa a cura pode criar um desequilíbrio, porque ela veicula uma revelação brusca de elementos depositados no inconsciente e levados à incandescência, sem que estejam reunidas as condições para que eles se tornem objeto de um reconhecimento. Desse ponto de vista, a notícia da cura quase não é diferente de uma "distribuição de um cardápio a famintos em tempos de penúria".[6] Essa é, como podemo-nos lembrar, a metáfora utilizada por Freud para definir a interpretação selvagem. Quando se conhece os sentimentos de impotência e de violência contida experimentados por cada pai, cada mãe, chamados a caminhar ao lado do filho acometido de câncer, quando se sabe o espaço que essa criança ocupa no pensamento dos pais, quando se compreende que, a partir do momento em que ficou doente, a vida da criança se conjuga no presente, um presente renovado dia após dia, compreende-se melhor que uns e outros tenham a impressão de chegar com o estômago vazio ao restaurante do futuro.

Basta então que a criança se cure para que novamente se abra a perspectiva do tempo, para que todos à sua volta se

---

6. Freud, 1910, p. 40.

Pedido de cura, desejo de cura, querer curar

reapropriem das diferentes imagens de criança que, desde que ficou doente, ela foi recebendo como implantes sucessivos? É de uma outra maneira que a criança acometida de câncer é a mesma. Ela não é mais aquela que poderia ter sido na plenitude dos seus recursos físicos e psíquicos. Ela já não é aquela que deveria ter sido nos devaneios dos pais. Sob alguns aspectos, ela não seria a expressão viva da parte infantil deles próprios, a representante da criança que eles foram e da qual não têm mais lembrança? Criança desapropriada, criança desapropriadora. Criança-memória do esquecimento deles mesmos. A cura faz dela um ser excepcional, um ser que, sem saber por quê, sem que à sua volta alguém saiba dizer por quê, estaria devendo sua vida à Natureza, à mãe-Natureza.[7]

O medo que ela tem de morrer, o medo que os outros têm de que morra não se aproximam da mesma maneira da realidade. Esses medos abrem o espaço da fantasia. Eles reabrem para cada um o espaço das teorias sexuais infantis sobre a morte e sobre o nascimento às quais a doença havia dado um vigor novo, contribuindo para ocultá-las.

Recorrer ao psicanalista

Se, de uma maneira geral, o adulto ignora a diversidade dos conteúdos psíquicos que concorrem para a representação de criança que traz consigo desde a infância, no mais das vezes ele está a par dos conhecimentos de que dispõe em virtude da sua experiência, e dos quais se serve ora para informar a criança, ora para responder às suas questões. Por mais clara que seja essa dis-

---

7. Retorno aqui a expressão que Freud toma emprestada de Shakespeare e que ele transforma, sem o saber, substituindo Deus pela natureza: *"Thou owest God a death"*. Ele a emprega por duas vezes, a primeira numa carta a Fliess datada de 6.2.1899 (1887-1902, p. 245); a segunda vez numa interpretação do 'sonho dos parques' (1900, Cap. V, seção B, p. 282; *S.E.*, vol. IV, p. 205).

26 *A criança dada por morta*

tinção, ela não implica que não possam existir passagens entre os dois parâmetros em questão. Pensamos aqui nas observações de Freud relativas ao destino das informações sexuais dadas às crianças. Assim como os primitivos, elas continuam adorando seus velhos ídolos[8], era o que ele dizia, em essência.

Em suma, a incerteza se desloca com os progressos da ciência, ela surge no ponto em que o saber tropeça. É graças a ela que as situações inconscientes, atualizadas pela ameaça de morte que outrora pesava sobre a criança, ainda encontram motivos para se exprimir.

Porque não se pode abrigar indefinidamente por trás de argumentos objetivos aquela particular ressonância que o destino de algumas crianças desperta em nós, daquelas crianças que mobilizam intensamente o nosso interesse e a nossa atenção a partir do momento em que suas maneiras de incorrer em perigo de morte ou de vir ao mundo se chocam com as leis da natureza. Isso seria não levar em conta o parentesco que, para todos, as questões relativas à morte estabelecem com as questões das origens; nem o apoio prestado pelo perigo da morte e pelas medidas de salvamento destinadas a entravá-lo, ao ressurgimento dos desejos de morte esquecidos que povoaram nossa infância.Isso seria minimizar a insistência de um desejo infanticida que data da infância para se manifestar no palco do nosso teatro interno. Um desejo que permanece ativo por muito tempo, por se apresentar às vezes sem nuanças no sonho e, com muito mais disfarces, no espírito daqueles que o tratamento do câncer reúne em volta da criança, aproveitando-se de qualquer ocasião para zombar das censuras, dado que se presta a múltiplos deslizes e retornos. Nem as fronteiras da realidade psíquica, nem as da realidade exterior lhe criam obstáculos realmente intransponíveis, sobretudo quando se trata de atualizar medidas de salvamento. Será por se esforçarem para controlar as manifestações desse desejo que crianças, pais e

---

8. 1937, p. 249.

Pedido de cura, desejo de cura, querer curar 27

médicos se deixam voluntariamente arrastar a um ativismo que, por vezes, chega a parecer proeza, e até mesmo ficção científica? Devido a esse ativismo e também porque não dispomos do quadro de análise para lhe abrir um espaço de pensamento, a impressão de irreal realidade produzida pelo encontro de uma multiplicidade de representações inconscientes (no palco de uma realidade preocupante) se torna dificilmente perceptível e ainda mais dificilmente transmissível.

Essas representações outrora suscitadas pelo consciente temor da morte, não superado, pelo simples fato de já não ser atual, podem ser duplamente relançadas por projetos de maternidade contrariados, sobretudo quando se trata de uma esterilidade que não se pôde evitar com tratamentos. O exemplo da esterilidade se presta sobremaneira, parece-me, para ilustrar a inadequação entre o conteúdo manifesto dessas representações e o seu conteúdo latente. Esses deslizes, as superposições que se operam entre esses dois conteúdos contribuem todavia para manter a ilusão da sua coerência. Assim, acabamos por supor que o ativismo seria, entre outros motivos, solicitado por um projeto de controle que visa ao corpo, um projeto ainda mais marcado pela determinação, na medida em que seria sustentado pela atividade da fantasia inconsciente. Esses dois componentes aparentemente contraditórios são contudo compatíveis, ainda que não correspondam aos cânones da lógica habitual. Mas o fato de dizer isso, não implica, uma vez mais, que se deva produzir sistematicamente uma mudança de atitude.

Se é verdade que num certo sentido os diversos protagonistas da doença curada são obnubilados pela ação, se é verdade que eles assim entretêm o próprio espírito, como admitir sua inércia? Se nada fizessem para reparar os estragos, não seríamos incitados a considerar que sua negligência estaria carregada de desejos homicidas? Portanto, mais que criticar as ações empreendidas, trata-se de estudar sua natureza íntima a fim de não se deixar levar a um cruel dilema que se anunciaria nestes

28 *A criança dada por morta*

termos: homicídio ou infanticídio? É evidente que as coisas não se apresentam tão claramente no espírito daqueles que a vivem no dia-a-dia. É evidente também que elas são dificilmente admissíveis enquanto tais. De forma que confessar que não as compreendemos é um excelente meio para ter de levá-las em consideração. "Tudo isso é apenas jargão de psicanalista, não pensemos mais nisso, o que se concebe facilmente enuncia-se claramente": esse é o tipo do discurso que muitas vezes me foi apresentado e ao qual, hoje ainda, não encontro nada de interessante para responder pela simples razão de que o que diz respeito à identificação primária sempre exerce violência.

Homicídio ou infanticídio? A escolha é apresentada de maneira abrupta, elíptica. A que imagens ela se refere? É, sem dúvida, à problemática do objeto e do sujeito que nos vemos confrontados, ou ao exame de superposições que se efetuam entre a criança real de quem nos ocupamos e essa criança, si-mesma, cuja acolhida, muito mais que o seu ressurgimento, poderia parecer incongruente, em tais circunstâncias.

Certamente, o desejo comum de nada saber a respeito favorece a coerência dos membros do grupo formado por pacientes e terapeutas. Essa coesão obedece a uma ideologia da normalidade mas também a uma idealização da vida familiar, em nome das quais toda uma série de atos reparadores encontra sua justificação. Esses atos acabam, todavia, colocando em jogo as faces ocultas das situações fantasmáticas destinadas a permanecer fora do campo da consciência. Um temor da mesma ordem, que o prestígio da ciência não basta para tranqüilizar, levam os cancerologistas, preocupados em garantir à criança curada o melhor futuro possível. Mas sendo obrigados a explicar aos pais e aos doentes a natureza das seqüelas, vêem-se compelidos a solicitar a colaboração de um psicanalista.

> O pediatra que empreende o tratamento dos tumores malignos da criança é de início tomado, senão obcecado, pela busca da vitória sobre a doença [...] — escreve Odile Schweisguth. Mas o objetivo do pediatra é também o de permitir que

Pedido de cura, desejo de cura, querer curar 29

> a criança se torne um adulto capaz de assumir uma vida familiar, social e profissional normal [...] Quanto às seqüelas, é preciso notar que representam o essencial da morbidez dessas doenças, provocando na maioria desses tratamentos prolongados intervenções, sobretudo ortopédicas e plásticas, muitas vezes múltiplas, ou medidas definitivas e substituição endócrina, e pesam muito na infância e adolescência dessas crianças *que chamamos de curadas.*[9]
>
> As seqüelas essenciais — esclarece igualmente Odile Schweisguth — são as mutilações decididas de imediato para tratar o tumor.

A esterilidade, para retomar esse exemplo, faz, evidentemente, parte desse tipo de mutilação, sobretudo quando está ligada ao tratamento de um tumor localizado nos órgãos genitais, já que ela é conseqüência, previamente conhecida, de uma intervenção cirúrgica ou de uma considerável radiação no baixo ventre. Em outros casos, o tumor não afeta necessariamente os órgãos genitais, mas a esterilidade continua sendo encarada como uma seqüela potencial, imputável a distúrbios gonadais produzidos pelas quimioterapias. Não se sabe exatamente nesse caso se a esterilidade será provisória ou definitiva; não se sabe tampouco se não é melhor, em todo caso, desaconselhar a gravidez para evitar qualquer risco de anomalias cromossômicas ou mal-formações congênitas. Certamente, basta que essa dúvida exista para que o retorno à vida de uma criança curada de câncer seja marcado por um ponto de interrogação, para que a necessária vigilância sobre o seu desenvolvimento sexual coloque médicos e pais num papel ambíguo de sexólogos não reconhecidos como tais.

Hoje em dia, considerando-se os avanços da medicina, os problemas já não se colocam assim tão cruamente. Em relação à esterilidade consecutiva aos tumores embrionários da zona genital, trata-se de uma seqüela que já se consegue evitar. Subtraem-se os

---

9. Odile Schweisguth, 1985. Sublinhado por nós.

ovários ou os testículos do campo da radiação e já se tem maior conhecimento dos efeitos a longo prazo das quimioterapias, de forma que suas prescrições são dosadas de forma mais adequada. Deve-se com isso pensar que o direito que o adulto, médico ou pai tem de preocupar-se com a vida sexual da criança curada já não tem razão de ser? É evidente que a incerteza continua e que num certo sentido ela avaliza a intrusão.

Cabe ao psicanalista, caso seja convidado a dar sua colaboração ao grupo, ser ao mesmo tempo sua testemunha e seu relator? Faz parte das suas atribuições criar instrumentos de pensamento num campo onde imperam os instrumentos de intervenção?

Psicanalista em cancerologia infantil   3

Histórico de um grupo de trabalho

A esterilidade, precisamente porque se situa numa área intermediária entre a sexualidade e a reprodução, constitui um exemplo particularmente adequado para ilustrar o papel desempenhado pela dissimetria das posições no ressurgimento de representações infantis recalcadas. A melhor maneira para eu introduzir o histórico de um grupo de trabalho do qual participei ao lado de dois cancerologistas, um endocrinologista e uma ginecologista é referir-me ao estímulo que constituiu para os médicos a preocupação de gerir em boas condições uma dissimetria constituída, de um lado pelos pais de crianças curadas e de outro lado por elas próprias, dissimetria que, no entender dessas pessoas, corria o risco de ser fonte de importantes mal-entendidos. Certamente, é preciso deixar provisoriamente de lado o fato de que esse grupo era composto exclusivamente por mulheres e reter apenas que essas médicas se mostraram bastante sensíveis aos percalços da tarefa que lhes era confiada, ou seja, informar as crianças e os pais da esterilidade futura e dos tratamentos substitutivos existentes. Não deixa de ser interessante tampouco observar que a esterilidade de uma certa maneira facilitou as trocas, permitindo relegar para segundo plano a questão da castração cirúrgica ou radioterápica à qual, com o passar do tempo, os médicos atribuíam importância crescente.

"A castração — dizia uma delas — ficou no segundo plano

das preocupações, sobretudo quando não foi resultado de um ato direto, mas secundário, ou seja, quando é a conseqüência de uma quimioterapia. Tivemos de dizê-lo aos pais mas isso não foi ouvido, ou foi esquecido, de tal forma que a surpresa acabou sendo, mais tarde, total. É difícil falar sobre isso a cada consulta. Não podemos dramatizar tampouco. Quando se descobre uma esterilidade cuja causa é inevitável, não é exatamente a mesma coisa. Não é tão brutal quanto dizer a alguém: 'Você não terá filhos porque fizeram isso com você'. Isso [ou seja, a castração] é uma intervenção voluntária num destino".

Seguem, brevemente expostas, as motivações que deram origem à criação do referido grupo. O ponto de partida pode ser relatado sem dificuldade: uns trinta adolescentes, moças e rapazes que sofreram intervenções cirúrgicas abdominais devido a tumores na região do baixo ventre, na época em que eram crianças, seja uma ovariectomia, seja uma histerectomia, associadas ou não a uma radioterapia intensa ou a uma poliquimioterapia, corriam o risco de não se tornarem nem púberes, nem férteis. Para vários desses doentes — aqueles cujos dossiês foram submetidos à discussão — a esterilidade era certa, para outros menos. Em todo caso, uma vigilância de longa duração se impunha para controlar o equilíbrio hormonal, o crescimento e os efeitos secundários dos tratamentos substitutivos.

Considerando-se a novidade que representava para os médicos, nos anos 80, a cura de um ou outro desses tumores, as questões começaram a surgir no duplo registro da prática e da ética. Não poderíamos subestimar a importância do fator novidade nesse tipo de pesquisa. Trata-se de um elemento, sob todos os aspectos, dinâmico, pela atualização de situações normalmente escondidas. Ele permite que determinadas preocupações, nas quais se escondem as fantasias, sejam expressas com menor desconfiança. Dessa feita, é importante que as pesquisas se

Psicanalista em cancerologia infantil 33

transformem e se diversifiquem para que um espaço de espontaneidade seja preservado.

Quando as seqüelas são temidas, e mesmo mais que prováveis, é preciso descobrir logo se elas existem ou não. Daí a necessidade de que os médicos, nesse caso de esterilidade-seqüela, prescrevam exames ginecológicos e peçam espermogramas ou biópsias testiculares. Essas investigações exigiram explicações para que as crianças e os pais compreendessem por que as enviávamos para outros hospitais, por que recomendávamos outros especialistas.

Com quem convinha, pois, falar primeiro: com a criança já crescida ou com a família? É verdade que a prática pediátrica não favorece o segredo médico, na medida em que faz do pai um interlocutor privilegiado permanente. Como, por outro lado, poder-se-ia conciliar a necessidade dessas investigações com o escopo de não aumentar nem avivar o traumatismo inicial? Seria conveniente realizar um toque retal, um toque vaginal ou uma esfregadura sem prevenir o doente? A repetição desses exames teria ou não incidências na vida sexual das crianças? Supondo-se, enfim, que a esterilidade não fosse provada, dever-se-ia ou não, estimulá-los a ter filhos a partir do momento em que não se poderia afirmar que a gravidez decorreria sem problemas, que os bebês seriam normais?

Em último caso, e na medida em que essas questões procediam ao mesmo tempo do mais elementar bom senso e de não menos elementares preocupações de ordem deontológica, não teria sido necessário estudar seu significado latente nem pesquisar seu sentido para além da sua formulação manifesta. E isso, mesmo que nem todas estivessem cientificamente fundamentadas, já que até então nenhuma criança curada desses tumores havia declarado ter tido um filho. Todavia, e ainda que tenham surgido principalmente no âmbito da prática médica, não podemos deixar de pensar que essas questões interessavam vivamente as pessoas que as apresentavam. A prova é que não lhes foi possível exprimi-las por

34

A criança dada por morta

carta aos colegas envolvidos. Deixando de lado os problemas administrativos, que faziam com que muitas vezes um jovem doente chegasse sem prontuário ao consultório do novo médico a quem havia sido recomendado, o contato epistolar revelou-se insuficiente para a exposição dos problemas em jogo. Sem contar a diferença que muitas vezes se fez sentir entre a descrição da criança que era anunciada e a perspectiva na qual ela se apresentava: "Vocês me anunciaram alguém muito caloroso e o que eu vi foi uma moça fechada como uma parede. Impossível fazer-lhe uma esfregadura, nem mesmo com um espéculo para meninas. Ela começou a chorar, não conseguia compreender o que viera fazer no meu consultório."

O caráter senão derrisório pelo menos muito subjetivo, desse discurso seria apropriado para fazer surgir a dúvida sobre a utilidade e a pertinência desse grupo de trabalho, porque os participantes, entregando-se a tais comentários, distanciavam-se claramente da tarefa que inicialmente lhes era atribuída.

Essa tarefa pode ser esquematicamente definida em dois planos: de um lado, o da apreciação, em termos científicos, da natureza, assim como da gravidade das seqüelas imputáveis ao tumor, de outro lado, o da verdade a ser dita aos doentes curados e à família, evitando dramatizar as revelações. Isso equivale, de início, a encarar a dissimetria das posições entre os médicos e seus pacientes de uma maneira que está longe de ser unívoca, uma vez que se supunha que cada uma das duas partes esperava algo da outra. Assim, por ter estado no centro dos debates, a questão da verdade a se conhecer e a dar a conhecer não podia, todavia, ser abordada senão depois do estabelecimento de um consenso. Convinha não abandonar as convenções a fim de que a conduta a se assumir estivesse mais bem adaptada aos ultrajes a que, em suma, estimava-se que os adolescentes haviam sido submetidos.

Que relação esse tipo de verdade mantém com a verdade que Michel Neyraut[1] atesta "permanecer no horizonte do trabalho

---

1. 1970, pp. 125 e 127.

Psicanalista em cancerologia infantil 35

analítico"? Essa questão — isso fica bem claro — não poderia ser dissociada de uma outra, relativa ao trabalho do psicanalista, ao lugar que ocupa num grupo cujo único objetivo confesso é estabelecer uma conduta que tenha sentido numa determinada sociedade.

Psicanálise e cancerologia da criança

O psicanalista pode integrar-se no grupo sem fazer totalmente suas as pretensões que, na medida em que se fundam num consenso, vão necessariamente suscitar uma certa forma de desconhecimento? Em outras palavras, como ele reagiria se o grupo tivesse de escolher entre sua caução e seus questionamentos, e optasse pela primeira alternativa? Por outro lado, é conveniente que ele tome ao pé da letra todos os projetos possíveis de serem levados adiante? Não lhe cabe antes ouvi-los como se fossem outros tantos suportes à expressão de fantasias que, em outra conjuntura mais rotineira, por exemplo no espaço aberto pela neurose de transferência, teriam maior envergadura?

> Um caso particular — observa Michel Neyraut no artigo mencionado anteriormente — está ligado ao fato de que entre os grupos assim constituídos e propagadores de verdades correntemente admitidas, o grupo dos psicanalistas mantém o seu lugar; entendo por isso o grupo daqueles para quem a psicanálise é um objeto de cultura central ou acessória. Essas verdades enunciadas a esse título também participam de um consenso, de uma verdade mais correntemente admitida.

Existe um claro parentesco entre o ponto de vista de Michel Neyraut e as teses que Michel Tort defendeu recentemente num trabalho consagrado àquilo que ele denomina de efeitos de "montagem de uma transferência artificial", tal como se observam

36 *A criança dada por morta*

durante a cooperação entre psicólogos e somatólogtos no âmbito da procriação artificial.[2] "A ponto — esclarece ele — de podermos até dizer que o resultado mais patente da psicologização dos trabalhos psicanalíticos é, paradoxalmente, a fabricação do 'desejo de criança' enquanto encarregado de recalcar a questão do desejo." E Michel Tort mostra, de maneira quase caricatural, a

> alienação do psicólogo a serviço do empreendimento médico-psicológico [...] com seu corolário, a submissão do sujeito, na ausência quase total de referência, à transferência e à contra-transferência [...] — para concluir: — O verdadeiro problema é sempre saber em que medida a demanda institucional (as exigências 'médicas' sociais nas instituições psicológicas) deixa lugar (ou não) a um trabalho analítico. Podemos também— acrescenta— inversamente formular as coisas de uma maneira um pouco diversa, dizendo que todo o problema está em saber se e como o analista continua sendo analista num quadro desses.

Que ele consiga, parece fora de dúvida, embora, na minha opinião, o problema mais importante não é saber se continua sendo psicanalista mas saber se ele o é. Cabe a cada um encontrar a sua maneira. Poder-se-ia até pensar que quanto mais as circunstâncias são difíceis, até mesmo excepcionais, mais elas atualizam imagens e representações que, não sendo objeto de um trabalho analítico no sentido estrito do termo, são todavia particularmente ativadas, a ponto de abalar os fundamentos do consenso. A verdade quanto à maneira pela qual as crianças podem ou não vir ao mundo é particularmente propícia para despertar nos pensamentos do adulto preocupado, seja ele ou não psicanalista, a lembrança da criança investigadora que inegavelmente o levou, mesmo sem que soubesse, a se tornar um dia detentor de um saber ou, mais simplesmente, um conhecedor.

---

2. 1987, pp. 299 e 311.

Psicanalista em cancerologia infantil 37

Quando se conhece a indiferença com a qual a realidade psíquica trata os conteúdos manifestos, desde a simples fabulação franca até a descrição científica mais minuciosa, não podemos deixar de estar atentos aos atavios com que se revestem as fantasias nas reuniões consagradas ao trabalho dos terapeutas. O problema surge certamente com os transbordamentos aos quais leva qualquer pesquisa coletiva, e que conduzem a uma revisão do consenso sobre bases novas. Michel Neyraut, no seu artigo "sobre a verdade" lembra que Freud via a investigação sexual da criança ser marcada por uma fase solitária durante a qual, indo além das informações recebidas, deixará desenvolver nela

> teorias pessoais e inconfessáveis [...]"; de forma que, para abandonar o pensamento do consenso, ser-lhe-á necessário cair num saber inquietante e obsceno [...]". Daí — acrescenta Neyraut — a necessidade de reforçar o consenso, porque sabemos muito bem que a iniciação sexual mais racional, assim como a mais mítica, não poderia, de forma alguma, explicar aquilo que constitui talvez a essência do indizível [...] e que o partido, dolorosamente tomado, de dizer 'toda a verdade' não poderia dispensar uma preliminar essencial: a de conhecê-la.[3]

Eis-nos uma vez mais confrontados com a problemática do objeto e do sujeito a que, como sabemos, quando se trata da criança por nascer ou já nascida, presta-se a substituições e a inversões.

Voltando ao estabelecimento do consenso, em nome de uma verdade mal conhecida a transmitir—objetivo do grupo de trabalho do qual falei antes—, foi, em definitivo, por ocasião de uma tentativa que se destinava a resolver as contradições contidas nas perguntas que as adolescentes curadas faziam aos seus médicos, que uma nova imagem da sexualidade se construiu progressivamente, com a qual, querendo ou não, todos foram obrigados a satisfazer-se.

---

3. *Op. cit.* p. 128.

Sexualidade, feminilidade:
pílula = menstruação = filho

As coisas aconteceram entre mulheres, talvez porque o grupo inicialmente se preocupou em resolver aquilo que familiarmente chamamos de 'coisas de mulher', ou seja, a ausência de menstruação. De fato, por terem recebido drogas e raios, por terem-se submetidas várias vezes a intervenções cirúrgicas, seja devido ao tumor primitivo, seja devido a uma reincidência no outro ovário, algumas moças, umas dez apenas, não se tornariam nem púberes, nem férteis. As reuniões de trabalho desse grupo se consagraram à discussão dos seus prontuários, ao histórico das suas consultas. Não houve mais de quatro reuniões, e pode-se considerar não ter sido necessário mais que isso. De uma certa forma, elas acabaram por si mesmas — por ausência, poder-se-ia dizer, mais ainda do que pelo motivo alegado, a falta de disponibilidade — para cancelar os encontros que, no entanto, haviam sido marcados com grande antecedência. O que não significa que nos tenhamos separado. Nós não nos separamos de comum acordo, ao término de uma missão que todas dávamos por terminada. Diante do fato consumado da não-continuação dos encontros, todos se responsabilizaram pelo produto do nosso trabalho. Esse fim talvez tenha sido a manifestação do destino da representação 'castração' que presidira à constituição do grupo, considerando-se os vínculos que essa representação mantém habitualmente com a representação 'separação'. E não é por acaso, dada a sua composição unissexuada, que o grupo tenha decidido concentrar sua reflexão sobre os problemas ginecológicos das moças acometidas de tumores genitais, gravemente mutiladas pela necessidade — e essa expressão não me parece pesada — e por outros especialistas (radioterapeutas e cirurgiões). Apesar de não terem sido convidados para as reuniões, esses médicos acabaram tendo um papel importante, na medida em que a responsabilidade daqueles que haviam realizado o ato castrador e a responsabilidade

Psicanalista em cancerologia infantil 39

daqueles que deviam anunciar as conseqüências desse ato não recaía sobre as mesmas pessoas. Assim, a equivalência entre o fazer e o dizer veio a ser restabelecida, sem que aquelas que haviam tomado partido de dizer tenham sido preparadas para o reconhecimento dos percalços dessa equivalência.

De fato, muitas foram as questões relativas à ferida provocada por 'revelações'. Mas que revelações? Ligadas à cura ou as relativas à natureza das seqüelas? Em alguns casos a ferida foi expressa pelas adolescentes em termos de recusa de serem tratadas como crianças: "Por que a senhora G. me encaminhou para um serviço de pediatria?" — perguntou uma das meninas à ginecologista que a estava atendendo pela primeira vez. "Eu não sou mais uma criança, e ela não quer me liberar. O cirurgião é um amigo do marido dela, assim a coisa fica em família". Efetivamente, a moça não parecia mais uma criança, ainda que para se queixar da sua cancerologista ela fizesse voz de garotinha. Achava-se que parecia uma 'solteirona', apagada. Ela não conseguia suportar nem a ausência de tratamento substitutivo hormonal, nem os medicamentos prescritos. Procurava tão desesperada quanto desajeitadamente dar a entender que, já que não tinha útero nem ovários, fato sobre o qual, por outro lado, não se pronunciava, era melhor pôr um fim a tudo. Partir? Morrer? Recentemente quase se matara com o carro numa pista escorregadia.

À luz de todos esses elementos, o *Eu não sou mais uma criança* assume hoje um outro sentido. A fórmula, com efeito, inclui uma pluralidade de separações não ditas: separação da criança em si, portadora de crianças potenciais, dos médicos com quem se trata, e também da mãe, de quem se deseja intensamente que a menina se desapegue. Mas essa fórmula inclui também uma abertura para o futuro: a moça queria ser tratada como tal, como as outras. E, para conseguir isso, ela pediu pílulas. Ainda que inseridos num diálogo de surdos, sua queixa e seu pedido foram miraculosamente ouvidos. Percebemos, com a reflexão, que entre

40 — *A criança dada por morta*

o tratamento substitutivo que lhe propúnhamos e que utilizávamos como paliativo para os inconvenientes da menopausa provocada, e o tratamento anticoncepcional que ela exigia, a diferença de dosagem hormonal não era grande. Era, portanto, possível substituir um pelo outro. Pouco importava que a distribuição da dose mensal não fosse idêntica à das outras moças. A pílula colocaria aquela adolescente no 'lote comum'. De forma que aceitando entrar em cheio na contradição — a saber, de dar um tratamento anticoncepcional a uma moça que não podia ter filho —, podíamos ter a sensação de nos fazer cúmplices tanto do desconhecimento quanto de uma certa forma de ridículo, senão de humor negro e amargo.

Contentar-se com esse tipo de conclusão seria no entanto insuficiente. Esta é, na minha opinião, apenas uma aparência que dissimula a importância de outro risco que não era possível descobrir no próprio curso das coisas. Hoje, com o recuo do tempo, seria mais exato dizer que o pedido de pílulas só adquire o seu pleno significado se referido ao *Eu não sou mais uma criança* pronunciado pela moça. Frases normais para uma adolescente, poder-se-á pensar. É possível. Todavia, a jovem em questão não era uma adolescente como as outras e ela sabia disso, ainda que desejasse, com as pílulas, fazer acreditar que ela estava no 'lote comum'. Ela sabia e não queria falar a respeito do assunto naquele momento. Não queria falar sobre a sua esterilidade. Mas podemos supor que de modo algum ignorasse essa esterilidade e que isso não a impediu de solicitar um tratamento anticoncepcional. Assim, na verdade sem o saber — mas a análise do paradoxo não permite descartar a hipótese contrária —, ela conseguiu transformar o *Eu não sou mais uma criança* num *Você não terá filhos*. Maneira, para o médico, de aceitar, ainda que de forma enviesada, uma responsabilidade que, nos seus pensamentos secretos, a moça não podia deixar de lhe atribuir, servindo o pronome 'lhe' aqui, naturalmente, para designar o corpo médico sem distinção de pessoas, como um termo genérico.

Psicanalista em cancerologia infantil 41

Extrair, servindo-se das observações que precedem, a presença e o sentido do *Você não terá filhos* que estão incluídos no conteúdo latente do diálogo entre médico e doente, vai muito mais longe que uma simples análise de texto. Assim também, ao fazer isso, ultrapassamos o nível de uma transcrição que consistiria em reencontrar, em palavras emprestadas da linguagem cotidiana, o rastro das informações médicas sobre a esterilidade que foram dadas às adolescentes curadas de câncer.

Trata-se de uma maneira mais essencial, levando-se em conta o contexto, de reencontrar, seguindo a multiplicidade dos seus disfarces e dos seus desvios, o desenrolar de uma representação infanticida à qual importa dar um espaço, que é importante traduzir em palavras e em imagens se se quiser determinar os mecanismos bem como os paradoxos da cura do câncer na criança. Falar de infanticídio — a precisão é indispensável — não significa que a criança a matar seja a criança real curada. Isso equivaleria a fazer dela o objeto de desejos de morte da parte de outrem, e depois procurar os culpados. O problema não está aí. O infanticídio em questão, e que temos de chamar assim na falta de uma outra palavra, tem uma realidade apenas artificial. Assim, ele escapa a qualquer representação adequada, mesmo sendo o resultado de uma pluralidade de representações que datam da infância. Assim, não se poderia melhor definir a qualidade infanticida dessa representação senão ligando-a a imagens destinadas à criança em si, de maneira mais específica à configuração da criança que foi: invejosa, exclusivista, rancorosa e amorosa, pronta a fazer desaparecer tudo o que impedisse a realização dos seus desejos, inclusive a sua própria pessoa. Sabemos a que ponto essa configuração é dificilmente reconhecível, mesmo para quem está por dentro da psicanálise. Ela está presente na vida cotidiana, tanto pelo sujeito que a produz quanto por aqueles que de algum modo dela são testemunhas, e no mais das vezes, sem que o saibam.

Quando a briga contra as seqüelas, como no caso da

42 — A criança dada por morta

esterilidade, atualiza a evocação de uma criança que não vai nascer, e sobretudo a visão de um ventre de mulher esvaziado mais que vazio, a briga arrasta aqueles que a provocaram a outra briga, a que se dirige contra imagens interiores. Quando essas imagens se instalam nos pensamentos, é raro adquirirem contornos nítidos. Seus contornos, com efeito, só são reconstruídos num segundo tempo, depois de elas terem sido sentidas no vazio do estômago, no ventre, no lugar onde se supõe que se formam as crianças por alguma misteriosa intervenção. Isso significa o quanto essas imagens são antigas, com que intensidade elas reavivam a evocação da criança teórica e atormentada a quem, uma vez crescida e instruída, o adulto esperaria ter proporcionado um destino. Querer, uma vez mais, acertar as contas com seus medos de criança, ignorar o impacto desses medos, ainda que fosse apenas imputando-os a uma realidade demasiado pesada para se carregar, equivale a sobrecarregar a criança real com um peso que não é o seu e a pôr em ação uma representação infanticida contra a criança em si, aquela criança interior que amordaçamos cada vez que pede para ser ouvida.

Por mais recalcadas que sejam, destinadas à amnésia, falsamente destinadas a outrem, as múltiplas vestes dessa representação infanticida tentam com insistência encontrar 'manequins' no cenário da vida psíquica. As dificuldades encontradas estão ligadas às resistências de que essa representação se faz objeto. Representações tão mais facilmente compartilhadas, aliás, na medida em que cada um está empenhado numa luta análoga, considerando-se a relativa banalidade da referida representação e os movimentos ocultos de apropriação por meio de identificações que ela suscita. Se a economia dessas resistências é evidente porque alimentam a ilusão de maior conforto na existência, seu custo não pode, contudo, ser desprezado. Elas provocam uma dependência do mundo médico, criam uma nostalgia da doença passada.

A partir de então, se o envolvimento de uma psicanalista

numa pesquisa de cancerologia parece, à primeira vista, estar vinculado a certo gosto pelo paradoxo, a forma pela qual, freqüentemente, o cotidiano coteja o excepcional e o irrealizável com a realidade justifica essa aventura. Chega um momento, com efeito, em que se constata a que ponto determinadas questões, que se encontram no cerne das preocupações médicas, também vão diretamente ao âmago de reflexões essenciais relativas à vida psíquica. Os momentos nos quais essa concordância é perceptível são sempre momentos privilegiados. Permitem captar a maneira pela qual o reconhecimento de uma realidade anatômica, ou fisiológica, pode reavivar e atualizar elementos desconhecidos da realidade psíquica, ao passo que, num mesmo movimento, eles se fundem no evento, à imagem de Gribouille que mergulhava na água do lago para não ser molhado pela chuva. Aí reside, certamente, o atrativo exercido por tais estudos para a pesquisa em psicanálise, principalmente a relativa ao futuro de representações recalcadas.

A ideologia materna

O que estava acontecendo, portanto, com aquelas moças? Muitas dentre elas — o grupo se alarmou com isso — não suportavam nem a ausência de tratamento nem a absorção de medicamentos destinados a sanar a amenorréia. Na verdade, elas se recusavam a aceitar o tratamento como se recusavam a admitir que não teriam menstruação. Isso era patente, ainda mais patente na medida em que os efeitos da prescrição de pílulas significaram uma melhora espetacular, e isso, como vimos acima, independentemente da economia interna. Mas — há sempre um 'mas' — essa prescrição levou a muitas perguntas sobre os problemas da vida e da morte: da vida recebida, da vida conservada, da vida a dar. De sorte que já não havia razão para se perguntar quando ou como falar de esterilidade. Mães e filhas tinham agora encontra-

44 *A criança dada por morta*

do de novo a lembrança do que lhes havia sido dito a esse respeito, e de uma maneira que surpreendeu a todos.

Acreditamos ter satisfeito às moças fazendo com que tivessem menstruação, mas elas nem por isso se sentiram mais tranqüilas, e suas mães menos ainda. Constatou-se que estas tinham medo de ver as filhas entregues a uma sexualidade sem riscos e sem freio, misturando-se fantasias de estupro aos temores de um certo relaxamento numa vida dissoluta. Quanto às moças, tinham medo da liberdade com que, afinal de contas, não sabiam o que fazer.

Em última instância, a receita de pílulas, da qual se pode dizer que faz parte agora do cotidiano do ginecologista, agia nessa situação excepcional como um revelador. Punha à mostra a força de uma representação ligada ao fato de não poder ter filhos. Havíamos esquecido a que ponto essa representação era rica de sentido. No caso, reduzia o antagonismo entre esterilidade e contracepção para designar o que, paradoxalmente, as unia: "Eu fico menstruada porque tomo pílulas, os outros acreditam que se eu fico menstruada eu posso ter filhos." Essas poucas palavras bastaram para exprimir o essencial do conflito concernente à relação entre si e 'os outros', a respeito das questões sexuais; 'os outros' designando aqui, quase certamente, tanto o pai e a mãe quanto os amigos.

Além disso, as reivindicações do tipo: "Não me disseram tudo, deveriam ter me dito, é preciso dizê-lo logo no início", devem ser entendidas num duplo sentido, principalmente em semelhantes circunstâncias, pois elas não visam apenas a ignorância sobre a doença mas também a ignorância sobre a sexualidade, ignorância desprezada, é claro, e largamente compensada pelo conhecimento da vida genital.

Vemos bem agora em que ponto reconhecimento e negação em matéria de sexualidade se encontram no âmago da dialética mãe-filha, e de que maneira os problemas de ordem ginecológica provocam medos irracionais, comparáveis a medos infantis. Podemos, aliás, observar que esses medos de criança se misturam

Psicanalista em cancerologia infantil

confusamente com os medos pela criança. Nesse sentido, a criança que fomos, a criança que tivemos, a criança que acreditamos perder, a criança que não teremos, a criança que poderíamos ter participam na construção de uma representação de criança fantasmática, de uma criança que tem uma existência na realidade psíquica e em torno da qual se organiza a complexidade dos vínculos entre a mãe e a filha.

O lugar ocupado pela representação da criança na ideologia materna não é menos eloqüente quanto à maneira pela qual a mãe concebe a sua própria vida sexual e a da filha.

Era preciso ouvir todas essas mães para compreender o quanto elas se pareciam: "Meu marido só se casou comigo porque eu podia ter filhos". "Eu tenho medo porque se ela realmente se ligar a alguém e se esse alguém quiser filhos seus, poderá romper com ela, e se não for no momento do casamento, será mais tarde." "As outras moças não se casaram sabendo que não teriam filhos... se um rapaz a amar, não haverá a possibilidade de ele desistir?"

Qualquer projeto de relação da moça com um rapaz parecia pois votado ao fracasso, já que nunca estava dissociado da incapacidade da moça de dar à luz. De alguma maneira, a ruptura preexistia ao compromisso, na cabeça da mães. Estranho ceticismo de sua parte, por certo, mas também fruto de sua experiência e reflexo de sua identificação com as filhas, se pensarmos que elas mesmas pensavam ter rompido com seus pais na época em que conheceram o homem que ia torná-las mães, se pensarmos também que as relações conjugais ora se degradaram, ora se transformaram a partir do momento em que foram monopolizadas pela doença de suas filhas. Assim sendo, mais que ruptura, o caso foi de separação: separação devida ao homem, ao mesmo tempo que separação do homem.

A representação da criança, quer se trate da criança que vai nascer, da que não nascerá ou da que quase morreu, está sempre presente nos riscos de separação. De qulquer maneira, o risco de separação ocupa sempre um lugar de destaque. Parece que ele

46 *A criança dada por morta*

conserva viva a representação da criança doente que foi a filha, e que o fato de manter viva essa representação de criança justifica a continuação da vida da mãe, assim como uma relação fusional entre elas. Trata-se de um paradoxo ao qual os médicos não se mostraram insensíveis. E estimaram que convinha pôr termo a essa relação cuja influência só podia ser nefasta à filha. Daí surgiram, no decorrer das reuniões, toda uma série de questões quanto à maneira de organizar a separação, quanto à parte ativa que se poderia tomar nesse projeto: "Será que não se pode mandar a mãe embora? Desejaríamos que ela abandonasse a mãe, que se tornasse adulta. Será que o pai existe?" Alguns pais, no entanto, acompanhavam mãe e filha ao consultório. Um deles chegou até a desmaiar no consultório. Um outro quis que o médico testemunhasse as angústias de sua mulher, a incidência dessas sobre a menina. Também nos surpreendemos com algumas coincidências curiosas: duas mães que sofreram ablação do útero no momento em que as filhas deviam debutar. Certamente era demais para os médicos, que então decidiram que um acompanhamento psicoterápico se fazia necessário.

Fazendo um balanço da pesquisa: a questão da transferência

Dar conta dessa pesquisa suscita, pois, muito mais problemas do que imaginamos numa simples releitura das notas que foram consignadas. Não obstante, a univocidade do tema, as reflexões, as representações suscitadas pelas causas da esterilidade e pela própria esterilidade foram complexas, cada uma delas levando a um novo exame da vida sexual e genital. Recorrer, num segundo tempo, à competência do psicanalista para aquilo que parecia ter a ver com a psicoterapia não aconteceu, como era de se esperar, sem conseqüências. Essa decisão deu início, para as famílias e para os médicos, a um novo período e marcou uma

Psicanalista em cancerologia infantil 47

ruptura em suas relações. Os tempos não estavam mais para os dizeres, eles se abriam para as falas: falas sobre o sofrimento, mas também falas sobre o prazer, sobre o de que fosse conveniente que outros especialistas assumissem a responsabilidade.

Por que essa clivagem? A questão se coloca, com efeito, na medida em que, mesmo conhecendo a existência daquilo que se convencionou chamar de dificuldades psicológicas, e mesmo tendo pensado em consultar um psicanalista, nenhum pai, nenhuma adolescente teria ousado dar esse passo. Como se isso equivalesse a denunciar o contrato tácito que as ligava aos médicos por lhes terem salvo a vida. Podemo-nos perguntar a que se deve essa barreira. Essa questão intersecta a questão mais geral do recurso ao psicanalista.

Num estudo sobre a comunicação médico-doente no tratamento da síndrome de Turner, cujo sintoma maior[4] é a esterilidade, Ginette Raimbault considera que:

> A realidade anatômica e fisiológica cria obstáculos e barreiras para o conhecimento que o médico pode ter da realidade psíquica de sua paciente. E nada impede que a suponhamos tão viva, difícil e penosa quanto qualquer outra. Além disso, parece que é necessário que o médico mantenha o desconhecimento de suas próprias posições fantasmáticas diante dessa paciente. A manutenção desse desconhecimento frente à sua própria realidade psíquica superdetermina a impossibilidade de escutar o outro.

Parece-me que a cura do câncer provoca uma outra forma de desconhecimento, mais exatamente um processo de distanciamento entre si e o outro, entre o médico e seu paciente, desde

---

4. Ginette Raimbault, 1982, p. 59. "A síndrome de Turner é uma agenesia ovariana com hipotrofia estatural, infantilismo, ausência de caracteres sexuais secundários. Acrescem a isso, muitas vezes, malformações congênitas, particularmente o *pytergium coli* e o *cubitus valgus*".

48 *A criança dada por morta*

que a proximidade se torne perigosa e que, a despeito das diferenças ligadas tanto à função quanto à vida cotidiana, atitudes de identificação de origem infantil se instalem insidiosamente nos seus pensamentos. Daí a necessidade de refletir sobre a multiplicidade dos efeitos consecutivos à transferência — no sentido literal do termo — para o psicanalista, das fantasias que são sentidas como intrusas.

A interrupção de uma linhagem

4

A vida ao preço da esterilidade

A esterilidade, quando resulta de uma doença clínica e fantasmaticamente tão carregada quanto o câncer, assume significados muito fortes e aparentemente contraditórios. Assimilá-la, para estudar suas repercussões inconscientes, a outras formas de esterilidade de origem diferente não permitiria captar sua originalidade nem sua especificidade. Isso não quer dizer que alguns dos seus aspectos não possam coincidir com um ou outro dos temas abordados pelos autores que se interessaram pelo problema, mas para reconhecer sua pertinência convém que nos situemos novamente no contexto da doença curada, da qual a esterilidade constitui a prova material. Menos que qualquer outra pessoa, certamente, a criança estéril depois de crescida consegue pensar que seu câncer foi apenas um pesadelo.

No seu belo artigo sobre *O desejo da criança na sua relação com o inconsciente*, Monique Bydlowski teve a idéia de relatar um conto de Hugo von Hoffmannsthal: "La femme sans ombre" ("A mulher sem sombra"), para ilustrar a ausência de opacidade do corpo daquele ou daquela que não poderá ter filhos.[1]

> Ela (a heroína) — escreve Monique Bydlowski — compreende então que possuir uma sombra significa poder transmitir a vida já que é com a nossa sombra que retribuímos à terra nossa dívida de existência. [...] A partir

---

1. Monique Bydlowski, 1978, p. 66.

50   *A criança dada por morta*

desse instante ela se põe à procura de uma sombra, ainda
que roubada. Como se a vida não fosse uma dádiva mas
carregasse em si a exigência de devolver (*Heimzahlen*) o
que foi transmitido e de reconhecer que o dom da vida é
promessa de morte.

Mulheres sem sombra: essa é exatamente a expressão mais
adequada para designar o *status* das adolescentes curadas do tumor
que lesou seus órgãos genitais. Num certo sentido, o conto de
Hoffmannsthal poderia servir de emblema da luta na qual essas
adolescentes se empenham posteriormente junto a seus pais e a
seus médicos. Desse ponto de vista, dizer que elas assinam com
os 'mágicos' da ciência um contrato semelhante àquele concluído
entre a heroína de Hoffmannsthal não deforma de modo algum a
natureza nem a qualidade das relações que se instauram por longos
anos entre os médicos e os doentes, uma vez obtida a cura.

Essas adolescentes não são, sob determinados aspectos,
seres sobrenaturais, exatamente como a heroína de Hoffmannsthal?
Esta, lembra Monique Bydlowski, "tendo-se tornado imperatriz
pelo seu casamento com um imperador mortal" quis
desesperadamente corrigir seu defeito de fecundidade. A história
diz que ela elegeu como mensageira sua "tenebrosa ama de leite",
que fez em seu nome um acerto trapaceiro com uma "mortal
pobre, pouco inclinada à maternidade", unicamente com a finalidade de recuperar "a sombra, promessa de procriação e portanto
de imortalidade". As proezas que a medicina de hoje se mostra
capaz de realizar não deixam de ter algo de fantástico que as leva
para o campo da ficção, e sua narrativa às vezes se aproxima de
uma gesta.

A busca da fecundidade, ainda que possa parecer ilusória,
na conjuntura que estou relatando, não é muito diferente da busca
do Graal. Ela é, como esta, impregnada de uma irreal realidade,
principalmente porque põe em ação medidas perfeitamente reais,
senão realistas, para levar a bom termo uma intenção cujos
componentes, todos sabem, com maior ou menor certeza, que são

A interrupção de uma linhagem 51

irreais e até mesmo irrealistas. A necessária crença que é requisitada nesse tipo de ações se assemelha demais com aquela que foi preciso dispensar no projeto de cura. Nesse caso, por que, com efeito, não continuar? Mas como, enfim, não colocar questões relativas à natureza das situações inconscientes que sustentam essas buscas aventureiras?[2] Como, ainda, não refletir no destino das representações recalcadas, as quais, ainda que se produzam simultaneamente no cenário da realidade exterior e no cenário da realidade psíquica, não deixam de constituir um foco de energia oculta considerável? É verdade que nós não estamos naturalmente — se é que se pode empregar esse vocábulo nessa circunstância — preparados para raciocinar em semelhantes termos.

Resquício, vestígio, resgate da cura: algumas pessoas que se pretendem objetivas consideram, por compará-la com o perigo que se correu, com o risco vital, que a esterilidade, decididamente, não é senão um mal menor, e que o preço a ser pago não seria excessivo. Mas essa posição não pode ser sustentada por muito tempo, porque seus frágeis fundamentos repousam na negação do paradoxo representado pela esterilidade derivada de um antigo câncer. Nessa circunstância ela não é, como pretendem Cristina Maggioni e Guido Benzi a respeito de determinadas esterilidades psicogênicas[3], "uma negação da morte". É antes uma constante lembrança do fato de que, para ter uma chance de conservar a criança doente com vida, foi preciso renunciar à sua descendência potencial. Alternativa que a seu modo as mães retomam mais tarde, fazendo-a sua, quando exclamam, descrevendo a fase aguda da doença: "Não dá para dizer o que eu passei naquele momento; se ela tivesse ido, eu teria ido com ela; se a vida da minha filhinha tivesse de acabar, a minha também deveria acabar..."

Se a alternativa não se apresenta nos mesmos termos para a criança já crescida e ciente de sua esterilidade, ela não pode

---

2. Tratei desse assunto principalmente num artigo intitulado: *L'envie du vagin. La question du matricide dans la vie psychique*, 1987, pp. 513-529.
3. 1986, pp. 61-65.

52 *A criança dada por morta*

ignorar, contudo, que o fato de ter conservado a vida, não implica que lhe será possível transmiti-la. A esterilidade, aqui, representa portanto o traço indelével de uma ameaça de sentença de morte. Ela comemora permanentemente, qualquer que seja a intensidade da sua lembrança, a época em que o funcionamento do corpo da criança conheceu o horrível transtorno que apenas tratamentos agressivos e drogas muito fortes conseguiram vencer. Aquele ou aquela que teve a vida salva é considerado hoje como o único detentor dessa vida.

Assim a sensação de irreversibilidade despertada pelo medo de que a criança morresse é progressivamente substituído e sustentado pelo reconhecimento da impossibilidade, que agora passa a ser sua, de dar à luz uma criança. É preciso confessar-se que a corrente de transmissão da vida acabou sendo bloqueada. Tudo o que se conseguiu, obtendo a cura, não teria sido 'recuar para melhor saltar'? O tempo que passa parece, no entanto, decidir as coisas de outra maneira; o que se apresentava como um estado de fato ganha com o tempo um *status* diferente na vida psíquica.

Posição da esterilidade na vida psíquica

Os fios que o tempo desenrola e que se tecem dia após dia entre os pais, os médicos e as crianças agora adolescentes os mostram unidos por uma mesma preocupação relativa à procriação, na expectativa de uma vida susceptível de ser modelada segundo suas exigências. A esterilidade da criança curada adquire assim o valor de uma seqüela coletiva. Ela é objeto de uma apropriação por aqueles que se sentem pouco ou muito responsáveis, ou por ser o genitor, ou por ser o terapeuta. Pessoalmente envolvidos, muito mais implicados do que acreditam estar numa sintomatologia de que seus corpos não sofrem, não compreendem plenamente o quanto a representação *não poder ter filhos* os submete à criança estéril.

A interrupção de uma linhagem 53

Os esforços que envidam, as tentativas que empreendem para fazer recuar medicamente os limites da impossibilidade vão servir para sustentar e manter, sem que avaliem os mecanismos e os riscos, a representação oposta: *ter um filho*. O vaivém entre essas duas representações se funda incontestavelmente sobre a tomada de consciência de uma determinada forma de irreversibilidade. São criadas pontes, relações podem ser estabelecidas entre esses pensamentos atinentes à irreversibilidade e o conhecimento íntimo de um desvio irreversível, mais essencial, que é constitutivo do funcionamento psíquico. Sabemos, com efeito, que a inserção no inconsciente de uma experiência de prazer abre e promove o espaço do desejo. Essa experiência desempenha um papel de protótipo junto ao qual todas as outras experiências de prazer parecerão insatisfatórias. Isso significa, no presente contexto, que independentemente do obstáculo fisiológico por ela constituído, a esterilidade consecutiva a um câncer sofrido na infância desperta, ainda que de maneira desviada, transposta, transformada, a nostalgia de uma unidade perdida com a mãe, com a própria mãe. O que não acontece sem o ressurgimento, para cada um, de teorias sexuais infantis recalcadas. Equivale a dizer que a preocupação relativa à esterilidade da criança curada contribui para fzer advir novamente no espírito dos adultos, jovens e velhos, uma esperança conforme à que tinham quanto eram crianças. Essa preocupação desperta neles um saber antigo, esquecido — se é que algum dia encontrou lugar nos seus pensamentos —, sobre a inexistência de incompatibilidade entre a impotência biológica, fisiológica e a onipotência do desejo.

A gestão no inconsciente de uma esterilidade consecutiva a um câncer ocorrido na infância não poderia ser considerada como problema exclusivo da criança doente agora crescida. Ela implica toda uma série de pessoas preocupadas com o futuro da doença curada, a respeito do qual cada um se exprime à sua maneira em função do lugar que ocupa no grupo: pais, ginecologista, cirurgião. Mas a gestão dessa seqüela no insconsciente se confunde muitas

54   *A criança dada por morta*

vezes, como outras seqüelas do câncer, com a gestão consciente da cura. É importante, apesar de alguma dificuldade que se possa encontrar nessa tarefa, conseguir distinguir uma da outra se se quer reconhecer o papel desempenhado pelas moções incoscientes, com a incidência que têm sobre a perpetuação de uma relação entre o médico e o doente e especialmente sobre a perpetuação de uma relação entre a mãe e a criança, muito além dos limites que são habitualmente considerados como razoáveis.

A fecundidade da mãe posta à prova

"Todo esse tempo que passei vivendo o dia a dia!" — dizia uma mãe a quem eu perguntava o que representava a cura de sua filha — Tenho a impressão de não ter vivido. Não tive tempo para mim. Tenho medo dessa nova vida que desponta, a minha cabeça está sempre fervilhando. E se eu sentir falta de todos esses pensamentos, depois. Faz tanto tempo que eu não vivo para mim. O tempo ainda não está liberado..."

Transcrevendo essas palavras no contexto da presente reflexão, vem-me à mente que a obsessão do tempo e a agitação dos pensamentos deviam ser, para essa mulher, simultaneamente a expressão e a ocultação de um medo do vazio. Talvez esse medo do vazio correspondesse a um medo do próprio vazio interior, ou ainda ao mal-estar resultante da descoberta de uma ausência de lembranças relativas à sua própria vida de criança? Várias vezes ela me deu mostras dessa amnésia. Mas de maneira mais direta, mais imediata, seu medo do vazio parece poder ser relacionado com as imagens que ela havia construído progressivamente servindo-se das informações que lhe haviam sido dadas sobre o interior do corpo de sua filha. Esta certamente estava curada, mas seu interior estava vazio, desprovido de órgãos genitais, privada

A interrupção de uma linhagem

de bexiga. De forma que as imagens de cheio e de vazio que a mãe transmitiu através das suas preocupações relativas ao tempo e aos pensamentos não podiam ser tomadas ao pé da letra. Resultavam de um processo complexo, processo que exigia que a mãe se apropriasse do corpo da filha como de uma parte do seu corpo. Essas imagens, verdadeiras metáforas corporais, eram constitutivas da sua identificação com a filha.

Normalmente, demonstra-se mais facilmente as atitudes de identificação da filha para com a mãe do que as atitudes inversas. Quando, como no caso presente, uma filha curada de uma doença tida como mortal e essa cura impõe à mãe um novo esquema da anatomia feminina, a manutenção da relação mãe-filha exige a identificação da mãe para com a filha. Essa mãe realiza isso de maneira simbólica e substitutiva, parece-me, utilizando o tempo e os pensamentos a título de representações permutáveis. Nada permite supor que com isso ela teve um mínino de prazer ou de satisfação, pelo menos conscientemente. A não ser que ao criá-las tenha-se feito 'mestre de obras'. Ela não se entregou, dessa maneira e como que 'às apalpadelas', a uma tentativa que conferiria maior realidade psíquica a uma realidade que durante muito tempo foi para ela inaceitável e sobretudo inconcebível? Dilema que ela aliás não deixou de expor sem medir, talvez, o verdadeiro alcance de suas palavras: "Houve uma falha — diz ela, [essa frase aparece como um inciso na nossa intrevista] — e é preciso reconstruir uma vida a partir de alguma coisa que jamais deveria ter acontecido". Como a impressão de irrealidade que sustenta semelhante discurso poderia ser reconhecida por seu autor, absorvido pelo ritmo da conversa? *A fortiori* ,quando o interlocutor não encontra palavras para torná-la comunicável. Assim, será apenas num segundo tempo que a irrealidade, mascarada pelo realismo, tornar-se-á susceptível de chamar a atenção a fim de ser desvelada e traduzida em palavras para ser objeto de uma elaboração psíquica.

Percebemos, então, paradoxalmente, se pensamos no con-

56 *A criança dada por morta*

junto do contexto, o quanto a esterilidade pode adquirir um caráter contingente. E no entanto, é graças a ela que o diálogo toma uma nova consistência, e é tendo isso em vista que as fantasias encontram uma via de expressão:

"Não ter filhos — continua a mãe — [...] quais são as conseqüências disso? Não sabemos ainda. Dizem que há mulheres que seriam capazes de roubar crianças [...] enfim, há procedimentos legais... aliás ela queria que eu lhe fizesse um filho quando ela tinha 12 ou 13 anos. Certamente essa frustração vai trazer conseqüências".

Aí está o típico pensamento associativo, fascinante por mais de uma razão, surpreendente também pela sua ausência de moderação na exposição de intenções transgressivas, a saber, o roubo e o incesto que curiosamente enquadram uma referência à lei, bem como uma alusão ambígua à frustração que, no fundo, não sabemos se é imputável à esterilidade da filha ou à não-realização de um desejo de fazer um filho com a mãe, desejo que pode ser ao mesmo tempo da filha e seu. Daí a idéia de colocar a questão da frustração na posição de uma visão em perspectiva. Isso equivale a estudar o discurso da mãe no duplo registro da sua identificação com a filha e da sua identificação de filha com a própria mãe.

Por que complicar as coisas quando se pode simplificar? O argumento teria a sua razão de ser, não fosse a complexidade da conjuntura. Assim sendo, qualquer que seja a justificação trazida a esse discurso pela necessidade de visualizar no futuro as conseqüências do câncer passado, não se pode evitar de emitir hipóteses sobre a maneira pela qual a mãe, sem o saber, cedeu a palavra à criança que existe nela, acreditando, com total boa fé, que expunha exclusivamente suas preocupações relativas à filha. Tendo tido uma mãe particularmente fértil, essa mulher mantinha poucos

A interrupção de uma linhagem

contatos com seus irmãos e irmãs, tinha horror das reuniões de família, como na sua infância detestava a vida em casa. Ela própria teria passado muito bem sem filhos. Aquela filha que adorava era sua filha única, criara-a sozinha e não lamentava não ter tido outros filhos. Esses vários elementos da narrativa, ainda que tenham sido fragmentários, incitaram-me a ouvir o que ela dizia sobre a frustração como a expressão disfarçada de um anelo concernente à sua própria esterilidade. Um anelo que teria, sem o saber, formado na infância em relação à sua própria mãe, em resposta à fecundidade dessa mãe e do qual ela hoje partilharia sob uma forma condensada, disfarçada em termos da recusa de ter filhos.

"No estudo da relação pai-filho — escreve Bertrand Cramer[4], — num determinado momento — acabamos sempre tentando captar a ontogênese do desejo de ter um filho, e é então que vamos interrogar 'a criança na criança'." É interessante determinar as bases iniciais do desejo de ter um filho para prejulgar o que se tornarão no adulto — particularmente durante a gravidez. Mas em torno de que núcleo se forma essa representação de criança na criança? [...] O bebê imaginado pela criança é, antes de tudo, o resultado de uma projeção de estados psíquicos e de fantasias [...] "O que é importante, é que os conteúdos psíquicos não correspondem à idéia convencional do bebê, ou seja, um ser indefeso, dependente, imaturo".

As observações de Bertrand Cramer permitem extrair dois parâmetros a partir dos quais a incidência de uma fantasia de esterilidade poderia ser mais reassaltada. Quero falar da invulnerabilidade da figura da criança imaginada pela criança e da dissimetria instaurada pela relação pai-filho, dissimetria que para além da idade ou da função pode também ser referida à atividade fantasmática e à construção de uma representação infanticida.

---

4. 1982, pp. 137-139.

Representação infanticida e desejo de ter filhos

No breve estudo consagrado à análise do personagem Lady Macbeth, Freud insiste no papel desempenhado pela esterilidade nas fantasias da heroína de Shakespeare assim como na sua vida real.[5] "Ao projeto de assassinato, ela (Lady Macbeth) quer sacrificar até mesmo sua feminilidade, sem apreciar o papel decisivo que deverá caber a essa feminilidade quando se tratar de consolidar o que era o objetivo de sua ambição e havia sido conseguido pelo crime".

"Ah! vinde, espíritos,
vós que velais sobre os pensamentos mortais, tirai-me o sexo.
... Vinde aos meus seios de mulher
Tomar meu leite como fel, vós, instrumentos assassinos!"
(Ato I, cena 5).

E Freud explica que o Macbeth de Shakespeare, "composto quando Jaime I, até então rei da Escócia, subiu ao trono", é uma peça de circunstância:

> Elisabeth, a 'rainha virgem' de quem corriam rumores de que jamais teria condições de pôr um filho no mundo e que, outrora, com a notícia do nascimento de Jaime, num grito de dor se teria definido como um 'tronco seco', justamente havia sido forçada, por não ter filhos, a deixar o rei da Escócia ser seu sucessor. [...] A ascensão ao trono de Jaime I aparecia como uma demonstração da maldição trazida pela esterilidade e das bênçãos ligadas à geração ininterrupta [...].

---

5. 1916, pp. 150, 152 e 156.

A interrupção de uma linhagem

Freud continua, voltando ao desenrolar da peça e observando a pressa, o ritmo febril com que os acontecimentos se sucedem:

> Não há tempo suficiente para que a esperança de ter filhos, constantemente frustrada, possa quebrantar a mulher e arrastar o marido a um desafio furioso, ficando de pé a contradição de que as inúmeras relações sutis no interior da peça, bem como entre esta e o momento que a fez surgir, tendem a convergir para o motivo da ausência de filhos [...].

Que *Macbeth* possa ser lida como uma tragédia da esterilidade: a idéia não é nova em Freud, como também não o é a que consiste em procurar as fontes da peça nos acontecimentos da época. Uma e outra estão presentes em *A interpretação dos sonhos*. Algumas de suas linhas efetivamente são dedicadas a Shakespeare, e Freud não deixa de observar a coincidência entre a morte do pai e a redação de *Hamlet*, assim como a proximidade do sobrenome do herói e o nome de um filho de Shakespeare, morto ainda criança: Hamnet. E acrescenta que um homem em pleno luto não pode deixar de sentir "a vivacidade das impressões de infância em relação ao pai". "Assim como *Hamlet* trata das relações do filho com os pais, *Macbeth*, escrito mais ou menos na mesma época, tem como tema o fato de não se ter filhos".[6] Esses são os elementos de biografia que na qualidade de 'restos diurnos', apóiam a tese de Freud segundo a qual convém assimilar a criação poética ao sonho. Isso posto, estabelece como objetivo "interpretar apenas as tendências mais profundas da alma do poeta".[7]

"Nada se pode fazer de verdadeiro se não se é um pouco criminoso", escreveu Freud a Pfister em 5. 10.1910. Para Michel

---

6. Sigmund Freud, 1900, p. 231. S.E., Vol. IV.
7. Em 1919, Freud, para a sexta edição de *A interpretação dos sonhos*, redigiu uma nota de rodapé, relativa a essa frase, para remeter o leitor ao artigo de 1916 *Quelques types de caractère dégagés par le travail psychanalytique*, op. cit.

60   *A criança dada por morta*

de M'Uzan[8], essa frase poderia servir de epígrafe a uma história da criação literária, de tal forma é ela conveniente para descrever os conflitos selvagens que animam o artista, como também permite compreender em que a luta do artista por sua obra se assemelha à luta pela vida. Não se encontra vestígio dessa homologia na pena de Freud. Entretanto, podemos arriscar a suposição de que ele teria aderido a ela. O mais curioso — e Victor Calef, autor de um artigo entitulado *Lady Macbeth and infanticide*[9], sobre o qual deveríamos voltar a falar, lembra-o muito oportunamente numa pequena nota — é que a passagem em questão se encontra exatamente antes da conclusão da seção chamada "Sonhos típicos da morte de pessoas queridas, a qual, lembraremos, abre-se com um sonho de infanticídio. Lembraremos também que na sua conclusão Freud confere à representação em sonho da morte de pais amados um *status* particular. Essa, esclarece ele, nos é tão estranha que não nos é possível ver aí a expressão de um desejo recalcado. Assim essa representão escapa a qualquer estratégia de censura.

> Parece — diz ele, enfim — e me parece necessário citar essa passagem — que diante desse desejo recalcado e cuja existência ignoramos, apresentam-se muitas vezes restos diurnos sob a forma de preocupação inspirada pela vida de uma pessoa amada por nós. *Essa preocupação só pode aparecer no sonho servindo-se do desejo; este, em contrapartida, pode-se esconder por detrás da preocupação surgida durante o dia*[10].

---

8. *Aperçus sur le processus de la création littéraire*, 1977, p. 11.
9. 1969, p. 528-548.
10. Grifo nosso, *op. cit.*, p. 232. *S.E.*, Vol. IV, p. 267.

A interrupção de uma linhagem 61

Essa frase, na edição inglesa do livro, dá origem a uma referência de Strachey ao capítulo VII, seção C: "A realização do desejo", e em particular ao 'sonho do amigo Otto', que precisamente fecha a seção chamada Sonhos típicos sobre a morte de pessoas queridas. Esse sonho, associado a três outros, forma uma série cujo conjunto tende a mostrar a persistência, nos sonhos de adultos, do egoísmo da criança. Muitos exemplos disso foram previamente apresentados. O egoísmo, diz Freud, é um traço de caráter onipresente nas crianças; ele atesta as exigências da nossa vida psíquica desde os primeiros anos, e valida a hipótese da presença de desejos de morte desde a infância. As crianças pequenas, ignorando os entraves da moralidade, fazem com freqüência e facilmente votos infanticidas. Quanto aos seus desejos parricidas, é importante, esclarece Freud, considerá-los como fruto de tendências amorosas para com o genitor do sexo oposto, visando eliminar o rival do mesmo sexo.[11] Isso significa acentuar bastante o componente edipiano, o que não exclui — pelo menos esse é o ponto de vista que vou tentar desenvolver — que esses votos possam ser objeto de um virada sobre si-mesmo, criança *in utero*, processo representando a forma última, arcaica, de uma fantasia de cena primária.[12] Essa era uma das conclusões a que pode levar a análise do 'sonho da criança morta numa caixa'. Será preciso voltar a essa questão, posteriormente.

Compreendemos melhor, a partir de então, a pertinência dos sonhos que Freud relata para fechar a seção, na medida em que servem para ilustrar a tese segundo a qual seu conteúdo não contradiz nem a piedade filial, nem o amor parental. Porque estão intimamente ligados às manifestações da nossa vida psíquica infantil, bem como à sua persistência na idade adulta, esses sonhos, que eu lembrava, conferem um *status* particular "à preocupação que a vida de uma pessoa amada nos inspira". Essa faz as vezes

---

11. *Op. cit.*, pp. 218-223.
12. Reporta-se aos capítulos 5 e 10 intitulados "Roteiros de infanticídio na transferência" e "A cena onírica da doença mental".

62   *A criança dada por morta*

ao mesmo tempo de anteparo e de abrigo aos desejos inconscientes que trazemos em nós. Assim, Freud considera necessário precisar, uma vez mais, que "os sonhos são todos absolutamente egoístas". E continua: "Vemos aparecer em todos o eu bem-amado, mesmo que às vezes esteja disfarçado [...] e que se um sonho parece ter sido provocado por um interesse altruísta, nós só podemos ser enganados pelas aparências".[13]

Não fosse o meu próprio interesse em descobrir a presença e a economia de uma representação infanticida nas medidas de salvaguarda e de salvamento tomadas pelos adultos em relação a uma criança real, não fosse o desenrolar da minha argumentação relativa aos aspectos oníricos das cenas da doença mortal curada, é possível que eu não me tivesse entregue a uma leitura tão atenta dessa seção de *A interpretação dos sonhos*. Certamente tampouco teria eu seguido a indicação de Strachey que, de sua própria iniciativa, insere uma referência no texto, incitando o leitor a procurar 'o sonho do amigo Otto' no capítulo VII. Certamente eu não me teria detido longamente no sonho 'Meu filho o míope' que Freud qualifica igualmente de egoísta, e ao qual faz alusão pouco antes do sonho de Otto, e que conta mais pormenorizadamente no capítulo VI: "O trabalho do sonho", seção 7: Os sonhos absurdos, a atividade intelectual em sonho.

Para não prolongar inutilmente essa digressão e não abandonar por mais tempo a incidência da esterilidade das moças curadas de câncer no ressurgimento de uma representação infanticida, direi apenas que esses dois sonhos, 'meu filho míope' e 'meu amigo Otto está abatido', procedem ambos de uma mesma preocupação consciente relativa ao futuro das crianças. Daí o desejo manifestado por Freud de viver bastante tempo para as educar e para que elas pudessem tornar-se independentes. Preocupação claramente expressa na apresentação do primeiro sonho e mais indiretamente na interpretação do segundo. É preciso

---

13. *Op. cit.*, p. 233. *S.E.*, p. 267.

A interrupção de uma linhagem   63

lembrar também que é na narração do sonho "meu filho é míope"e
que é mencionado um curto episódio de viagem com Fliess a
Breslau. Num dos seus passeios, uma garotinha se aproximou de
Freud para perguntar sobre o caminho. Não conhecendo a cidade,
ele não pôde informar. "Esperemos — disse ele a Fliess — que
essa menina demonstre na vida maior perspicácia do que na
escolha dos seus guias". Mal ele havia acabado de pronunciar
essas palavras, percebeu, sempre caminhando, uma inscrição numa
porta: "Doutor Herodes, consultas com hora marcada", ao que,
virando-se para o amigo, soltou a tirada bastante conhecida:
"Esperemos que o nosso colega não seja pediatra!"[14]

Ocorre justamente — aliás a indicação é fornecida por Freud
— que o amigo Otto era pediatra e, além do mais, pediatra dos
filhos de Freud. Reconheço de bom grado que os 'justamente' são
fáceis de descobrir, a partir do momento em que se mergulha com
uma preocupação precisa na leitura de *A interpretação dos sonhos*.
Mas isso não significa que eles sejam falsos. Não significa tampouco
que Freud tenha tomado um partido, e até mesmo interpretado *in
absentia*. Antes, consegue-se assim — esse pelo menos é o objetivo
que busco — dar corpo ao mesmo tempo às teorias que ele defende
e colocar à prova sua validade, confrontando-as com situações que
mesmo não sendo as do sonho, não deixam de estar impregnadas
de uma irrealidade toda onírica. Isso significa que é possível
encontrar lugar para um pensamento psicanalítico num domínio
em que ele não tem, de entrada, razão de ser.

Se a justaposição desses dois sonhos na pena de Freud
chamou a atenção, não foi apenas pela luz que lançam sobre o
significado dos Sonhos sobre a morte de pessoas queridas, mas
sobretudo porque me parecem conter uma representação
infanticida. Pelo lugar neles ocupados pelas crianças, com os
cuidados conscientes que podem causar, essa representação se
conforma à que é suscitada pelas preocupações relativas à

---

14. *Op. cit.*, p. 377. *S.E.*, Vol. V, p. 443.

64 *A criança dada por morta*

esterilidade na situação descrita aqui. A representação infanticida que não é evidenciada, faz-se mister precisar, nessa parte do texto, parece-me no entanto poder ser extraída de vários pontos. Primeiramente, das diversas passagens em que Freud expõe seu medo de morrer: "Se eu vier a desaparecer [...] será necessário que alguém cuide dos meus filhos." Esse problema é tratado em ambos os sonhos. Em outros termos: "Minha morte colocaria meus filhos em perigo." Em outros termos ainda: "Se eu morrer, meus filhos poderiam, senão morrer, pelo menos conhecer um abandono mortal para eles". Quanto ao pediatra, cuja presença é observável nesses dois sonhos, e se pensarmos que sua função é justamente a de salvar as crianças, a sorte que lhe é reservada aqui e ali, da mesma forma, causa perplexidade. "Doutor Herodes... Esperemos que o colega não seja pediatra"; a alusão é bastante explícita para nos demorarmos no assunto. Quanto ao amigo Otto que se revela, no sonho, devido à sua doença, incapaz para a tarefa que Freud lhe havia designado, pode-se considerar que também ele põe em perigo a vida das crianças, já que não desempenha o seu papel. Escreve Freud:

> Outorgando-lhe os sintomas mórbidos do nobre salvador, eu subentendo: se me acontecesse alguma desgraça, ele não faria pelas crianças mais que o barão fez por nós [alusão à lembrança de uma excursão feita seis anos antes com o professor Kassovitz, professor R; no sonho diretor da clínica para crianças doentes onde Freud se encarregava do serviço de neurologia] com todas as suas ofertas amáveis. O conteúdo egoísta do sonho é revelado agora.
>
> Mas onde descobrir a realização de um desejo? Aqui já não se trata de se vingar de Otto, cujo destino ao que parece é ser maltratado nos meus sonhos. A questão aqui é outra [...] Portanto, uma vez mais, eu quero ser nomeado professor.[15]

---

15. *Op. cit.*, p. 235. *S.E.*, p. 271.

A interrupção de uma linhagem 65

A realização de um desejo infantil implica, é fácil perceber, a eliminação do pai e dos seus substitutos, personagens entre as quais é preciso colocar o pediatra, ainda que a análise do sonho mostre que ele é objeto de uma superdeterminação. Didier Anzieu observa a esse respeito que Otto (na vida real: Oscar Rie), o pediatra dos filhos de Freud, veio a ser cunhado de Fliess e que poderia representar Fliess, e isso sobretudo porque, esclarece Anzieu, Freud tomara conhecimento, alguns dias antes desse sonho, da notícia de uma segunda gravidez de Ida Fliess. Daí, segundo o comentário de Anzieu, o despertar de "uma curiosidade em relação à mulher do amigo" e a inserção dessa notícia como 'resto diurno' no sonho.[16]

Levar em consideração fontes infantis do sonho conduz, como se pode constatar, à eclosão de uma floração de hipóteses as quais não se poderia aceitar sempre incondicionalmente. Entretanto, é importante observar que elas geralmente encontram apoio no modelo das relações entre os pais e os filhos, aquelas exatamente de que Freud dizia que oferecem muitas possibilidades para a eclosão de desejos que não resistem à censura. Ele acrescentava, aliás, que esses desejos se realizavam às vezes sem o sabermos. Segundo ele, nós mal nos damos conta do fato de que a maior parte da humanidade transgride o quarto mandamento do Decálogo, quando interesses psíquicos estão em jogo, em detrimento daquilo que temos por hábito considerar como piedade filial.[17] Não é necessário lembrar aqui as afirmações de Freud relativas aos elementos do conflito entre pai e filho, não mais que os mitos e as lendas gregas a que ele recorre para justificar sua atualidade. Em contrapartida, suas observações sobre a evolução do conflito entre mãe e filha são muito mais interessantes, ao

---

16. 1975, t. 1, pp. 353-355.
17. Constata-se, consultando a edição original, a tradução francesa e a de Stranchey, que Freud cometeu um erro. Não se trata do quarto mandamento mas do quinto. Strachey tendo certamente verificado na Bíblia corrigiu por conta própria. Ele escreve *"fifth"*.

66

mesmo tempo para o meu propósito e para quem se interessa pela gênese das concepções de Freud sobre a feminilidade. Lendo-as, é impossível não se surpreender pelo seu caráter precursor a respeito dos artigos redigidos na década de 1930.

> As ocasiões de conflito entre mãe e filha aparecem quando a filha cresce — de fato escreve ele — e encontra em sua mãe uma guardiã no momento em que ela exige a liberdade sexual. A mãe, por seu lado, vê no desenvolvimento da filha uma advertência: para ela, é tempo de renunciar às pretensões sexuais.[18]

Que o acesso da filha à sexualidade adulta seja, entre sua mãe e ela, um fator de aproximação alienante, porque atesta simultaneamente sua semelhança pela identificação e sua separação pela diferença de gerações. Essa é uma evolução que deixa sua marca nas relações de todas as mães com suas filhas, mesmo quando a mãe se mostra tolerante ou faz pouca sombra sobre elas. Num certo sentido, é quase assegurador constatar que esse fenômeno persiste a despeito de obstáculos fisiólogicos tão graves quanto a esterilidade de uma filha curada de câncer da região genital.

---

18. *Op. cit.*, p. 224. *S.E.*, Vol. IV, p. 257.

Segunda parte

A CURA:
ATO DE CONSCIÊNCIA
E PRODUÇÃO DO
INCONSCIENTE

Roteiros de infanticídio na transferência 5

Atribuir à morte um lugar inequívoco

Não é raro ouvir pacientes, temendo a morte para si mesmos e para os seus, queixarem-se durante a sessão do caráter ridículo da aventura analítica, considerando-se as exigências de sua vida cotidiana. Se continuam a análise é, afirmam, porque num certo sentido ela lhes permite não pensar demais. Declarações aos mesmo tempo elípticas e provocadoras, o que não impede que sejam carregadas de verdade se considerarmos que o pensamento obsedante da morte parece geralmente criar obstáculos a qualquer forma de devaneio tornando-o incongruente. Outros pacientes, numa situação idêntica, preferem pôr termo às sessões a reconhecer, no julgamento de impotência que fazem sobre a análise, o poder que no fundo de si mesmos lhe atribuem, assim como os temores de mudança que ela lhes inspira. Os problemas que resultaram dessas duas atitudes, são ainda mais difíceis de administrar na medida em que o dizer, supostamente susceptível de se realizar de fato, aí está encoberto pelo fazer. No primeiro caso, o espaço analítico é constituído como um enclave que o paciente protege de invasões vindas do exterior. No segundo, o ato representado pelo recurso à ruptura procede de um movimento inverso e não obstante simétrico, visando a atribuir à morte um lugar inequívoco. Assim, quando a vida de um ente querido está em perigo, as vias de passagem entre a realidade exterior e a realidade psíquica, estabelecidas pelo processo analítico, correm constantemente o risco de serem obstruídas. Deparamo-nos com um sentimento de irrealidade que, para não ser reconhecido como o inverso de um exagero de realidade, apresenta-se como uma espécie de massa compacta que é preciso arejar, trabalhar como matéria bruta, para emergir do tudo ou nada, para descobrir como a transferência, sutilmente, enraíza-se, insere-se entre os dois termos da alternativa.

Exemplar frente a essa problemática, e ainda que não se refira diretamente à prática da psicanálise, é a sensação de irrealidade que os pais experimentam quando se lhes anuncia a cura do câncer de seu filho. A incredulidade que demonstram frente a essa notícia procede de mecanismos complexos que estão ligados à emergência de representações infanticidas.

O conflito de que se torna objeto a criança curada de câncer é, pois, a expressão de uma série de preocupações que por um lado se vinculam à realidade da doença e, por outro, aos processos psíquicos que a criança pôs em ação devido à doença. Como certos pais acabam permanecendo na doença, a ponto de seus filhos, eternos objetos de cuidados, passarem de uma doença a outra, de uma intervenção a outra, estas motivadas por uma finalidade reparadora que jamais poderá ser plenamente satisfeita? A lista dos incidentes que retardam a reinserção definitiva da criança no mundo dos saudáveis às vezes é longa. Não se trata apenas, como poderíamos acreditar, da manutenção do estado de doente como paliativo para condições de vida pessoal ou familiar difíceis de se assumir. Trata-se, muito mais profundamente, de uma perturbação diante do ressurgimento inesperado de representações recalcadas.

Como fazer com que as coisas não parem aí, que a criança não desanime, que os pais não se instalem numa deficiência ou na obsessão de uma recaída? Como os incitar a reconhecer a ambivalência inconsciente de sua atitude para com a criança curada, bem como a verdadeira natureza dessa ambivalência? O psicanalista que se compromete num tratamento com os pais não pode evitar estar profundamente implicado no luto a ser guardado por uma *criança dada como morta*, ou mais exatamente no

Roteiros de infanticídio na transferência

reconhecimento das fontes inconscientes da constituição dessa imagem.

Violência do psicanalista, violência feita ao psicanalista

Numa situação sensivelmente mais próxima da consulta que da análise, não é demais esperar conferir aos elementos de uma história singular um valor de exemplo, tanto no que concerne ao lugar ocupado pela criança gravemente doente na vida psíquica da pessoa saudável, quanto para os processos de identificação acionados pela troca e pela circulação de uma representação infanticida? Todavia essa representação infanticida que, devemos ressaltar, geralmente está fadada à censura e ao recalcamento, senão à rejeição, emerge na relação como a face oculta de todos os pensamentos conscientes relativos à morte potencial da criança cancerosa. Esses pensamentos que não deixam de ocupar o espírito, seja qual for, aliás, a credibilidade que se tenha nas esperanças de cura, contribuem para preservar um pessimismo ambiente. Dar conta das atitudes transferenciais que marcam os diferentes tempos de um encontro com um ou outro dos genitores da criança conduz, portanto, estabelecer a constituição de um espaço no interior do qual a criança curada, pela sua ausência, adquire uma nova presença.

Vislumbrar juntos o ser e o ter, o sujeito e o objeto; não se limitar à repartição manifesta dos papéis na célula familiar nem no meio médico; procurar a criança do passado sob os traços do adulto preocupado; ouvir nas queixas de uma mãe o eco dos prantos que ela própria, na sua infância, teria em vão dirigido à sua mãe e que hoje, sem que ela o saiba, são provocadas pelos tormentos que lhe são causados pelos seus filhos: aí estão muitos projetos que podem parecer ao mesmo tempo ridículos e violentos se nos lembrarmos do fato de que os pedidos endereçados ao psicanalista, pelos médicos ou pelos pais, incidem principalmente sobre a expectativa de uma mudança delimitada e raramente sobre a busca das causas internas do sofrimentos presente. Seja qual for a maneira pela qual se formulem esses pedidos, é, entretanto, sobre a estrutura do casal mãe-filho que incidirão a maior parte das trocas. Assim, a entrada num trabalho analítico pode ser inicialmente decidido com a mãe. Este, como a prática nos mostra, corre o risco de ser, no mais das vezes, um compromisso de curto prazo, fadado à descontinuidade, caso não se consiga traduzir em palavras os vínculos que para ela se tecem entre a descontinuidade e a morte.

Por não compreender que, de um modo ou de outro, ela não vê a hora de acabar com a doença e com o medo da morte, mas que o fato de ter tomado conhecimento da cura não lhe proporciona, nesse campo, senão um alívio relativo; por não aceitar reconhecer que está tomada pela imagem da *criança dada como morta*; por não aceitar reconhecer que é impotente para expulsar essa imagem que a acusa e que a aterroriza, a mãe, com bastante freqüência, prefere afastar-se do psicanalista. Agindo assim realiza o anelo de ser enfim o agente da separação ao invés de ser a vítima. Desse modo, a descontinuidade nesse tipo de responsabilidade atesta a violência dos movimentos de inversão produzidos pela atualização de angústias de separação de origem infantil. "Eu que corro o risco de ser abandonada, reservo-me o direito de abandonar da noite para o dia, e voltar quando bem me aprouver, como se eu nunca o houvesse abandonado." Esse é, acredito eu, um dos riscos da transferência que se estabelece na relação com aquela que colocou no mundo uma criança que acreditou perder e que, para ela, continua marcada pelo selo da morte. Essa transferência não é uma falsa ligação, no sentido compreendido por Freud, senão na medida em que é imediatamente uma falsa separação, de forma que atesta a identificação desesperada da mãe com a criança. Ela só é repetição face à precariedade da relação, esta reproduzindo a impressão de precariedade que a mãe sente na relação com a criança.

Roteiros de infanticídio na transferência 73

Quando lhe foi dada a ocasião de tornar públicos os detalhes do seu encontro comigo, Marie-France contou o quanto nossas primeiras entrevistas a desorientaram.

"As primeiras vezes que estive com ela foram muito difíceis — diz ela a meu respeito a uma terceira pessoa... — Ela propôs ajudar-me; eu ia pedir-lhe que eventualmente recebesse minha filha mais velha, e me vi brutalmente confrontada comigo mesma, já que se tratava de mim antes de mais nada. Deve-se falar apenas de si mesma, dos seus problemas. Acredito que o contato se estabelece no decorrer das outras entrevistas. [...] Há uma continuidade e para mim as mudanças na vida prática foram, de uma forma ou de outra, muito rápidas e me fizeram ir mais longe. Na verdade, essas consultas foram muito positivas, ainda que dolorosas para si-mesma já que, de uma forma ou de outra, trata-se de um face a face consigo própria".[1]

'Ver-se brutalmente confrontada consigo própria, face a face': essas palavras, na minha opinião, são muito eloqüentes para incitar a ter uma idéia do imprevisto desse encontro. Ter de evacuar a criança real para ter acesso à criança em si mesma, tal seria a fantasia subjacente à expressão desse sentimento. Imaginar-se a si mesmo criança sob os traços da criança de quem vimos falar, essa seria a obrigação cuja responsabilidade é atribuída ao psicanalista que faz surgir a descontinuidade, ou seja, o pensamento da separação, da morte, da ruptura. Reencontrar a continuidade é reencontrar a criança viva na realidade, depois de ter feito a experiência, em sessão, da realidade psíquica, depois de ter enfrentado, inopinadamente, um espaço diferente daquele da realidade médica. Sucede que se podemos fazer corresponder a experiência dolorosa do 'face a face consigo mesmo' com a

---

1. Danièle Ullmo-Brun, 1980.

experiência da realidade psíquica, isso poderia significar que o psicanalista é implicitamente acusado de indiferença. Única maneira, em suma, de o diferenciar do médico cujo interesse não poderia ser colocado em questão já que ele o manifesta fazendo uso do seu arsenal terapêutico. Quanto ao psicanalista, é evidente que trabalha de mãos vazias. Ele não teria nada melhor a oferecer à paciente do que a remeter ao eco das suas próprias palavras? Se assim é, a paciente tem boas razões para sentir-se sozinha. Um isolamento que ela atribui logo às circunstâncias presentes da sua vida: "É um isolamento — diz ela —, vivemos numa ilha porque temos problemas que é preciso resolver, que já não somos como todas as outras pessoas e que é difícil para os outros não nos ver como éramos. Nós percorremos esse caminho!"

A representação da criança dada por morta

Encontrar no sentimento atual de solidão vestígios de uma solidão antiga é às vezes um trabalho de grande fôlego. Porque essa solidão, que podemos conceber como resultante, na relação transferencial, da anulação do outro enquanto semelhante, encontra na realidade sólidos respaldos. Ela está paradoxalmente ligada ao sentimento de exclusividade proporcionado pelo surgimento da representação da criança em perigo de morte, o que seria enunciado nesses termos: "Eu sou a mãe da criança que [...] e você não é, você não pode saber o que é isso." Afirmativa ao mesmo tempo verdadeira e falsa. Parece que num momento desses a impressão de 'face a face consigo mesmo' esteja ligada a uma vã procura de correspondência entre si e os outros, porque a imagem da criança que esteve doente a ponto de morrer ocupa todo o espaço interior. Nenhuma imagem exterior pode então ser reconhecida como idêntica, nem mesmo como comparável àquela que se faz de si. Vê-se o quanto a evocação de um face a face consigo mesmo é sustentada pelo pensamento da morte por vir, tendo, de qualquer

Roteiros de infanticídio na transferência

75

forma, como aspecto positivo o fato de que a idéia de face a face cria um espaço no qual o pensamento da morte e o fato de morrer assumirão dois *status* diferentes. A partir daí, e na submissão à compulsão à repetição solicitada pela transferência, a identidade do outro parceiro do face a face poderá ser objeto de um reconhecimento, em vez de ser lembrada como onipresente ou sempre ausente, a mãe da mãe sairá da alternativa do tudo ou nada. O que permitirá à mãe da criança encontrar novamente nela lembranças de criança isolada, tendo se imaginado órfã de pai e mãe, sentido o abandono e acreditado ter de garantir sozinha a proteção de si mesma, único meio inventado para lutar contra a indiferença que percebia nos outros.

Acompanhar nas suas reflexões sobre a doença aqueles que o desejam dentre os pais de crianças acometidas ou curadas de câncer, leva o psicanalista a ir além dos aspectos caricaturais dessa situação traumática. Fazer simultaneamente a experiência da doença mortal e dos dizeres explícitos ou implícitos sobre a morte abre igualmente acesso à criança interior. Assim, ainda que possa parecer fora de propósito, numa conjuntura tão excepcional quanto a do câncer, para se utilizar o modelo da situação analítica e fazer aparecer o componente fantasmático de uma realidade crua demais, continua sendo indispensável enveredar por esses desvios para constatar a mobilidade de que é objeto a identidade da criança doente: transposições e mutações nas fantasias daqueles que a doença reúne à sua volta.

O modelo da situação analítica

Recusar a validade de um paralelo entre a regressão induzida pela situação analítica e a regressão induzida por uma situação catastrófica é o mesmo que fazer-se de advogado de uma resistência à identificação em nome de uma distância impossível de se transpor. É deixar-se enganar por uma desorientação

76

A criança dada por morta

partilhada, deixar-se enganar pela opacidade do anteparo que, de início, o medo justificado de perder um filho innstitui para o pensamento.

Como, supondo-se que nos detenhamos em argumentos relativos à disparidade objetiva das situações entre o psicanalista e o genitor, abrir uma passagem aos passos que colocarão no caminho do desvelamento de uma similitude nas representações promovidas pelo encontro?

Privilegiar assim os elementos da realidade não deve aliás ser compreendido como o resultado de uma atitude deliberada, mas antes como uma reação espontaneamente negativa à fascinação exercida em geral pela expressão de um sofrimento real. Essa é uma conjuntura cujos impasses foram apontados por Pierre Fédida[2] ao denunciar como "complicação psicanalítica", "o pedido de comunicação e de compreensão" da parte daquele que, apresentando-se como paciente, desafia o psicanalista a ajudá-lo efetivamente. Ainda que as situações descritas por Pierre Fédida nesse artigo não coincidam exatamente com as que eu cito, parece-me possível uma comparação com os pais de filhos acometidos de câncer. Ainda que apenas tennha-se em vista a impotência de falar de si mesmos, da devastação e do sofrimento que emanam deles num e noutro caso. Esses são impasses e dificuldades que dão ao psicanalista a impressão de um desafio lançado à psicanálise. É possível responder a tal afirmação sem paralelamente levar em consideração as resistências do psicanalista, suas defesas, suas próprias dificuldades em deixar a transferência se instalar? As soluções propostas por Pierre Fédida levam em conta esses escolhos. Em nome de um necessário distanciamento, que absolutamente não significa o desinvestimento do paciente nem a sua objetivação, ele sugere que se possa instaurar um espaço, no qual as palavras se tornariam audíveis. E ilustra o que diz apresentando frases de Maurice Blanchot

---

2. 1985, pp. 5-35.

Roteiros de infanticídio na transferência 77

apropriadas para realçar a engenhosidade do psicanalista em criar novas resistências, no momento mesmo em que procura vencer aquelas de que tem consciência atualmente.

> Questionar é dar um salto na questão. [...] É a liberdade de questionar que é salto a partir e fora de qualquer segurança. Mas na profundidade da fuga em que, questionando nós fugimos, não há nada de seguro, nada de firme. Tudo já está impregnado pela nossa própria fuga.

Pierre Fédida parece apoiar-se nessa frase de Blanchot para convidar ao desvio, incitar à mobilidade do pensamento, a fim de se desprender do fascínio exercido por determinados pacientes, fascínio, em suma, paralisante, porque entrava a lembrança, a identificação. "Não é raro, que determinados casos se apresentem num tal estado de desamparo (no sentido de *Hilflosigkeit*), que o recurso a uma psicoterapia tem algo de completamente desesperado." E acrescenta:

> O que me parece caracterizar tais casos, é que sua necessidade de falar frente a frente, de ter um interlocutor privilegiado com o qual possam comunicar-se e de quem esperam ser compreendidos, corresponde a uma espécie de grito violento. [...] Além de ser, às vezes, muito penoso para o analista suportar essa palavra que o confronta e questiona sobre a lucidez consciente da solidão e sobre o fracasso da vida (invocação da realidade), tem-se a impressão de que a situação analítica, pelo que é, reproduz um estado traumático que podemos imaginar como o do bebê berrando e debatendo-se *na presença* de alguém rígido e frio, de quem emanam afetos artificiais.

Quer se aceite ou não a maneira pela qual Pierre Fédida concebe aqui os limites da análise, não podemos deixar de observar que sua metáfora é sustentada por um roteiro de infaticídio pela falta de assistência a bebês em perigo. Desde a sua criação, parece

78 — *A criança dada por morta*

que a psicanálise se alimentou repetitivamente de roteiros desse tipo. Eles participam da construção do seu edifício. Talvez até seja possível, retomando alguns desses roteiros nos trabalhos de alguns autores, inclusive nos de Freud, e baseando-se neles, efetuar uma aproximação com situações que, à primeira vista, parecem muito distantes da psicanálise. Porque, de acordo com o modelo utilizado pelo pai da psicanálise, é a deformação patológica ou caricatural que permite retornar aos fenômenos mais gerais.

A maternidade da criança

Cabe a Ferenczi ter sido o primeiro a expor roteiros de infanticídio, se bem que de maneira muito unívoca, muito parcial. Daí o caráter ao mesmo tempo inovador e utópico de seus trabalhos, fato que seus comentadores não deixaram de sublinhar.

Já legível nas entrelinhas de sua descrição do 'sonho do bebê-sábio', o roteiro de infanticídio se torna ainda mais claro nos adendos que faz a esse sonho em 1931, oito anos depois da sua primeira publicação, durante a conferência entitulada *Análise de crianças com os adultos.*

> Fiz outrora — diz Ferenczi[3] — uma breve comunicação concernente à relativa freqüência de um sonho típico que denominei de o 'sonho do bebê-sábio'. Trata-se de sonhos em que um recém-nascido ou um bebê de repente começa a falar e a dar aos pais e aos outros adultos sábios conselhos. Num dos meus casos, a inteligência da criança infeliz tomou, na situação analítica a forma de uma pessoa particular cuja tarefa era socorrer rapidamente uma criança

---

3. Sandor Ferenczi, 1982, pp. 98-112: Conferência de 6 de maio de 1931, redigida por ocasião dos setenta e cinco anos do aniversário natalício de Freud. O 'sonho do bebê-sábio' (1923), publicado em *Psychanalyse III* (1974), foi quase integralmente retomado neste artigo.

Roteiros de infanticídio na transferência 79

ferida quase mortalmente. 'Rápido, rápido, o que eu devo fazer? Alguém feriu o meu filho. Ele quase já não respira! Eu próprio vou ter que cuidar da ferida. Respira bem fundo, filhinho senão você vai morrer. O coração está parando! Ele está morrendo! Ele está morrendo!...' As associações que se encandeiam numa análise de sonho param por aí; o paciente se colocou em opistótono e teve movimentos de quem queria defender o baixo ventre.

Habitualmente, muito atento para captar o sentido dos gestos realizados por seus pacientes, Ferenczi se mostra no caso em questão estranhamente silencioso. Em vez de marcar os movimentos do paciente para proteger o baixo-ventre na cadeia associativa do seu sonho, mesmo tendo de lhes atribuir um *status* particular já que escapam à linguagem falada, Ferenczi constata que eles põem um termo à análise do sonho. Na minha opinião, o que o leva a criar o impasse quanto ao desejo infantil realizado pelo sonho e que tudo faz pensar que se relaciona com uma fantasia da maternidade marcada pelo duplo signo do nascimento e da morte. Impasse ainda mais espantoso, talvez, na medida em que Ferenczi conclui sua conferência com uma das suas recordações de férias com Freud, durante as quais este, ao contar-lhe um sonho começou com a seguinte frase: "Veja, Ferenczi, o sonho é realmente uma realização de desejo!" Da mesma maneira, tem-se a impressão que, desenvolvendo o conceito de autoclivagem narcísica de que, a meu ver, o sonho do paciente dá mostras de forma exemplar, Ferenczi consegue evitar qualquer questão sobre o significado do sonho na transferência e sobre o papel que o paciente lhe atribui.

É a uma situação estranhamente comparável a essa que, sem o saber, são levados os pais de uma criança acometida de câncer. Uma situação paradoxal, produtora de solicitações inconscientes que os atos de consciência duplicam. Sentindo-se de maneira quase surrealista semelhantes a bebês que estão dando à luz, os pais sabem também, de acordo com a realidade, que não

80   *A criança dada por morta*

está em seu poder manter o filho com vida e gritam sua angústia.
Assim, é ao médico que, num primeiro tempo, dirigem o apelo e
a implícita acusação. Cabe ao psicanalista retomar esse apelo a
seu cargo num segundo momento, assim que a história lhe for
narrada, não devendo desprezar a acusação que ele contém, sem
embargo da dissimulação que essa história possa oferecer.

O exemplo de Ferenczi é, a esse respeito, muito esclarecedor. Quem, senão ele, com efeito, é o destinatário, uma vez
que no sonho relatado ele é o 'alguém' do: "Alguém feriu meu
filho"? Se aceitarmos a sugestão que acaba de ser feita, admitir-
se-á igualmente que a autoclivagem narcísica inferida por Ferenczi
da injunção que o paciente se dirige a si mesmo, "é preciso que eu
mesmo cuide da ferida", resulta, na sessão, da omissão do
psicanalista em tomar consciência da atualização, através desse
sonho, de uma representação infanticida que ele teria suscitado
apenas com sua presença, e que percebemos em ação, transformada
no seu contrário, no aparecimento da figura do bebê-sábio.

Figura híbrida, simultaneamente mãe e filho, anunciadora
de vida e de morte, cuja gênese Ferenczi atribuiu às conseqüências
a longo prazo de um trauma sexual infligido pelo adulto agressor
a uma criança sem defesa, para reconhecer depois, na *Confusão
das línguas entre os adultos e a criança* efeitos similares aos
produzidos pelas "formas passionais do amor carregado de culpa".[4]

Figura importante, pois, o bebê-sábio na obra de Ferenczi,
que ele retomou e comentou muitas vezes. Retomando as etapas
desse percurso no artigo: *O bebê-sábio segundo Ferenczi ou o
ódio e o saber na situação analítica,* Conrad Stein[5] dá continuidade
à hipótese do autor. Ele considera que, se nada permite achar que
Ferenczi pensou em atribuir-lhe esse *status,* convém no entanto
considerar o bebê- sábio como "um mito de origem capaz de
explicar o destino de cada um de nós", devido ao ódio que o
constitui.

---

4. 1982, pp. 125-135.
5. 1981, p.111 (retomado em 1987).

Roteiros de infanticídio na transferência 81

> Enquanto bebê-sábio — continua Conrad Stein — o homem
> surge no ódio, ódio desconhecido, larvado, ódio recalcado
> cujo conceito é idêntico, talvez, ao de 'culpa inconsciente'.
> Sujeito passivo de um ato de violência, ele surge odiando a
> si mesmo, com um ódio inerente ao conhecimento que ele
> deve pôr em ação para cuidar de si mesmo. Em outros
> termos, para sobreviver, ou talvez, simplesmente para viver.

O emprego do termo 'ato de força', nesse contexto, é bastante perturbador porque, sem questionar a influência do
traumatismo exógeno, Conrad Stein concede uma larga extensão
à noção de trauma, o que o faz perder a especificidade. "Veremos,
que esse tratamento indelicado por parte do meio é, no melhor
dos casos, o tratamento que cada um nós recebeu em razão da
necessidade." Concedendo ao bebê-sábio um alcance
antropológico, elevando-o acima dos dados empíricos singulares
de onde surgiu esse conjunto de imagens, Conrad Stein[6] estabelece,
portanto uma generalização que corresponde ao que em outros
trabalhos, principalmente no seu comentário sobre *A interpretação
dos sonhos*, ele próprio chamou de atrativo da teoria, atrativo que
é o mesmo do recalcamento.[7] Não é sem surpresa, nem sem
curiosidade, considerando-se a sedução exercida pela figura do
bebê sábio, que nos deparamos com semelhante processo de
generalização na leitura de Ferenczi também realizada por
François Gantheret e Jean Laplanche.

> "O que é colocado na criança — escreve François Ganthe-
> ret no artigo intitulado *Os bebês-sábios* — é uma fan-
> tasia em que já existe a inocência, o culpado e a culpa, o
> paraíso e a queda. E isso é veiculado pela linguagem:
> diremos que é a linguagem? [...] Deveríamos compreender,

---

6. 1981b, pp. 121-138.
7. 1975, pp. 135-161.

82 — A criança dada por morta

> depois disso, que o ataque do bico de passarinho [trata-*se* da alusão à imagem que Ferenczi utiliza em *Confusão de língua entre os adultos e a criança* diz respeito a todos os momentos da linguagem, que todos somos prematuros, que somos todos bebês-sábios.[8]

Jean Laplanche, por sua vez, considera que *Confusão de língua entre os adultos e a criança* de Ferenczi constitui um verdadeiro prefácio à teoria da sedução generalizada cujas principais linhas já haviam sido esboçadas por Freud antes de 1897.

> Teoria construída, escreve ele, a paritir da definição de uma hierarquia das seduções [e] que por meio do mecanismo do recalcamento explica a constituição e a permanência do inconsciente bem como o efeito impulso que não se dissocia dela, teoria que Freud [esse é um dos principais argumentos de Jean Laplanche] não conseguiu descobrir e que a revisão dilacerante de 21 de setembro não mais lhe permitiu estabelecer. A discussão de 1897, podia levar a um remanejamento dialético como o que observamos na história das ciências, uma dupla generalização no sentido preciso em que se fala, na física, de teoria da relatividade generalizada.

A atenção do leitor é em seguida atraída para a falaciosa coerência apresentada pelo pensamento de Freud após o abandono da 'neurótica'. Jean Laplanche mostra, assim, como essa decisão tomada sob o efeito do recalcamento produziu um verdadeiro deslocamento na elaboração teórica, quase não conseguindo sua forma final disfarçar uma operação de junção de elementos dissociados que na obra posterior trilharam caminhos isolados. Daí a dificuldade de Freud para encontrar, para a sedução, um equilíbrio aceitável entre os fatos imputáveis à realidade exterior

---

8. 1986, pp. 7-25.

Roteiros de infanticídio na transferência 83

e os que convinha atribuir à realidade psíquica. Assim, Laplanche realça o recalcamento cuja marca está presente em qualquer tentativa de teorização, devido aos vínculos que mantém com as modalidades de superação de uma experiência singular.

O lugar ocupado pela perda na concepção do recalcamento proposta por Jean Laplanche também merece ser destacada. Ainda que não seja plenamente desenvolvida, ela pode, no entanto, e por várias razões, ser qualificada de primordial. Porque, na conclusão de seu artigo, ele acaba vislumbrando conjuntamente os efeitos da perda devido ao recalcamento em ação desde a infância, no próprio sujeito e os que resultam das forças de recalcamento nos adultos que rodeiam a criança. É isso que lhe dá a impressão de apresentar a interpretação em termos de retirar um contínuo "da sua obscuridade e que outra coisa não é senão o próprio inconsciente." Nesse ponto, compreende-se o quanto seria ilusório esperar atingir um retirar completo.

> Aí está a fortaleza, ou melhor, aí está a fechadura cuja chave foi perdida. Mas antes de ter sido perdida pelo próprio sujeito, no processo de recalcamento, ela foi perdida, de maneira mais fundamental, pelo outro adulto, o outro da sedução originária. Perdida para sempre para a criança.

Conclusão enigmática de qualquer modo, essa que promove a perda no âmbito do originário, já que se trata de uma perda paradoxal, transmissível, contendo o recalcamento e contida nele, tornando-se um obscuro objeto de apropriação e de desejo. Uma volta à questão das origens poderia, a partir de então, ser provocada através da perda? Mas de que perda se trata? E como conceber que essa perda possa ao mesmo tempo ser eminentemente traumática para a criança e preexistir a ela, deixando-a sujeita ao luto de qualquer fantasia de salvamento, e a reconhecer-se portadora por delegação, na transferência, de uma representação infanticida? Ou seja, indo até o fim dos argumentos lançados por Jean Laplanche, encarnando o adulto na transferência, incapaz de

84

A criança dada por morta

compreender por si mesmo os enigmas relativos à questão das origens, e de revestir-se da responsabilidade de uma representação infanticida *ante partum*. Esse seria, decididamente, o risco último da reprodução, durante o tratamento, de um confronto entre a criança e o adulto, no modelo do confronto apresentado por Ferenczi e que ilustra, condensadamente, 'o sonho do bebê-sábio'. Esse confronto serve de suporte a Jean Laplanche para definir uma situação fundamental de " '*sedução originária*' [...] na qual o adulto propõe à criança significantes não-verbais bem como verbais, até mesmo comportamentos, impregnados de significados sexuais inconscientes".[9]

A referência a Ferenczi aqui é claramente confessada pelo autor, o que não o impede de mostrar as insuficiências desse autor. É verdade que, quando se leva ao extremo o raciocício de outrem, não se pode deixar de descobrir seus limites e, por via de conseqüência, seus pontos cegos. Na verdade, não é aí que está o problema. O que conta, acredito eu, num projeto desses, é o tratamento que cada um inflige, o destino que cada um designa a uma representação que questiona a onipotência da criança, do ser a respeito de quem Freud observa que se basta a si mesmo, como os predadores ou a mulher narcísica.

Natureza das fantasias de salvamento

A imagem da criança onipotente é perseguidora, porque na realidade da vida, tanto quanto na realidade do tratamento, ela é constantemente subvertida. É dela, sem dúvida, que procedem as fantasias de salvamento, que se pôde constatar o quanto estavam ativas em Ferenczi e o quanto eram transmissíveis, compartilháveis, sustentadas por desejos de reparação que, mesmo sendo destinados a outrem, não deixam de ser dirigidos a si mesmo.

---

9. Op. Cit., p. 21.

Roteiros de infanticídio na transferência

Todavia, apegando-se unicamente ao aspecto reparador dessas fantasias como o fez Ferenczi, não se ficaria à margem do seu objetivo profundo, segundo meu parecer, de natureza infanticida? Com efeito, seja qual for a amplitude das reflexões sobre as conseqüências, para a criança, do ódio passional de um adulto agressor, por mais pertinentes que sejam as observações de Ferenczi sobre o recalcamento desse ódio por parte da criança, recalcamento que faz dela um autômato culpado e esquecido de si mesmo, o roteiro de infanticídio posto em ação pelo 'sonho do bebê-sábio' não chega a desabrochar. Do mesmo modo que não se encontra na análise do sonho do paciente, citado em *Análise de criança com os adultos*, o desejo de ser mãe de um filho sofredor, uma criança assassina por falta de assistência.

Não poderíamos expor melhor a imbricação entre a criança real e as imagens de criança que o adulto traz em si. Mesmo não tendo tirado todas as conseqüências disso, Ferenczi não deixou de mencionar sua própria implicação no processo que expunha, ao escrever: "Tudo acontece como se, sob a pressão de um perigo iminente, um fragmento de *nós-mesmos* se clivasse sob forma de instância autoperceptiva querendo ajudar-se, e isso talvez desde a infância, e mesmo desde a mais tenra infância".[10]

Não poderíamos traduzir em palavras, com maior exatidão, o discurso interior de um pai consigo mesmo quando se vê na contingência de acompanhar um filho atingido por um câncer. Mas a revelação da cura empresta a esse discurso uma atualidade ainda mais dolorosa na medida em que mostra a inadequação entre a vida fantasmática e a vida exterior.

A idéia da precariedade da criança, à qual a maioria dos pais se apega habitualmente, não poderia, pois, apagar os incidentes que esse conhecimento provocou na vida psíquica desses pais, pela simples razão de que, no inconsciente, não existe lugar para a precariedade. Essas reações realizam, não obstante,

---

10. Sublinhado por nós. *Op. cit.*, p. 107.

86   *A criança dada por morta*

um pacto sutil, sustentado pelo fato de que a vida foi realmente ameaçada; elas reintroduzem um 'sempre'.[11] O *status* da vida 'sempre precária', apesar da certeza de saúde recuperada dada pelos médicos, representa um espécime desse pacto graças ao qual o sentido latente da imagem da *criança dada por morta* consegue permanecer desconhecida por muito tempo. E, apesar de tudo, qualquer que seja a justificação que se possa apresentar para validar a crença na precariedade da vida, isso não impede que se leve em consideração o aspecto sombrio da *criança dada como morta*, e que se veja nisso a expressão de um processo defensivo. Antídoto, conjuração contra os efeitos da precariedade da existência em geral, a imagem da *criança dada por morta* também é uma produção do inconsciente. No seu patrimônio fantasmático ela atesta a permanência do infantil, atesta sua vocação para o recalcamento.

A instância autoperceptiva de que fala Ferenczi é, de fato, uma metáfora particularmente propícia para representar a ação do recalcamento nesse campo. Mas, para captar o seu impacto, é preciso acrescentar aquilo que Nicolas Abraham, cuja familiaridade com a obra de Ferenczi é conhecida, chamou de "exclusão da Criança", pretendendo com essa maiúscula definir "um campo de questões finais ainda não formuladas pela teoria psicanalítica".[12]

---

11. Nos Estados Unidos, as manifestações inerentes a essa atitude foram reagrupadas com o nome de *Damoclès Syndrome*. E se indagou se, "dirigindo a atenção à crença de um horizonte sem limites do futuro de uma criança, a doença cancerosa não varreria os últimos traços de denegação que os seres humanos opõem à morte?" Entretanto, se na maioria desses trabalhos reconhecemos de com grado que as reações dos pais exercem sobre a criança uma influência duradoura, elas não são, contudo, encaradas do ponto de vista de suas determinações inconscientes. Mais precisamente, não são encaradas do ponto de vista da sua contribuição à degeneração. Gérald P. Koocher, Ph. D. e John E. O'Malley, M.D. MacGraw-Hill, 1981. Consultar igualmente Jérome L. Schulman, M.D. e Mary Jo Kupst, 1980, cap. 17, *Children who survive with malignant disease*, p. 207.

Roteiros de infanticídio na transferência 87

Para Nicolas Abraham, a criança real, seja a da pedagogia ou a da psicologia, é o próprio exemplo do falso semblante, daquelas miragens do objeto que são os conteúdos concretos

> engendrados à maneira de uma acumulação de hábitos que se inscrevem num assunto previamente definido na sua essência, sem que nenhuma mudança qualitativa real intervenha no decorrer da sua constituição. Evidentemente — ele prossegue — *a Criança, como origem da gênese, como aquele por meio de quem surge o novo, não tem nenhum espaço nessa concepção.*

São outras tantas afirmações que nos levam a compreender a acusação que o autor faz contra a linguagem que, "Com exceção da poesia talvez constitua (...) um instrumento provado desde tempos imemoriais para operar em cada um de nós o recalcamento incessante de sentido que é excluído da linguagem, o sentido da Criança. Recalca-se a Criança como se respira (...)".

O fato de as vias de acesso ao eterno infantil se encontrarem ao mesmo tempo abertas e escondidas pela presença da criança real constitui um paradoxo que, depois de Freud, muitos psicanalistas, não obstante suas diferenças de estilo e de escola, passaram a descobrir assim que, em sua prática, a história de uma criança (criança que o paciente havia sido ou seu filho) parecia entravar o trabalho analítico.[13] As primeiras observações publicadas por Freud vão exatamente nesse sentido.[14]

O risco de morte que a mãe, contra sua vontade, faz o filho correr é apresentado como o motivo principal da consulta. O fato de

---

12. Nicolas Abraham, *L'enfant majuscule ou l'origine de la genèse*, 1978, pp. 325-333.

13. Especialmente e sem pretender a um recenseamento exaustivo: Wladimir Granoff, 1957, pp. 75-109; Serge Leclaire, 1976; Joyce McDougall, 1981; Monique Schneider, 1980.

14. 1892-1893, pp. 31-44. Ver igualmente o comentário desse texto feito por Conrad Stein, 1979, pp. 103-119.

8 8   *A criança dada por morta*

poder pôr em risco a vida do filho devido aos seus sintomas — impossibilidade de amamentar o recém-nascido, ruidoso estalo da língua capaz de perturbar o sono da criança doente — é sempre interpretado como um obstáculo alheio à vontade consciente da mãe.

Como não se maravilhar, leitor moderno, diante da quantidade de informações contidas nessas primeiras narrativas de tratamento, ainda que muito curtas? Daí a pensar que a hipnose, ao provocar a regressão, facilitava o acesso à face oculta do sintoma é um passo. De fato, duas sessões bastaram para que Freud percebesse o papel desempenhado pela agressividade recalcada na incapacidade da mãe para amamentar seu bebê. É verdade que ele apenas conseguiu entrever a coisa porque a paciente curou-se rápido demais, e sobretudo porque na época não dispunha dos meios que teriam possibilitado a compreensão do que aconteceu. Isso significa que Freud apenas vislumbrou um dos aspectos da sua intervenção, o mais evidente, o do salvamento, deixando de lado o roteiro do infanticídio atualizado pelo sintoma da paciente e no qual o seu bebê figurava como um ator entre tantos outros. "Longe de ser acolhido como o salvador esperado — escreve Freud — ao que parece, fui aceito a contragosto, e nem deveria esperar que me demonstrassem grande confiança".

Sob o efeito da decepção Freud não percebe a dimensão do seu sucesso. Porque ele só foi o 'salvador esperado' do recém-nascido na medida em que constatou a agressividade da paciente em relação à sua própria mãe e que deixou a agressividade se manifestar utilizando a segunda sessão de hipnose para fazer com que a paciente expressasse sua veemência oculta para com sua mãe.

Pode-se dizer que Freud, depois do êxito parcial da primeira sessão de hipnose, tirou partido da homologia do comportamento entre a jovem mãe e seu bebê. "Ela jantou sem dificuldade e dormiu muitíssimo bem. *Mas a refeição do meio-dia, ainda que pouco abundante, foi demasiada para ela. (...) Dar o seio à criança haviase tornado impossível".*[15] Foi, portanto, na segunda fase da sua intervenção que ele de fato salvou a criança real, ao compreender

Roteiros de infanticídio na transferência 89

intuitivamente que o sintoma do bebê era também a expressão do sintoma da mãe. Ambos eram parecidos, no sentido de que ambos estavam privados da palavra. Tanto o bebê quanto a mãe não podiam absorver nada, porque não podiam expulsar as palavras salvadoras que eram substituídas por vômitos. Uma conjuntura em muitos aspectos comparável àquela que rege as reações de incredulidade dos pais quando se anuncia a cura. As palavras que pronunciam, os temores que demonstram procedem de uma certa forma de afasia imputável à regressão. Ao se esforçar por devolver a palavra à mãe, Freud compreendeu a perturbação que o parto provocou nela.

> Como causa ocasional, pode-se admitir aqui a excitação do primeiro parto e o esgotamento que o acompanha, se é verdade que o primeiro parto corresponde ao maior abalo a que está exposto o organismo feminino, em conseqüência do qual a mulher produz, em geral, todos os sintomas neuróticos para os quais traz em si uma disposição constitucional.[16]

Não é estranho que Freud tenha escrito essas linhas em 1892 e que tenha demorado tantos anos para falar da feminilidade? Com efeito, pode-se considerar que no início Freud estivesse preparado para reconhecer naquela mãe irritada contra si mesma, uma criança cheia de agressividade muda contra sua própria mãe que, por seu sintoma, designava como responsável pela sua incapacidade de alimentar o bebê. Se, de fato, o parto havia induzido uma série de fenômenos regressivos, se havia despertado novamente para a vida o bebê que a paciente havia sido, as coisas, ao que tudo indica, não se apresentaram de forma tão clara no espírito de Freud. Mas, se julgarmos pelo desfecho da história, podemos considerar que a fraqueza materna, a incapacidade de aleitamento têm, nessa

---

15. 1892-1893, p.34. Grifo nosso.
16. *Op. cit.*, p. 38.

90   *A criança dada por morta*

narrativa, valor de traço comum, favorecendo a identificação entre a mãe e o bebê na relação com a avó materna.

Morrer ao mesmo tempo que o filho

Nesse jogo de 'esconde-esconde', vai-se perceber, em última análise, que a 'errada' era a avó, tal como se deu em uma de minhas observações, cujos pormenores serão relatados mais adiante.[17] Por enquanto, limitemo-nos a mencionar a reação da mãe que, um pouco chocada com uma das minhas intervenções relativas à possibilidade de uma aproximação entre os problemas de sua filha e os problemas que ela própria teria enfrentado em pequena, respondeu-me: "Então a senhora acha que a minha mãe deveria ter me submetido à psicoterapia!"

Se entre Freud e sua paciente não há nada de tão explícito, a questão da função da falha, senão da falta, na identificação da mãe com seu filho continua presente. A mãe, sentindo-se em falta para com o filho, identificar-se-ia simultaneamente com seu filho, recuperando a lembrança das falhas de sua própria mãe para consigo. Desse ponto de vista, o desaparecimento do sintoma da paciente do primeiro caso de cura pela hipnose poderia, parece-me, ser atribuído ao patenteamento de um roteiro latente. Um roteiro pouco ou muito comparável com aquele que se encontra no 'sonho do bebê-sábio' e cujo tema se anunciaria nestes termos: 'Morro ao mesmo tempo que meu filho.' Freud, sem o saber, teria-o insuflado àquela jovem mãe que a impossibilidade de amamentar tornava tão irritada e tão infeliz. De minha parte, penso ser esse o verdadeiro alcance a atribuir ao discurso que lhe fez. Após a sessão de hipnose, quando ele deixou a casa e de acordo com o que lhe havia sugerido, ela se voltou violentamente contra os seus, principalmente contra sua mãe a quem acusava de esconder a

---

17. Ver o capítulo 10, intitulado "A cena onírica da doença mortal."

Roteiros de infanticídio na transferência 9 1

comida e agir de forma a não alimentá-la para que ela própria não pudesse alimentar seu bebê. Sabe-se hoje que os conselhos de Freud foram tão eficazes e tão bem seguidos que, no dia seguinte, para a surpresa dos seus, que jamais imaginaram que ela tivesse semelhante personalidade, a jovem estava alimentado o bebê, a quem deu o seio sem dificuldades, durante oito meses.

Com isso Freud não teria posto a palavra na boca da criança? Não teria fornecido à mãe as palavras que a criança contida nela jamais pudera ou soubera dirigir à sua mãe, aquelas palavras cuja expressão muda era, agora, a dificuldade que ela sentia para amamentar?

Talvez essa construção possa ser considerada pouco realista, repleta de fantasias e de projeções adultas sobre a criança cuja morte foi evocada. É verdade que a eventualidade da morte do bebê ocupa um lugar central na observação de Freud. Mas é também verdade que a vida desse bebê não estava irremediavelmente em perigo, dado que outros leites poderiam substituir o leite materno. Aliás, por ocasião de um outro nascimento a família já havia recorrido a uma ama de leite. Permanece o fato de que Freud, em seu artigo, apresenta as coisas da perspectiva do perigo de morte, o que o autoriza a falar de si como do 'salvador esperado' pela mãe. A fé que ele atribui à sua tarefa, sem lhe minimizar a importância parece, numa primeira leitura, dar crédito aos elementos oníricos da sua narrativa, ainda que ele tenha recorrido a argumentos lógicos ou racionais para compreendê-la. A presença de tais elementos nesse contexto, como na maioria dos relatos de cura, contribui para manter o interesse do leitor. Todavia, na medida em que esses elementos oníricos mantêm aqui uma relação com o nascimento e com a morte, mais que outros eles abrem caminho para o reconhecimento dos processos de identificação que agem entre uma mãe e uma filha. É por essa razão que encontramos em germe, nessa observação, os temas que Freud desenvolveria mais amplamente em *A interpretação dos sonhos* e nos seus trabalhos posteriores sobre a

92 *A criança dada por morta*

feminilidade.

A importância do primeiro caso de cura pela hipnose está ligada, creio eu, ao fundamento que o roteiro de salvamento encontra na existência de um desejo infanticida do qual os diferentes protagonistas querem livrar-se. É exatamente o que se produz na análise do 'sonho do bebê-sábio'. Todo o problema se encontra então em compreender a que criança, de fato, esse dsejo é endereçado pois, como já foi dito, um exame atento leva a descobrir que a criança real cuja vida está ameaçada não é a mesma que o desejo tem por objeto.

Parece — é também a essa conclusão que leva a interpretação do sonho do bebê morto numa caixa, o sonho que, na *Interpretação dos sonhos*, Freud apresenta como característica dos sonhos típicos de morte de pessoas queridas, dos quais trataremos longamente na última parte deste trabalho — que o destinatário do desejo infanticida deva, uma vez livre de todos esses 'testas de ferro', ser reconhecido como sendo si-mesmo ante partum. O que, decididamente, incitaria a considerar esse voto como uma das modalidades de expressão de uma fantasia da cena primária. Seja como for, é forçoso reconhecer nesse desejo uma insistência em se repetir e em aflorar a partir do momento em que a presença da criança real já não basta para mantê-lo numa atividade silenciosa. Tal é, a meu ver, a interpretação que permite compreender por que o nascimento de um terceiro filho reavivou os sintomas da primeira paciente de Freud. "Encontrei essa mulher — escreve Freud a esse respeito — no mesmo estado que no ano anterior, cheia de amargura contra si mesma devido à sua impotência para lutar, por meio da sua vontade, contra a repugnância que sentia para comer e contra seus outros sintomas".[18]

Quanto às manifestações desse desejo, ter-se-á observado que elas se tornam perceptíveis assim que a vida de uma criança está em perigo. Isso é insistir demais sobre o vínculo estreito que elas mantêm com a realidade, bem como sobre o amparo que

---

18. *Op. cit.*, p. 35.

Roteiros de infanticídio na transferência 93

encontram na realidade para que sua existência não seja suspeitada. Seja qual for a diversidade dessas manifestações, seja qual for, considerando-se sua multiplicidade, o perigo incontestável que a criança real corre, na sua essência elas pertencem à vida psíquica. Talvez até sejam características do funcionamento psíquico. Daí a necessidade de que se lhes abra outro espaço além daquele da realidade no qual surgem, para que sua especificidade seja reconhecida. Esse é um tema que por muito tempo preocupou Conrad Stein, e cuja presença observou já nos primeiros escritos de Freud fazendo um levantamento das suas diferentes expressões.[19]

Voltamos assim a uma situação semelhante à relatada por Ferenczi, e às manifestações de desejos de infanticídio contrariados. A imagem da criança que sofre *in utero* não seria estranha ao surgimento da psicanálise. Ela seria inerente à constituição das representações de uma cena primária, cena que Freud chamou de primitiva, uma vez que todas as teorias sexuais infantis levam a ela como tantas outras tentativas de responder às questões relativas à origem.

---

19. Conrad Stein, *Le premier écrit psychologique de Freud,* op. cit., p: 115, nota de rodapé: "Não alimentar o recém-nascido, não deixar a criança doente descansar, não velar a criança morta: persistência de um tema cujo peso contribuiu para a criação da psicanálise. Tema originário, talvez, se considerarmos que, conforme a convicção que Freud adquiriu, Breuer abandonou o tratamento de Bertha Pappenheim (Anna O) quando esta apresentou manifestações histéricas de parto: por não ser reconhecida, condenação à morte da suposta criança que estava para nascer".

94 — A criança dada por morta

Atacar o sorriso da infância

No trabalho sobre Melanie Klein, intitulado *L'enfant-question*, J-B. Pontalis escreve:[20]

> Tudo se dá como se excluído da unidade pelo nascimento e repetindo continuamente essa separação pela experiência renovada da perda do seio (experiência que tem apenas valor de protótipo), a criança estivesse condenada a reviver a exclusão num outro nível, a interiorizá-lo, a colocá-lo dentro dela, uma vez que a sua própria *Spaltung* (separação) interna é secundária à exclusão.

J-B. Pontalis fornece aqui uma nova representação da morte da criança e da autoclivagem narcísica de que falava Ferenczi, representação essa livre da influência dos fatores exógenos. Para justificar essa concepção do desenvolvimento psíquico da criança não é necessário invocar o remanejamento dos laços que uniam Melanie Klein e Ferenczi, ou seja, a originalidade do discípulo em relação ao mestre. A discípula Kelin, conforme ressaltou Pontalis, foi mais longe que Ferenczi e sobretudo mais longe que Freud na denúncia "do mito da criança, e até mesmo do bebê inocente". Pontalis observa, concluindo seu comentário, que na progressão da categoria de *goodness* do sentimento de *gratidão* e do processo de *integração* como fator de cura que Melanie Klein realizará, pode-se ver uma tentativa para reparar (se recorrermos a um dos termos que ela própria emprega) aquele *desastre obscuro* que ela foi a primeira a reconhecer na criança da psicanálise."

A partir daí todo o problema consiste em avaliar a influência exercida pela proximidade de Melanie Klein com as produções fantasmáticas das crianças sobre o seu pensamento.

---

20. J.-B. Pontalis: "L'enfant-question. A propos de la première observation de Mélanie Klein", *Critique*, n° 249, 1968, pp. 221-240. Retomado em 1983, pp. 117-129.

Roteiros de infanticídio na transferência 95

Contrariamente a Anna Freud, ela não fugiu à violência de tais produções, uma violência que encontramos também nos adultos que foram levados a fazer a experiência da eventualidade da morte de uma criança, seja pela profissão que escolheram, seja pelas próprias circunstâncias da vida. Incontestavelmente, foi a descrição dessa violência que tornaram as teses de Melanie Klein difíceis de se admitir. Ernest Jones já não falava do "clamor" provocado por seu "ataque ao sorriso da infância?"[21] Ao invés de entrar na polêmica que opunha os detratores de Melanie Klein aos seus partidários, não seria possível reconhecer nos protestos suscitados pelas suas idéias, o reflexo e o eco de uma repugnância tenaz em admitir a existência de representações relativas à morte, não apenas nos pensamentos do adulto mas também nos das crianças?

Se é verdade que a perspectiva da morte de uma criança atua essas representações de maneira privilegiada, não deixa de ser verdade que as imputando unicamente à realidade de uma doença por mais grave que seja, privamo-nos da descoberta de suas fontes infantis. Tornamo-nos incapazes de encontrar de novo em nós os vestígios antigos de representações similares, caídas na amnésia e apesar disso prontas para aflorar novamente por ocasião de qualquer acontecimento brutal ou angustiante. O câncer na criança, a evolução da criança para a cura, o *status* de *criança dada por morta* cujo componente onírico é revelado por essa cura ocupam um lugar a parte, sob esse ponto de vista. Essa evolução constitui um percurso que levando da criança ao adulto, leva de volta à criança. Circularidade aparente que se explica por todas as substituições de papel e de gênero que a representação da morte da criança é capaz de provocar devido à sua violência. Multiplicação das figuras da criança real, superposição das figuras da criança fantasmática. A precariedade da vida da criança nos remete à descontinuidade da nossa vida de criança: episódios de ruptura, de exílio, de partida, de ausência dos nossos objetos de

---

21. 1947, p. 23.

amor. Atuação camuflada das experiências de morte da criança que fomos um dia. Caricatura dos terrores intantis ligados à idéia deslocada, transformada da morte.

Ernest Jones, nas poucas páginas de introdução que escreveu para Melanie Klein, lembra com grande propriedade, parece-me, a crítica que lhe foi feita de ir "longe demais" quando de fato, na sua opinião ela ia "rápido demais". A distinção merece ser ressaltada. Mesmo não tendo elementos para descobrir as causas da familiaridade de Melanie Klein com os aspectos selvagens da vida psíquica das crianças, podemos considerar que o fato de ir "rápido demais" é uma forma de repercussão psíquica de um trauma. Acredito já ter ressaltado que, nos meus encontros com os pais de crianças atingidas e curadas de câncer, muitas vezes tive a oportunidade de constatar a rapidez com a qual — mesmo não tendo nenhum conhecimento de psicanálise — eles tocavam em questões cruciais sobre as quais os pacientes em análise não ousam debater senão depois de longos rodeios: questões relativas à morte, à perda, à separação. A eventualidade da morte dos filhos fazia deles crianças ao mesmo tempo prematuras e superdotadas para a psicanálise. Davam a impressão que podiam dizer tudo numa única vez, de forma que nada sobrava para o futuro, como se tivesse bastado ser apresentado à questão de uma vez por todas, para sempre. Efetivamente, a coisa ia 'rápido demais', assim como imaginamos que a morte pode ir rápido demais. A partir daí se tornava difícil relatar suas palavras e encontrar ouvidos para as acolher. A intensidade das reações, a violência dos pensamentos que os pais faziam surgir em mim só se comparavam com a anestesia que aplicavam no pensamento de outrem. Por demasiado real, por demasiado impregnadora, a doença da criança, na sua realidade, servia de pano de fundo para os movimentos de identificação que se produziram e que se não podia explicar facilmente. Como, com efeito, encontrar o tom que permite a cada um superar os obstáculos da diferença de situações para que se abra um espaço no qual a morte real da criança já não coincidiria,

Roteiros de infanticídio na transferência 97

a ponto de a recobrir, com a criança a morrer da qual todos podem ter sentido a presença em si mesmos?

'A criança a morrer', a expressão pode surpreender e por várias razões. A quem se espantasse com a sua forma a-gramatical, por exemplo, eu responderia que convém considerá-la como uma estampilha fantasmática. Estampilha no caso imprecisa, já que não comporta nem agente, ainda que anônimo, nem modo de ação. O emprego dessa expressão se justifica, a meu ver, na medida em que se destina a simbolizar um projeto indefinidamente mantido e rejeitado. Irrealizável, de fato, esse projeto é acima de tudo um projeto onírico. Por isso está formulado no infinitivo. Sua tomada de consciência na atualidade do presente exerce sobre o indivíduo uma violência indiscutível, primeiro porque ela deve transpor a barreira da censura, depois porque está ligada com circunstâncias dolorosas que propiciaram a sua emergência. Uma vez que a cura foi obtida, depois que a vida da criança real foi declarada fora de perigo, impõe-se necessariamente a imagem de uma outra criança, para a qual a criança de carne, que poderia ter morrido mas que não morreu, já não consegue servir de cobertura.

A *criança dada por morta* é uma criança parasita. Digamos, considerando as fantasias edipianas precoces com que é alimentada e com que se alimenta, que ela é um incômodo indispensável. É aquela por quem advém a castração, aquela que ofusca a existência da criança real.

O complexo de castração e o complexo de Édipo estão intimamente ligados um ao outro, e se tende, em geral, a esquecer essa imbricação cujo alcance foi muitas vezes ressaltado por Freud. O artigo de 1923 intitulado *La disposition du complexe d'Oedipe* é, a esse respeito, absolutamente explícito.[22] Não se poderia, observa ele, fixar um tempo lógico, cronológico, para a evolução do complexo de Édipo. A prática analítica mostra perfeitamente que ele não apresenta um desenrolar programado, que não cai

---

22. 1924, p. 118.

98 *A criança dada por morta*

"como caem os dentes de leite quando nascem os dentes definitivos".[23] E isso, a despeito de qualquer influência que os fatores físicos ou as experiências penosas exerçam sobre seu destino. Esses conseguem apenas alterar seu desenvolvimento, mas nunca atingir suas raízes. Nessa ordem de idéias, compreende-se que a cura do câncer na criança seja propícia para constituir o humus com que se alimentam os desejos infanticidas. Esses desejos, considerando a criança real como um logro, fomentam a imagem da *criança dada por morta*. Atravancados de questões arcaicas relativas aos motivos da presença-ausência de uma criança no ventre da mãe, cheios de teorias sexuais infantis sobre a morte e sobre o nascimento, são a expressão de fantasias edipianas precoces. Por essa razão, eles participam da reconstrução das origens, porquanto elas possam parecer míticas, às vezes.

A atemporalidade desses desejos é inerente à vida psíquica, o que não os impede de ter relação direta com os acontecimentos da vida cotidiana. Qualquer encontro na vida cotidiana com os roteiros fantasmáticos que compõem a neurose infantil não faz remontar o curso do tempo, atropelando a cronologia da história? É a violência do encontro que faz a diferença, e é também dessa violência que as crianças pagam o preço.

Aceitar reconhecer a diferença entre a criança real e a *criança dada por morta* é, de uma certa forma dispor-se a realizar um trabalho de decifração numa série de representações arcaicas que se carrega consigo desde a infância e que, apesar da infinidade de disfarces que assumem para se manifestar, derivam de questões relativas ao por quê da presença da criança *in utero*.

O espaço analítico abre a essas representações um lugar privilegiado de expressão em que elas podem desdobrar-se livremente antes de serem identificadas por aquele que as produz como sendo dirigidas a ele mesmo. Encontramos muitos exemplos disso no livro de Serge Leclaire, *On tue un enfant:* "Mamãe! É o

---

23. *Op. cit.*, p. 117.

Roteiros de infanticídio na transferência 99

meu filho já frio diante do fogo que replicou. É impossível! (...)
Fui eu que gritei ou ele? (...) Só vejo o fogo; só disso tenho certeza.
Eu estaria morta? Sim, sou eu que estou morta. Eu poderia nunca
ter nascido!"[24]

Por muito tempo fui fascinada por essa primeira página do
livro de Serge Leclaire bem como por todo o livro, talvez pela
importância que ele dá ao assassinato da criança. Talvez porque
concebendo a análise como o tempo destinado à destruição da
representação narcísica primária, ele mostra como a 'força de
morte' que trabalha em cada um de nós possibilita a transferência
ao mesmo tempo que se apóia nela.

Mas que lugar, que *status* podemos conceder na vida psíquica à destruição daquilo que Leclaire chama de "a mais
fascinante das figuras do destino: a criança em nós?" Não haveria
aí alguma contradição com a descoberta da permanência do infantil
que sabemos estar na base da descoberta da psicanálise e ser uma
das razões da sua eficiência?

Admitindo que o assassinato da representação narcísica
primária comporta o assassinato de uma criança; de que criança
se trata, na verdade? Matar essa criança equivale, ao que parece, a
matar uma parte de si-mesmo criança. Poder-se-á considerar
paradoxal que situações extremas, como as da morte possível da
criança e que parecem escapar ao domínio da análise, dêem a
essas questões enfoques inesperados. Porque, por mais que sejam
imoderadas, às vezes, as reações dos pais não deixam de ser
perfeitamente instrutivas para a compreensão dos processos
psíquicos que são postos em movimento por essa fascinante figura
do destino que é "a criança em nós".

Quando a realidade, como acontece no caso em que uma
criança é acometida de câncer, dá ao pai a impressão que lhe estão
matando o filho, o que ao mesmo tempo mata uma parte dele,
teria ele possibilidades — e em que condições — de descobrir

---

24. *Op. cit.*, p. 9.

que alimenta uma fantasia de matar uma criança que seria ao mesmo tempo ele mesmo e uma outra idealizada? Ser-lhe-ia possível reconhecer que a morte eventual da criança faz ressurgir um projeto antigo do qual ele não tem a menor consciência e que consiste em ferir a própria mãe no seu desejo? Mas ele não poderia fazer isso sem enunciar uma série de frases na forma negativa, para submetê-las à análise como: 'Eu não sou aquele que cumula, eu não sou aquele que estou cumulado', na medida em que elas escondem a questão relativa à identidade daquele que cumulou ou que poderia ter cumulado.

Sabemos que Freud insistiu muito, no fim da sua obra, sobre o destino na idade adulta das fantasias que toda criança cultiva em relação à mãe: ter um filho dela ou lhe fazer um filho, receber um dela ou lhe dar um. Sabemos também que os exegetas consideraram a descrição dessa fantasia como um avanço no seu pensamento e como a solução para ele de um recalcamento relativo à feminilidade. Isso não impede que, a se tomar essa fantasia por 'favas comtadas', corre-se o risco de se cair num impasse quanto ao papel do pai. Pode-se considerar que desejar estar grávido da mãe, desejar engravidá-la ou, ao contrário, destruir o filho que ela carrega em si, são desejos que, com efeito, visam a elimar o pai, seja para tomar o seu lugar, seja para destruir as suas obras, com o risco de se destruir a si próprio, coisa que é realizada pela maioria das fantasias de agressão da criança *in utero, ante partum*. Portanto, quando sobrevém de fato a eventualidade da morte de uma criança por causa de câncer, a clivagem entre a criança de antes e a criança de depois instaurada posteriormente pela doença curada não é diferente, em sua essência, da clivagem entre a criança fantasmática, atributo da mãe no seu desejo, de um lado, e do outro a representação de si mesmo da criança. Essas clivagens procedem da ilusão segundo a qual seria possível evacuar o pai da cena primária.

A memória viva

6

A íntima convicção

"A coisa é tão ampla, um problema tão difícil de se dizer que eu não sei por onde começar. Curada, de fato?... Estou usando a palavra 'curada' sugerida pelos médicos. (...) Fico repetindo isso, procurando me convencer. Mas, será que intimamente? ... Não sei se tenho a íntima convicção de estar curada (...) Acredito que sempre resta uma dúvida, uma interrogação em algum lugar na cabeça da gente e acho que é preciso conseguir viver com isso (...) Posso morrer a qualquer hora de um acidente, mas posso morrer também por causa de um outro câncer em alguma outra parte do meu corpo (...) Mas eu me pergunto se realmente se deve separar esse câncer que eu tive da minha vida precedente antes da operação (...) Tudo é tão ligado. (...) É difícil. Acredito que são as seqüelas de um medo pavoroso. Sim, na hora, quando lhe contam isso... Recebi a notícia como uma paulada (...) Minha mãe já sabia mas não queria que as pessoas da família ficassem sabendo. Aliás, minha sogra não sabe até hoje. Agora que eu me sinto mais livre poderia falar com ela a respeito (...) E eu li num artigo que o câncer do seio na mulher muitas vezes tem origem em problemas que não chegaram a ser resolvidos. Assim, essa é uma certa forma de resgate. É verdade que muitas vezes eu me imaginei dando esse seio para minha mãe (...) Quando se acorda com um seio de prótese, aparentemente nada mudou. Mas não é fácil viver assim, nem depois de dez anos. O que sempre me faz pensar nessa operação é que sou seguida continuamente pelo outro seio. E depois, muitas vezes também temos à nossa volta pessoas que têm um problema similar, e isso não nos deixa esquecer..."

Considerar a incredulidade dessa mulher ou mais precisamente sua vigilância consigo mesma como uma coqueteria, um artifício e mesmo como uma conjuração, alegando o fato de seus temores já não serem atuais, procederia de um mal-entendido, senão de um erro de julgamento. Com efeito, quer sejamos criança, adolescente ou adulto, a cura do câncer parece a cada vez exigir a conservação de uma dúvida. Como se o antigo doente não se bastasse a si próprio. Precisa de um duvidador, a exemplo dos heróis da tragédia clássica que víamos aparecer em cena acompanhados pelas aias ou pelos fiéis lacaios. Quando se trata de uma criança ou de um adolescente, freqüentemente essa função é desempenhada pela mãe, e se não é com o consentimento do pai, é pelo menos sem a sua oposição. Já o adulto não deixa de dar a palavra ao duvidador que habita nele.

Na medida em que as razões que justificam essa atitude, se não carecem de consistência, pouco influem no equilíbrio das forças que concorrem para a sua manutenção, é forçoso conhecer a sua economia interna. A esse respeito, e entre as primeiras idéias que surgem, não conviria recorrer aos elementos contidos no discurso manifesto?

"Emprego — dizia aquela senhora — a palavra 'curada' sugerida pelos médicos." Assim, como todos aqueles que se exprimem dessa forma a esse respeito — e são muitos —, ela não pode acreditar na veracidade dessa palavra, pela simples razão de que não pertence a seu vocabulário. Mesmo não sendo falsa, essa

A memória viva   103

explicação não é, todavia, satisfatória, pois não toca na questão de saber quando e como será liquidada a dúvida para que, entre o significante da palavra curado e seu significado, a discordância não seja mais tão forte, e sobretudo para que o antigo doente possa descobrir porque recusou até então sua adesão a esse termo.

Ela dizia, portanto, "emprego a palavra 'curada' sugerida pelos médicos." A frase é simples, em suma. Das duas uma: ou bem é preciso que lhe 'sugiram' essa palavra porque ela não aprendeu muito bem a sua lição e não a assimilou completamente, ou então é preciso sugerir-lhe porque apesar da sua boa vontade e do trabalho que teve, foi a única palavra que ela esqueceu. Em qualquer um dos casos não pode recitar corretamente o seu papel. É por isso que ela precisa de alguém que lhe sugira. Devido a um curioso retorno da situação inicial, o que aparecia como tendo lhe sido imposto de fora se apresenta agora como uma necessidade para sanar uma carência de sua parte.

Lutar contra o esquecimento

O raciocínio nos conduz assim ao reconhecimento de um roteiro e de uma situação nas quais aquele que duvida e aquele que sugere ocupam lugares simultaneamente subsidiários e centrais. Deve-se acrescentar a isso que sua existência parece ser o resultado de um mecanismo de projeção que a doente curada teria acionado inconscientemente. Assim, ela se poupa ao trabalho de ter de descobrir a identidade dessas personagens. Ela faz de tudo para não ter de tomar consciência da sua função, para não ter de reconhecer neles o reflexo de personagens que ela teria criado no interior de si mesma para ajudá-la a manter uma luta. Isso significa que, não obstante suas particularidades e suas diferenças, essas personagens dão a sua contribuição para o desfecho de um projeto comum. Com efeito, aquele que duvida e aquele que sugere contribuiriam para premunir essa mulher contra o esquecimento.

104   *A criança dada por morta*

Essa proposição permite supor que a incredulidade diante da cura do câncer que alicerça o discurso de uma senhora, para tantas outras pessoas numa situação idêntica à sua, seria, em última análise, a expressão de uma resistência ao esquecimento. Todavia, imputar esse tipo de resistência a uma sintomatologia vinculada à neurose traumática faria correr o risco de orientar a discussão para um caminho errado. Porque, se é verdade que ausência de esquecimento caracteriza a neurose traumática, e que a neurose traumática encontra sua especificidade na reprodução e na repetição de um episódio difícil de suportar, não se poderia esquecer, como é ressaltado por Freud em 1920[1], em *Para além do princípio do prazer,* que os doentes que sofrem disso "quase não se preocupam, durante a vigília, com a lembrança do acidente. Talvez prefiram lutar para não pensar nisso." Entretanto, essa é uma vã tentativa, já que os doentes, contra sua vontade consciente, permanecem fixados no trauma ao qual são reconduzidos a cada noite pelos seus sonhos. Freud, todavia, esclarece:

> Admitir como evidente que o sonho os recoloca durante a noite na situação patogênica é ignorar a natureza do sonho. Se não queremos que os sonhos da neurose de acidente venham atrapalhar a nossa tese da tendência do sonho a realizar o desejo, resta-nos, talvez, o recurso de dizer que nessa afecção a função do sonho, como tantas outras coisas, é abalada e desviada dos seus fins, a menos que se invoque as enigmáticas tendências masoquistas do eu.

Para Jean Laplanche[2] fica claro — e esse trecho de *Para além do princípio do prazer* é uma prova disso — que Freud não aderiu incondicionalmente à concepção unívoca das neuroses traumáticas, igualmente denominadas neuroses de guerra, cujo perfil fora esboçado por seus discípulos, entre eles Ferenczi, no

---

1. Tradução de 1981, p. 51.
2. 1980, pp. 232 e seg.

A memória viva 105

fim da Primeira Guerra Mundial. De fato, observa Jean Laplanche, Freud sempre afirmou que por mais que pudesse ser imperceptível, o papel desempenhado pela sexualidade nessas afecções deveria, não obstante, ser pesquisado. Para Jean Laplanche, o capítulo IV de *Para além do princípio do prazer* e, mais tarde, *O eu e o id,* fornecem substanciais elementos de resposta para essa questão. Observando que Freud cria um impasse quanto ao trauma 'no sentido propriamente somático do termo', uma destruição importante da pele, por exemplo, Jean Laplanche mostra que que a pura analogia entre o trauma físico e o trauma psíquico não pode ser sustentado por muito tempo. Mais do que se interessar pela natureza das suas diferenças, convém extrair uma diferença nos seus tipos de energia. E Jean Laplanche estabelecendo então uma ligação entre o trauma e a sublimação pergunta-se:

> Será que, no final das contas, o problema da criação, mais do que como criação de novos conteúdos, de novas formas ou de novos objetos, não deveria ser concebida, no início, como uma neocriação de energia psíquica ou como uma utilização do trauma ou dos traumas repetidos, para criar continuamente uma espécie de neo-impulso?[3]

Posição da resistência ao esquecimento

Tal como se apresenta em muitos doentes curados de câncer ou nos seus parentes próximos, a resistência ao esquecimento poderia, em apoio a essa hipótese, ser encarada de maneira menos unívoca. Por mais que pareça defensiva, ela não deveria, no entanto, ser considerada como o equivalente da realização disfarçada de um desejo? Para dizer a verdade, a presente sugestão não tem sentido, a menos que seja reinserida no contexto do sonho.

---

3. *Op. cit.*, p. 247.

106   *A criança dada por morta*

Ao fazer isso, percebe-se que a resistência ao esquecimento se apresenta como o inverso do caso descrito por Freud na *Interpretação dos sonhos*. No capítulo VII, seção consagrada ao "Esquecimento dos sonhos"[4], ele escreve:

> Por meio de um exemplo particularmente probatório, posso demonstrar que o esquecimento do sonho é em grande parte característica da resistência. Um dos meus pacientes me conta que teve um sonho mas que não reteve nenhum vestígio dele: portanto, é como se ele jamais tivesse acontecido. Pomos mãos à obra. Eu encontro uma resistência, apresento uma explicação ao paciente; a força de estímulo e de insistência, ajudo-o a reconciliar-se com um pensamento desagradável. Eu mal havia conseguido e ele já exclamava: 'Agora eu me lembro do meu sonho'. A resistência que estava criando obstáculo para o nosso trabalho naquele dia era a mesma que o havia feito esquecer o sonho. Superando-a, eu trouxe o sonho de volta à sua memória.

Há nesse episódio menos diferença e até mesmo contradição com a resistência ao esquecimento do que se poderia acreditar inicialmente. Não que se deva colocar no mesmo plano a resistência ao esquecimento e o esquecimento como resistência. Mas, conceber-se-á facilmente que não há nada mais perigoso, senão depersonalizante, para um doente curado de câncer do que o risco de esquecimento. Porque nesse caso, ele se encontraria na mesma situação que a paciente de Freud, podendo dizer que sabe que teve um câncer do qual havia esquecido até os mínimos detalhes, como se esse câncer jamais tivesse existido. Posição paradoxal por excelência que privaria o ex-doente de qualquer ponto de referência e de qualquer reconhecimento por parte dos

---

4. 1900: citação tirada da p. 442, revista sob meus cuidados a partir da edição inglesa. (S.E., vol. V, p. 518).

A memória viva 107

outros, o qual lhe é necessário ainda que, por outro lado sofra com a marginalidade na qual se vê colocado por esse mesmo reconhecimento.

Não conseguir libertar-se da lembrança

"Aquilo foi um mundo novo para mim. Gostaria de me ver livre e é muito difícil falar de verdade a esse respeito. É algo de muito pesado", dizia Marie-France durante uma das entrevistas realizadas para o programa de televisão para o qual ela aceitou dar sua participação e seu testemunho. E depois acrescenta:

"A doença de uma criancinha provoca um isolamento muito grande. Quase que a cada vez é preciso abandonar a própria solidão para pedir ajuda. (...) A gente se sente novo porque ganha muita maturidade, e ao mesmo tempo, tenho a impressão de estar revivendo uma revolta de adolescente porque a comunicação nessa idade é muito difícil. Somos exigentes. (...) Acredito que quando nos encontramos nesse momento de revolta, não podemos dizer as coisas com o devido distanciamento para que elas sejam aceitas (...) De fato, acredito que tudo vai retornar à ordem, quando voltarmos à normalidade".[5]

Voltar à normalidade só pode ser, nessa circunstância, um desejo piedoso, uma perspectiva cuja realização é adiada indefinidamente para um futuro que também é indefinido. E isso por duas razões principais. A primeira está ligada ao fato de que o verbo "voltar à normalidade" não pode ser conjugado no presente, precisamente porque supõe o esquecimento. Ora, o esquecimento traz muitas conseqüências no plano psíquico, conseqüências muito

---

5. Danièle Ullmo-Brun, 1980.

108 *A criança dada por morta*

mais importantes do que as que resultam dos cuidados e das preocupações criados pelos pensamentos relativos à doença. Portanto, é melhor esperar sempre pela cura do que acreditar na sua realização. É o que Marie-France, a mãe da pequena Sophie, dava a entender, como também a pessoa de que se falou anteriormente:

> "Jamais me dirão que ela está salva — disse ela, respondendo a uma pergunta que lhe foi feita a esse respeito — eu jamais vou me ver livre desse problema. Eu sei que não existe milagre; sei que é difícil e que é preciso ter paciência. Tudo isso é muito envolvente também. Tudo gira em torno dessa prioridade. As idas e vindas obrigam a um constante mergulho na doença. É algo de muito deprimente."

O que não impede que a queixa participe da resistência ao esquecimento; o que é deprimente ainda é melhor do que aquilo desapareceu sem deixar marcas.

A economia da vigilância

Ainda que sua presença aqui seja muito mais discreta, parece-me que não é muito difícil descobrir nas palavras de Marie-France o perfil daqueles dois personagens que foram identificados anteriormente: o que duvida e o que sugere. Esses dois personagens, que aliás são suas criaturas, confortam todas essas mulheres no seu papel de enfermeira que a primeira exerce por sua própria conta e a segunda pelo filho. Como não pensar que para além das razões de saúde que justificam o exercício dessa função, outras razões de ordem psíquica, inerentes à economia interna do paciente estão em jogo de maneira mais essencial? Como, em outras palavras, explicar e mesmo interpretar essa forma

A memória viva

de vigilância a não ser estudando a pluradidade dos motivos que contribuem para a sua conservação? De um ponto de vista decritivo, poder-se-ia dizer que essa vigilância faz parte de uma luta contra o adormecimento através do qual se daria o esquecimento. Uma luta que exige a instauração de uma situação na qual os diferentes personagens representam de maneira metafórica a repartição desigual e mesmo o frágil equilíbrio das forças e das correntes de pensamento que agem na vida psíquica. Não que o adormecimento seja perigoso em si mesmo; ele só é perigoso pelas conseqüências que acarreta, levando-se em conta a brecha que abre para o universo dos desejos daquele que dorme. Aliás, curiosamente, é adormecendo, e portanto faltando com a tarefa que se impôs no estado de vigília que a sentinela descobre em sonho uma cópia fiel da sua situação real, e os desejos que se dissimulam na situação familiar que seu sonho põe em cena.

É sobre uma semelhante oscilação entre a cena do sonho e uma cena tomada da vida cotiana que, por um lado, se apóia o comentário feito por Freud na *Interpretação dos sonhos do* 'sonho da criança em chamas'[6] assim como o comentário que fez do 'sonho de uma enfermeira' num pequeno artigo intitulado: "Um sonho utilizado como prova".[7] A aproximação desses dois sonhos se justifica, por outro lado, na medida em que ambos resultam da transgressão que o ato de dormir constitui para o seu autor. Acrescenta-se a isso o fato de que esses dois sonhos foram relatados a Freud já parcialmente interpretados por pacientes que os haviam recebido de uma terceira pessoa. Não foram elas próprias que os produziram, mas assumindo o papel de narradoras elas não deixaram de imprimir neles sua marca, sendo bem verdade que a narrativa desses sonhos trazia a prova do perigo que se corre, em determinados casos, quando se adormece, e conseqüentemente, da necessidade de se manter vigilante, ainda que de maneira

---

6. 1900, p. 453 seg. *S.E.*, Vol. V, p. 533 seg.
7. 1913, pp. 199-207.

110 *A criança dada por morta*

obsessiva. Com efeito, o que está em jogo em ambos os casos é a vida ou pelo menos a sobrevivência de uma criança.

Esse é exatamente o ponto de partida do conteúdo manifesto de cada um dos sonhos a partir dos quais Freud tenta inferir a natureza do desejo que esse sonho realiza. Convém observar, enfim, que nessas duas conjunturas pré-oníricas a vigilância é confiada a um terceiro cuja fraqueza é questionada primeiramente. Isso significa, acredito eu, valorizar demais a necessidade de atribuir a outrem algo pelo que, no fundo de nós mesmos, somos tentados a nos sentir responsáveis ou culpados, ou seja, nossos próprios desejos de criança. Esse último ponto vai aparecer mais claramente no 'sonho da enfermeira' do que no 'sonho da criança em chamas' onde o temor, transformado em sonho, não é analisado profundamente. No comentário que fez desse sonho, Conrad Stein procurou eliminar as insuficiências e o "caráter tacanho das revelações de Freud" que, na sua opinião, levam a propor uma interpretação demasiado unívoca, "excluindo qualquer outra interpretação, o que está em contradição com a exigência de que o conteúdo do sonho seja superdeterminado". E acrescenta que "no sonho o elemento 'criança', longe de fazer papel de 'encruzilhada onde um grande número de pensamentos do sonho se encontram', só é determinado por pensamentos relativos à criança (...) o que exclui qualquer superdeterminação".[8]

Lembremos, pois, primeiramente, que o 'sonho da enfermeira' foi contado a Freud por uma paciente dominada pela mania da dúvida e que exigia que não fosse perdida de vista nem um só instante com medo de se pôr "a reviver na sua mente tudo o que poderia ter feito de interdito durante o espaço de tempo em que ela tivesse ficado sem vigilância".[9] Na verdade, não se sabe mais quem vigia quem, ou melhor que é a guarda de quem, porque a paciente, vigiando atentamente a preposta tem a impressão que

---

8. 1973, pp. 80-82.
9. *Op. cit.*, p. 199.

A *memória viva* 111

essa adormeceu e lhe pergunta: "A senhora me viu?" "É claro que eu vi", responde a outra, sobressaltada, aumentando com isso a dúvida daquela senhora. O incidente assume o papel de 'resto diurno' para a enfermeira num sonho que ela conta no dia seguinte à sua patroa, que vê nisso a confirmação das suas dúvidas. O que não significa — é preciso esclarecer, porque Freud não diz nada nesse sentido — que a mania da dúvida daquela senhora desaparecerá, mas que ela encontra nesse sonho elementos para persistir nas suas exigências de não ser perdida de vista. Os elementos essenciais do 'sonho da enfermeira' são os seguintes:

> Foi-lhe confiada uma criança cuja mãe viajou e ela perdeu a criança. Pelas ruas, pergunta à pessoas se não viram a criança. Depois se aproxima de uma grande extensão de água que atravessa por sobre uma estreita passarela. (Posteriormente, irá acrescentar a isso que sobre essa passarela, de repente, surgiu-lhe à frente, como uma *fada morgana*, uma outra enfermeira). (...) Ela pergunta à mulher que está à soleira de uma porta: a senhora viu a criança? Mas em vez de se interessar pela pergunta, a mulher lhe conta que está atualmente separada do marido (...) Então a enfermeira acorda acalmada, dizendo a si mesma que certamente a criança vai ser encontrada em casa de alguma vizinha.[10]

Encontramos na análise desse sonho que poderíamos chamar de 'sonho da criança perdida' um certo número de detalhes que permitem pensar que ao transmitir esse sonho a Freud, era de si mesma 'criança' que a mulher tinha ido falar. Detalhes dos quais Freud não tira proveito, naquele momento, de tão preocupado que estava em utilizá-lo para uma demonstração das leis que ordenam a formação dos sonhos e como ilustração dos desvios que o desejo infantil toma para se manifestar na vida onírica. Isso

---

10. *Ibid.*

não impede que ao tomar Freud como testemunha da falha da enfermeira encarregada de cuidar da criança que a representava, a mulher estava propondo a Freud que realizasse aquela tarefa por ela. Acaso ela não estaria, ao mesmo tempo, tomando Freud por testemunha da sua própria falha em vigiar a criança que ela própria havia sido, que carregava em seu interior e que já não conseguia fazer calar? Não seria essa criança que precisava ser vigiada sem trégua mais que ela mesma adulta? Nesse sentido, adormecer diante dela significou um abandono. Haviam-na deixado sozinha com seus desejos de criança, o que, não sem fundamento, deu-lhe a impressão de se encontrar como uma criança perdida, ou pior, como uma menina perdida, entregue à exigência e à violência dos seus desejos sexuais. Para além dos motivos conjunturais que exigem o exercício de uma vigilância isso seria a mola essencial dos perigos do adormecimento. Além disso, a queixa concernente à criança perdida deveria ser concebida como um desatino diante da criança reencontrada, um desatino que, na realidade, exprimir-se-ia ora sob a forma de luto, ora sob a forma de medo, e até mesmo de terrores relativos à morte e à separação.

Por se apresentar como uma história entre homens, contrariamente ao sonho aqui denominado de 'sonho da criança perdida', no qual os papéis principais são desempenhados por mulheres, o 'sonho da criança em chamas'[11] comporta, todavia, um certo número de elementos apropriados para sustentar a presente hipótese. É preciso se lembrar, com efeito, que pelo jogo de uma transformação dos elementos da realidade a criança morta é vista, simultaneamente, viva e discretamente acusadora. É preciso lembrar também que esse sonho resulta de um duplo adormecimento: o da sentinela, responsável pela guarda da criança e da qual se pode dizer, por analogia com o sonho precedente, que ela não poderia tê-la perdido de vista, e o adormecimento do pai de que Freud suspeita ter carregado "no seu sonho o temor de que

---

11. Cf. *supra*.

A memória viva 113

a velha sentinela não esteja à altura da sua tarefa", o que não o impediu tampouco de cair no sono. Assim, o sonho promoveu a figura de uma criança acusadora em relação a um pai surpreendido em falta e repreendido como uma criança negligente. Em suma, esse sonho, bem como o 'sonho da criança perdida' teve como fundamento um conflito que a vida cotidiana havia sufocado: ter de cuidar da criança doente, para o pai, ter de obedecer às exigências da mulher, para a enfermeira. Esse conflito voltou à tona no sonho que lhe forneceu uma via de expressão, criando uma criança cuja realidade era enganadora e cujo sexo era indeterminado. Uma criança suficientemente anônima, no final das contas, para que todos possam se apropriar dela, imprimindo-lhe sua marca pessoal, e descobrir por seu intermédio, o vestígio dos próprios desejos de criança. Isso em virtude de uma "apropriação baseada em uma pretensão etiológica comum;... ela exprime um 'exatamente como se' que se refere a uma comunidade e que permanece no inconsciente".[12] É esse, como podemos nos lembrar, o motivo pelo qual Freud explica as conseqüências da compaixão e da emoção para com o outro seja em sonho, seja na vida. Em relação a isso ele cita o exemplo das moças no pensionato. Esse é também o argumento que justifica a inserção de um sonho de outrem nos próprios sonhos, assim como a natureza das interpretações que aí se descobre. É por essa razão que nos espantamos que Freud não tenha dado muita importância ao que o 'sonho da criança perdida' representava para a mulher que o contou. Podemos nos perguntar por que ele não considerou o vivo interesse dessa mulher em relação a esse sonho como o equivalente do 're-sonho' ao qual se entregara a mulher que lhe contou o 'Sonho da criança em chamas'. "Porque, ela não deixou de o re-sonhar (...) para exprimir por meio dessa transferência uma concordância sobre um determinado ponto".[13]

---

12. 1900, cap. III, p. 137. *S.E.*, Vol, IV, p. 150.
13. 1900, cap. VII, p. 433. *S.E.*, Vol. V, p. 509.

114

A criança dada por morta

A emoção suscitada no outro por esse tipo de sonho jamais é gratuita, seja qual for sua justificação consciente. Sustentada, certamente, pelas preocupações que pertencem à vida diurna, essa emoção é a expressão de uma ressonância inconsciente com o conteúdo latente do sonho. Poder-se-ia dizer que ela também está em ligação direta com o efeito de derrelição produzido por esses sonhos, efeito que muitas vezes é difícil explicar. De forma que o relato desses sonhos, produzido por outra pessoa, equivaleria a uma reminiscência posterior de sonhos semelhantes dos quais nós mesmos somos os autores, mas dos quais não nos restaria qualquer lembrança. É verdade que esquecemos mais facilmente os nossos próprios sonhos do que os sonhos de outra pessoa, pela simples razão de que os sonhos de outra pessoa se inserem na realidade. Assim o relato desses sonhos não seria contrário à resistência contra o esquecimento de uma realidade, por mais limitadora que ela possa ser. Poder-se-ia até mesmo dizer que ele se vale dessa resistência, porque corresponde tanto à instauração como à aceitação de um compromisso. Assim, a impressão de derrelição produzida por esses sonhos e que acompanha seu relato seria mais tolerável retomada de fora do que reconhecida como o corolário de uma angústia de morte arcaica que se traz em si.

Esse é um ponto que aparece com muita clareza na cena descrita por Serge Leclaire na introdução de seu livro *On tue un enfant*. Essa cena, cuja origem não se conhece, situa-se entre o sonho e a ficção. Seja como for, ela merece o qualificativo de onírica. Nada impede, aliás, que se imagine que tenha sido extraída do tesouro dos sonhos de quem a relata, na medida em que o emprego da terceira pessoa do singular alterna com o emprego do "eu". E o fato desse "eu", nas últimas linhas, se revelar como o 'eu' de uma mulher não se choca com o fato de o autor ser um homem. Porque, freqüentemente, o sonho brinca com os gêneros, ainda que possa provocar um efeito de inquietante estranheza, no momento do despertar. Digamos enfim que na sua configuração esse sonho é idêntico aos dois sonhos apresentados por Freud.

A memória viva 115

Como esses dois sonhos, ela é a conseqüência de um adormecimento, o que justifica a sua inserção nessa seqüência. A criança é, sem dúvida, o seu tema principal, ainda que não seja o personagem principal. Sua realidade é enganadora, seu estatuto é irreal. Alternativamente objeto e sujeito, inanimado e dotado de movimentos, ela é coisa preciosa, sagrada. Atrai o olhar. Provoca amor tanto quanto ódio. Ela parecia fora de perigo e, por acidente, vê-se colocada sobre esse fio tênue que faz guinar da atemporalidade para a morte. Às vezes se diz que as crianças são um acidente. Sabemos também que elas podem ser vítimas de acidentes. Mas existem acidentes e acidentes. Como é que se passa de um a outro? Como é que a cena balança? Para isso basta um grito, mais exatamente um apelo. Depois disso o tom muda, os pensamentos colidem e a criança se transforma: não era "o filho da Virgem, uma admirável estátua romana"; é um bebê.

> Mamãe! É realmente meu filho já frio diante do fogo que reagiu. É impossível. (...); como é que eu fui cochilar nessa poltrona? Quero que alguém venha para me arrancar dessa lembrança. Fui eu quem gritou ou ele? Eu quero dormir, quero esquecer tudo; não, eu quero acordar, me despertar, enfim. A única coisa que eu vejo e da qual tenho certeza é o fogo; acaso eu estaria morta? Sim, sou eu que estou morta... Quisera jamais ter nascido?

Nessa cena — que convém lembrar mais uma vez aqui — em que os personagens se multiplicam, vemos perfeitamente como aquilo que poderia fazer as vezes de 'resto diurno' se mistura com o sonho. O medo de destruir parece então se vincular simultaneamente com a realidade e com o sonho. Ele cria o medo de ser destruída pela criança na impossibilidade de enfrentar o temor do seu desaparecimento.

A impressão de regredir

> "Quando nosso filho fica doente, muito doente, a gente tem... eu tenho — dizia Marie-France — a impressão de regredir. Eu me dou conta que de fato, nessa hora, eu sinto a falta da minha mãe. (...) A presença é algo importante, insubstituível. Podemos ter a melhor lembrança possível, isso não nos ajuda como uma presença. (...) É uma coisa quase que física, sem limites."

Podemos notar, certamente, o movimento realizado por Marie-France empregando sucessivamente a forma impessoal e depois a primeira pessoa do singular. Esse movimento é o mesmo da cena de Serge Leclaire.

Essa passagem do "a gente" para o "eu" não é, pois, privilégio do sonho. Ela pode também ser característica das reações suscitadas pelo irrompimento de um *fac-símile* de sonho na realidade e da luta gerada por esse choque. Parece-me que é no equivalente de uma luta contra o adormecimento que deve então se empenhar aquele ou aquela a quem essa experiência se impõe. É isso que legitima o recurso ao outro, especialmente a um personagem materno, para ajudar a cuidar. Muitas são as palavras de Marie-France que podem ser interpretadas nesse sentido:

> "Eu acredito que quando se luta — diz ela, continuando sua reflexão — quando a gente tem de aceitar a doença de uma criança que a gente acabou de pôr no mundo — Sophie tinha dois anos —, para que ela caminhe um pouco com a gente, quando descobrimos que essa caminhada talvez vá ser curta demais, diga a verdade, é muito duro, não é?"

"Diga a verdade!"; a interpelação segmenta as frases. A maneira como ela se insere no correr dos pensamentos pode ser entendida como um apelo interior: "Digam que eu não estou

A memória viva 117

sonhando, que eu não sou a única; ajudem-me a manter os olhos abertos!." Mas trata-se de uma pergunta que não exige resposta. Ela marca uma pausa, um suspiro no desenrolar das idéias. A seqüência do discurso mostra que de fato trata-se de uma ordem que Marie-France dirige a si mesma, mais precisamente à parte de si mesma que duvida e que ela faz viver dentro de si, insuflando-lhe o que esta deve dizer-lhe, por exemplo. É assim que se pode compreender o uso que faz do imperativo. Um emprego transitório, aliás, e não obstante eficiente já que ela se permite depois disso empregar a primeira pessoa do singular, e depois a primeira pessoa do plural. Não somente ela não teme mais estar sozinha, mas ela forma um todo com o outro:

> "É melhor aceitar essa realidade do que ficar cego, não ver a verdade — diz ela. É preciso viver com esse problema, continuar vivendo porque talvez haja um depois. Acredito que esse depois nos ajuda a continuar, de qualquer forma. O fato de saber que há uma chance ajuda. Ela não nos pertence, mas tentamos de qualquer forma dar um pouco da própria energia para que alguma coisa possa acontecer".

A liberdade de pensar na morte, ainda que em termos de eventualidade, não é aqui senão aparente, pois é desmentida pelas imposições da sintaxe que levam o discurso de Marie-France para um caminho pedregoso, que é o caminho dos seus conflitos e da vacilação das suas crenças.

A necessidade de acreditar no perigo externo

7

A angústia de morte

Se é verdade que a criança em perigo de morte põe a mãe em perigo de morte interior, ter conhecimento disso não basta para determinar os territórios respectivos dos pensamentos relativos à morte real e daqueles criados pela sensação de uma morte interior. Freud apontou toda a complexidade desse problema:

> O ego e o id[1], que são perfeitamente análogos no desenvolvimento de angústia, conhecido, por outro lado, como reação a um perigo externo e como processo interno, por exemplo, na melancolia. Mais uma vez, o caso neurótico pode-nos ajudar a compreender o caso real.

Freud recorre com freqüência a esse procedimento que consiste em utilizar a neurose como um microscópio para observar o cotidiano. Aqui, a distinção surpreende ainda mais porque faz supor que a analogia entre essas duas formas de angústia é formal ou fatual. Ora, se a cura do câncer é tão difícil de negociar é precisamente porque assim que o perigo externo é afastado, a angústia de morte, definida como um processo interno, já não encontra abrigo ou suporte na angústia de morte que o perigo externo

---

1. 1923, p. 273.

120 *A criança dada por morta*

havia suscitado. Assim, mais do que colocar essas duas formas no mesmo plano, embora se deva separá-las por preocupação metodológica, seria melhor dizer que uma, a externa, é a projeção da outra, a interna, projeção esta que é facilitada por acontecimentos brutais que, como o câncer, colocam a vida em perigo.

Todavia, por mais arbitrária que possa parecer à primeira vista a distinção estabelecida por Freud, ela dá ensejo a se definir devidamente as fontes da angústia de morte interior. Seu argumento se assemelha um pouco com um conto, ou mesmo com uma lenda. A angústia de morte, tal como a observamos na melancolia, resulta, segundo Freud, de um combate desigual a que se entregam o ego e o superego; um conbate que outro não é, na verdade, senão o do amor e do ódio. Se o superego se mostra, em relação ao ego, protetor ou perseguidor, o ego se sente amado ou odiado, ou seja, propenso a viver ou a morrer no abandono. Mas nem por isso a sua morte significa a morte do sujeito; por confusão, ela pode levá-lo à morte, o que absolutamente não é a mesma coisa. Mas na sua essência, essa situação da qual se pode dizer que resulta do triunfo do ódio, é tão próxima da morte quanto o nascimento. Freud observa que ela está "na base do primeiro grande estado de angústia, (...) o da separação de junto da mãe protetora".[2]

Finalmente, por ocasião desse estudo sobre a gênese da angústia de morte na melancolia, Freud mostra que o combate entre o ego e o superego pode assumir duas formas diferentes, sendo que uma não exclui a outra. Quando o desfecho desse combate reduz o sujeito a uma situação de separação da mãe protetora, compreende-se que se trata da repetição de uma situação original da primeira infância cujos vestígios, mesmo tendo permanecido muito tempo silenciosos, não perderam o poder. Há igualmente uma outra solução tão ligada quanto a primeira à perda do amor mas que, se nos ativermos à descrição que Freud faz dela, estaria muito mais próxima do despeito amoroso. "O superego — escreve ele — representa a

---

2. Op. cit., p. 274.

A necessidade de acreditar no perigo externo　　　　121

mesma função de proteção e de salvação que tinha outrora o pai e, mais tarde, a providência ou o destino". Disso decorrem, parece-me, duas conseqüências. A primeira é que Freud vê, graças ao tema do destino, uma correspondência inconsciente para o superego, coisa que ele não conseguiu fazer em relação a esse "conceito abstrato de conteúdo negativo" que foi par ele a morte. A segunda é que ele faz do superego uma instância ao mesmo tempo paterna e masculina diante da qual o ego reage como uma mulher abandonada. Incapaz de superar o abandono por suas próprias forças, "ele se deixa morrer", diz Freud. Poder-nos-íamos surpreender com essa aproximação de duas figuras aparentemente contraditórias do superego. Embora não sejam incompatíveis, elas não encontram, porém, coerência em ser concebidas como os atributos de um ser bissexuado. A explicação é mais simples, mais acessível à nossa compreensão. Freud a apresenta em *O problema econômico do masoquismo* no momento em que, entregando-se uma vez mais à reconstituição histórica do superego, lembra que este procede de um distanciamento progressivo em relação aos pais.[3] Podemos aqui resumir seu pensamento recorrendo a uma metáfora química: o superego seria uma espécie de precipitado, composto de imagens e de influências deixadas por todas as pessoas que, depois dos pais, serviram de modelos para a criança crescida. Precipitado duradouro, nesse caso, mas não solúvel, voraz mesmo, porque depois de se ter alimentado dos depósitos deixados pelas forças desse mundo, recorre às forças superiores, sobretudo ao Destino. "A última figura dessa série que começa com os pais é o Destino, força obscura que poucos de nós conseguem conceber de maneira impessoal". E Freud conclui: "Em *O ego e o id* eu também tentei deduzir da concepção parental do Destino a angústia real de morte experimentada pelos humanos. Parece muito difícil se libertar dessa concepção".[4]

---

3. 1924, pp.287-299.
4. *Op. cit.*, p. 295.

Os dois tempos da cura

Talvez seja à renovação, até mesmo à revivescência de uma concepção parental do destino, conforme o modelo freudiano, que se deva atribuir a complexidade das forças e dos processos psíquicos atuados pela perspectiva de ser curado do cancêr. Não que essa perspectiva seja recusada em si mesma, pois sabemos perfeitamente que ela não deixa de ocupar o pensamento e é objeto de desejos totalmente claros. O problema está sobretudo na defasagem, numa não- coincidência entre o tempo da cura clínica e o que se pode chamar o tempo da cura psíquica. Essa defasagem não poderia ser atribuída unicamente às seqüelas. Por mais invalidantes, por mais preocupantes que sejam, estas não justificam a criação de um desconfiado, nem de um assoprador na vida psíquica, não mais que a eventualidade da volta da doença permite explicar a manutenção de uma vigilância irrepreensível. A economia de uma resistência ao esquecimento, os motivos do apego à presença de uma enfermeira real ou simbólica devem ser buscados em outra parte. Na dependência em relação médico-salvador estabelecida pela doença, por exemplo, a qual se pode supor corresponder, na vida psíquica, à retomada de uma antiga relação, e mesmo de uma antiga paixão cujos vínculos entre ego e superego, como foram postulados por Freud, teriam sido os precursores. A intensidade e mesmo a inalterabilidade da relação entre o médico e o doente, encontraria nisso suas bases, na medida em que seria o reflexo dessa mesma dependência amorosa entre o ego e o superego. Na medida em que o médico, por sua autoridade, recuperasse a vivacidade das imagens e das influências deixadas, depois dos pais, pelos professores, os modelos espontaneamente escolhidos e os heróis reconhecidos pela sociedade. Igual número de imagens e de influências Freud mostrou serem constitutivas do superego, e potencialmente criadoras de situações de desamparo nas quais morte e nascimento podem vir a ser confundidos por um doente tão dependente em relação a seu médico quanto o ego

A necessidade de acreditar no perigo externo   123

em relação ao superego. É por essa razão que o tempo que passa não consegue transformar esse vínculo.

As representações de contraste difíceis

"Eu nunca vou esquecer a sua gentileza — escrevia uma jovem de vinte e quatro anos ao médico, doze anos depois de ter sido tratada com sucesso de um reticulosarcoma de Ewing da asa ilíaca —, penso no senhor sorrindo para essas crianças que lhe entregam a vida para que a proteja". Assim terminava uma carta que ela havia começado de maneira muito diferente: desculpando-se por não ter dado notícias há muito tempo. Não que tivesse faltado vontade, dizia ela, "Escrever-lhe é de uma certa forma voltar a mergulhar num passado que eu gostaria de esquecer, de forma que a cada vez que pensava em escrever, deixava para mais tarde e o tempo foi passando".

Essas palavras dão à resistência ao esquecimento uma outra dimensão. Permitem estabelecer que não se trata de uma recusa voluntária, mas da obediência a uma vontade que vem de outra parte, que é sustentada por outras representações, comparáveis às que Freud, no início, descreveu sob o nome de "representações de contrastes difíceis", e que na época atribuiu ao mecanismos das neuroroses.

> Esse reforço das representações de contrastes no *status nervosus* simples se manifesta então em relação com a espera — escreve ele a esse respeito — como tendência geral ao pessimismo; na neurastenia ele provoca por associação com as sensações mais fortuitas as fobias variadas dos neurastênicos. Transferido para os projetos, esse fator gera distúrbios que são agrupados sob o nome

124 — *A criança dada por morta*

de *loucura da dúvida* e que têm como conteúdo a desconfiança do indivíduo em relação às suas próprias *realizações.*[5]

Freud explica também como o afeto, que está vinculado a essas "representações de contrastes difíceis", difere de caso para caso. E desenvolve os elementos do discurso que a pessoa faz para si mesma:

> Há representações com as quais está relacionado um afeto de expectativa, e, de fato, essas são de duas espécies: representações segundo as quais eu vou fazer isto ou aquilo, o que chamamos de *projetos*, e representações segundo as quais vai acontecer-me isto ou aquilo, o que na realidade são *expectativas*... O afeto que está ligado a isso depende de dois fatores: primeiramente o significado que o desfecho tem para mim, depois, o grau de incerteza contido nessa expectativa.[6]

No caso presente, parece que o desfecho, ou seja, a aceitação da cura é no fundo sinônimo de abandono, o que gera a necessidade de conservar un certo grau de incerteza.

Imagens de morte, imagens de mãe, imagens de criança

"Agora — dizia a senhora curada de um câncer no seio a respeito de suas idas anuais ao hospital[7] — vejo a coisa de modo diferente com o passar do tempo. É bem verdade que dá uma certa segurança porque afinal de contas vão me dizer: acabou, não precisamos mais atendê-la, a senhora

---

5. 1892-1893, p. 37.
6. *Op. cit.,* p. 37.
7. Ver a introdução do capítulo anterior.

A necessidade de acreditar no perigo externo 125

não precisa mais vir aqui, eu acredito que iria de qualquer forma. A Senhora percebe como tudo isso pode ser contraditório. É verdade que eu irei, ainda que uma vez por ano. (...) Eu não conseguiria não continuar, o que significa que não me considero totalmente curada".
Tudo isso que estou dizendo não é muito otimista _ diz ela, depois, numa atitude interrogativa, acrescenta: "Curada?... Mas tudo isso deixou muitas seqüelas".

Esse tema marcou repetitivamente os diferentes momentos da nossa entrevista, principalmente quando se tratou de separação e de morte.

Finalmente, ela acabou se dando conta de que, procurando ser um pouco objetiva talvez em outros problemas também haja seqüelas. Mas é a morte quem leva os louros (...) Eu tinha um terreno que certamente era muito favorável, mas não pensava no assunto porque não havia se materializado em mim. Tudo predispunha para isso, tudo era evidente para pensar na morte antes dessa operação que foi o gatilho/detonador. (...) Eu nasci em 39, meu pai foi para a Guerra, vivi com minha mãe momentos atrozes, muito próximos da morte. Eu tinha três anos, mas me lembro. Minha mãe usava a estrela. É curioso, sempre choro quando penso nisso. (...) Não quero acusar minha mãe, ela não sabia como fazer. Mas é verdade que quando saíamos juntas a qualquer momento podia nos acontecer uma separação. Ela deveria ter-me dito: 'Se me prenderem na rua, não fique com medo, continue andando tranqüilamente e eu voltarei mais tarde.' Isso dá segurança a uma criança."

Ter-se-á observado o ressurgimento das preocupações relativas à continuidade e à segurança. Elas remontam à infância e às primeiras experiências de separação. Garantem uma espécie de permanência, são a garantia contra a tomada de consciência de uma ruptura entre imagens de criança e imagens de adulto: atestam a solidez da lembrança.

126   *A criança dada por morta*

Mas, de maneira mais essencial talvez, essas preocupações, por quanto possam parecer obsessivas, protegem essa mulher contra um perigo do qual parece ter uma intuição confusa. Estou pensando no perigo que poderia resultar de uma associação entre duas imagens de mãe: a que traz consigo, sem o saber, e que ama mais do que acredita, e aquela cuja memória conserva e à qual pode fazer críticas, ou seja, aquela que é possível censurar mentalmente e mesmo expressamente e que, em segredo, nos comprazemos em julgar. Deixar abrir espaço entre essas duas imagens, permitir que se instaure uma área de jogo, de movimento entre as duas, sem que esse processo se constitua necessariamente no objeto de uma decisão ou de uma tomada de consciência: em semelhantes circunstâncias, isso não parece realizável, como também não o é, em certo sentido, a abolição da resistência ao esquecimento. Dir-se-ia, portanto que essas duas dificuldades estão ligadas, tanto é verdade que estabelecer uma distinção entre a mãe interior da primeira infância e a mãe cuja lembrança continua viva seria consentir na livre circulação do amor e do ódio. Assim, nesse campo, só podemos avançar prudentemente, como que tateando:

"Os problemas que eu tenho com minha mãe são os meus próprios problemas que nunca consegui resolver, dizia a senhora A. Acredito que se tivesse vinte ou trinta anos menos, eu realmente teria me separado, mas separado pela distância, uma distância real pois tenho muita dificuldade para estabelecer a separação psicológica. (...) Isso pode, talvez, explicar também as dificuldades para se conviver com o câncer".[8]

---

8. "Pelo luto interminável aciona — escreve Pierre Fédida (1980, pp. 195-212) — a melancolia, mata a morte e submete o pensamento à *paixão do destino* sob a forma de alívio narcísico à duplicação, em espelho, da *figura ideal genitor-criança*". E, para continuar, tomando de empréstimo a uma paciente a idéia e uma *mãe-anterior* para designar o espaço que separa a mãe real de outra mãe, espaço que "significa uma ruptura marcada pelo vácuo", que dá acesso à palavra e à inserção do sujeito numa história e numa genealogia: processo que não seria mais, para o sujeito, sinônimo de abandono.

A necessidade de acreditar no perigo externo 127

Não foi sozinha que a Senhora A. adquiriu a clareza de visão graças à qual, depois de tantos anos, conseguia expor assim seus limites. A psicoterapia, cujos resultados benéficos não se cansa de propalar, ajudou-a nesse sentido. A partir de então passou a considerar que, além da "medicação apropriada", a psicoterapia contribuía para a cura do câncer. É preciso reconhecer que ela percorreu um longo caminho para chegar a isso.

No início — não se lembrava do fato, mas alguém lhe disse — ela ficou completamente bloqueada em relação ao câncer. "Uma muralha!". Hoje já consegue falar sobre o assunto, mesmo não se considerando "curada". Mas não sem alguma precaução.

> "Sempre é preciso fazer uma escolha — diz ela a esse respeito —, não se pode dizer isso a qualquer um: 'eu tive um câncer, e acho que estou curada.' As pessoas passam a olhá-lo de modo diferente. Não vou dizer que seja como uma pessoa sarnenta, o câncer não é contagioso, mas o olhar já não é o mesmo. O olhar das pessoas fica muito diferente, porque quando a olham com piedade..."

Quando as palavras se escondem por detrás das palavras, quando aquilo que é dito revela o que não é dito de tal maneira que a confidência soa falso, o interlocutor perde a presença de espírito para continuar a conversa. No mesmo instante, ele se apavora.

Para além da dificuldade de dizer e do medo de ser olhado, pareceu-me, depois, que dois temas podiam ser extraídos dessas palavras da Senhora A. que encerraram nossa entrevista. Tendo como ponto comum o fato de serem veiculados pela imagem de um impossível afastamento, esses dois temas, na verdade, pareceram-me susceptíveis de dar um novo impulso à questão da resistência ao esquecimento. Num primeiro momento, a Senhora A. leva a compreender o que a força a manter-se na expectativa: ela se encontra na impossibilidade de dizer: "eu... eu". Ora, levando-se em consideração seu passado, o seu câncer, o modo

128 *A criança dada por morta*

como reconstruiu essa história conferindo-lhe a significação simbólica de uma doação ("Muitas vezes pensei ter dado esse seio à minha mãe"), dizer: "eu... eu", teria tido para ela o valor de uma ato constitutivo de sua relação com sua mãe, que teria iniciado entre ambas a instauração de um afastamento. Dessa feita, considerando que deu o seio à mãe, ficou a meio caminho da realização do ato. Não percebeu que fazendo isso pagava sua dívida para com a mãe, que acertava suas contas com ela. 'Eu sou sua mãe', era o que dizia, mas não media o alcance de suas palavras porque não ia até o limite do que implicavam, ou seja, o pensamento de morte, pois a mãe de sua mãe morrera em consequência do parto, e portanto, não dera o seio à filha. A Senhora A. se limitava a estabelecer essa relação, sem tirar conseqüências.

Assim, não podia dizer: "Eu tive câncer e considero que estou curada". Se tivesse pronunciado essas palavras, teria liquidado a representação de uma criança, a criança que ela mesma fora para sua mãe. Nessa matéria também fez apenas a metade do caminho. Não lhe era possível reconhecer que acreditando ser a mãe de sua mãe — coisa que não conseguia pensar senão com raiva e violência —, tornava-se como sua mãe, uma criança sem mãe. É isso que ela teria tornado público para si e para os outros se pudesse dizer" "eu... eu". Ela não carregaria mais em si, como um tesouro pesado demais, a imagem da criança que foi para sua mãe, subtraída com ela do olhar dos outros por medo, durante a guerra, de serem ambas capturadas numa batida.

Se, hoje, o olhar dos outros lhe parece insuportável, é também porque criava de fora um segundo afastamento, intensificando a força do primeiro que ela própria havia edificado por dentro. Preservava-se, assim como resistia ao esquecimento do câncer, para amordaçar as representações infanticidas que trazia em si e que lhe teriam permitido viver melhor ou viver de modo diferente se ela lhes tivesse aberto um pequeno espaço nos seus pensamentos.

A necessidade de acreditar no perigo externo 129

Poder dizer: "eu ... eu"

É possível perceber pontos comuns no discurso da Senhora A e no de Marie-France, a mãe da garotinha que foi filmada pela televisão, e isso, evidentemente, sem que elas jamais tenham conversado, sem que jamais tenham tido qualquer contato. Da mesma forma, encontra-se em germe nas palavras da pequena Sophie a mesma dificuldade para dizer: "eu..." Essa correspondência pode certamente ser atribuída aos efeitos do câncer sobre a manipulação das imagens interiores, considerando-se o surgimento de representações infanticidas inconscientes que essa manipulação provoca. O tabu da palavra 'câncer' encontraria aqui uma das suas explicações. Seria tão sacrílego pronunciá-lo quanto é sacrílego destruir o ordenamento das próprias representações de criança.

> "Acredito — dizia Marie-France falando de Sophie — que não vale a pena comentar o que ela tem. A minha experiência pessoal me levou a evitar a terminologia dessa doença porque quando se diz: 'O seu filho sofre de câncer', as pessoas fazem uma cara triste, compadecida, angustiada".

Como compreender o emprego anárquica dos pronomes que leva a uma mistura dos gêneros e das pessoas e depois a uma denegação, a não ser vendo nisso tudo a manifestação de uma perturbação interior, o sinal de uma confusão entre o dentro e o fora.

> "É preciso poupar as crianças da situação pela qual eu passei, o que senti em relação a essa palavra pronunciada ou não. Considerando todas as consequências e todas as mudanças que a doença provocou na família, a palavra em si não mudaria absolutamente nada."
> "E quanto a Sophie, ela fala a respeito disso?" — perguntamos a Marie-France.

130 *A criança dada por morta*

"Não — respondeu — mas fala do hospital como fala do parque. Essa é a vida dela, passa o dia todo dando injeções nas bonecas. (...) É só o que conhece. Ela não pode ser esquecida assim".

Em outras palavras, é toda ela, no singular, e são todas elas, no plural, porque, como sublinhava Marie-France,' é Sophie que luta, mas é também a mãe de Sophie que luta.' Dessa feita, nenhuma nem outra podem, no íntimo dizer: "eu... ".

A mãe de Sophie só tem consciência desse paradoxo num nível educativo, pedagógico. Durante a filmagem do programa de televisão, a câmera mostrou-as assistindo juntas a um filme de Sophie ainda bebê feito, pelo pai antes da doença. Estabeleceu-se o seguinte diálogo entre a mãe e a filha:

"O bebezinho é você Sophie? Veja como você brincava. Sabe onde estão aquelas argolas? Precisa perguntar para a vovó".
Sophie: " Mas depois ela vai chorar".
A mãe: " Ah! é, quem?"
Sophie: "Eu".
A mãe: "Então porque você não diz: "eu"... eu vou chorar".
Sophie: "Eu vou chorar. (...) Eu queria ir na casa da vovó. (...) E esse bebê aqui?"
A mãe: "Esse bebê é você".

Nesse ponto, a irmã mais velha, irritada com o filme e com a atitude de Sophie, coloca-se entre a mãe e a irmã:

"Pára com essa conversa mole".
"Como? — diz a mãe, surpresa. E Delphine repete:
"Pára com essa conversa mole!"

Ao que parece, coisa que talvez a faça sofrer, e com toda

A necessidade de acreditar no perigo externo 131

razão, ela se sente excluída desse monólogo a duas vozes cujas entrelinhas ela não consegue captar, permanecendo impotente para interrompê-lo. A mãe continua no mesmo tema comentando as imagens que passam:

"Já eu, sei quem é essa menininha".
Sophie: "Como ela se chama? ... sou eu".
A mãe suspira aliviada: "Muito bem!".

A dificuldade da garota para reconhecer nas imagens de criança, anteriores à doença, o reflexo de sua imagem atual, o que se manifesta pela sua hesitação em dizer: "eu...", não pode ser superada simplesmente pelos conselhos da mãe. Tanto mais que a mãe experimenta as mesmas dificuldades, sem ter consciência do fato. O mal-estar de Sophie não deve portanto ser atribiuído à sua pouca idade. De alguma forma ele é essencial, no sentido de que submete a mãe e a filha uma à outra. A mãe pode dizer ou pensar o que quiser, do ponto de vista educativo, procurar corrigir problemas de linguagem da filha, ainda assim, nesse plano, não se encontra mais adiantada que a filha. Dizer: "eu..." é difícil para ela.

Podemos perceber bem isso quando, relendo as diferentes seqüências do *script* para o programa de televisão, nota-se uma pausa na narrativa que ela fez para a jornalista dos nossos primeiros encontros.

Acredito — diz ela — que eu só fazia bobagens, por cansaço, por preocupação; eu estava perturbada. Conversei bastante livremete com a médica com quem me encontrava regularmente que é uma mulher sensacional e antes de mais nada uma mãe de família e ela me passou o endereço de Danièle dizendo: 'acredito que isso vai ajudá-la' (...). Eu estava precisando de alguma coisa e encontrei (...). Eu ia pedir-lhe para eventualmente conversar também com a minha filha mais velha (aquela que se sentia excluída, irritada) e brutalmente me vi confrontada comigo mesma, porquantes de mais nada o problema estava em mim (...)Talvez isso também fosse uma solução.

"Que espaço Danièle ocupa na sua vida?" — perguntou-lhe então a jornalista.
"Uma porta aberta, uma grande porta aberta" — respondeu Marie-France. "Acredito que essa porta que foi aberta, e que talvez eu tenha aberto diante de mim mesma, não pode mais se fechar".

Imagens da transferência

Por várias vezes Marie-France usou expressões nas quais aparecia a palavra *porta,* especialmente quando contou a história da doença de Sophie. Foi assim, após uma primeira consulta a um médico, que ela decidiu *bater em outra porta.* Depois, tendo tomado conhecimento do diagnóstico, viu-se obrigada a transpor uma outra etapa: *abrir a porta* do serviço de cancerologia/ oncologia. Se as expressões são banais, os atos aos quais elas se referem não o são em hipótese alguma. É por essa razão que vale a pena tentar uma aproximação com a imagem que Marie-France diz ter conservado das entrevistas que teve comigo. Não é tão comum lembrar do psicanalista nesses termos. De fato, a sedução que emana dessa formulação tenderia a fazê-la aceitar de olhos fechados, sem nenhum retoque. Foi assim que ela me imaginou na transferência, por que então ir procurar mais adiante? Todavia, é preciso convir que cada uma das suas portas, não obstante a sua diversidade, apresentam como ponto comum o fato de introduzir Marie-France num campo desconhecido e estranhamente inquietante, em outras palavras, num campo em que ela só penetrou depois de se ter armado de vigilância para não ser totalmente invadida pela impressão de ser privada de todos os seus referenciais a ponto de não mais conseguir distinguir o sonho da realidade,

A necessidade de acreditar no perigo externo 133

nem o dentro do fora.[9]

Uma conversa de mulher para mulher

É verdade que Marie-France no passado já havia tido experiências de indistinção entre si mesma e o outro — e vários elementos de sua biografia confirmam essa conjuntura. Mas mesmo que tenha tido alguma familiaridade com a gemelidade desde o nascimento, e por mais indispensável que ainda hoje possa ser para ela a presença de um duplo, é bastante verossímil que trouxesse vivos em si mesma vestígios de dsejos de evicção. Daí a sua extrema sensibilidade diante dos sinais anunciadores de um episódio de abandono e sua particular receptividade àquilo que, para além da perda objetal, se apresentava para ela como uma perda de identidade. É o que explica talvez que as primeiras palavras de acolhida pronunciadas pelo médico diretor no momento de sua chegada ao hospital tenham ficado gravadas em sua memória e que posteriormente ela tenha relatado isso antes de qualquer outra informação médica. "Quem é a mãe de Sophie?": foi o que ele havia perguntado, e essa pergunta ajudou-a a encontrar de novo uma identidade. Ser interpelada assim no genitivo, ser solicitada igualmente no nível do ter permitiu-lhe recuperar a sensação de sua existência própria; de uma certa maneira, e qualquer que tenha sido o custo, para isso contribuíram também suas preocupações.

"Fomos ambas ao seu consultório para uma conversa de

---

9. "O que parece, em seu mais alto grau, estranhamente inquietante para muitas pessoas é o que se relaciona com a morte, so cadáveres e à volta dos mortos, aos espíritos e fantasmas" — escreve Freud a esse respeito. "[...] Mas há poucos domínios em que nossa maneira de pensar e de sentir tenha-se mantido tão inalterada, desde a aurora dos tempos, em que o arcaico se conservou tão bem, sob uma fina película, como o de nossa relação com a morte".(1919, pp. 246-247.)

134   *A criança dada por morta*

mulher para mulher — relatou em seguida Marie-France — para uma conversa muita séria."

"O que ela lhe disse?" — perguntou a jornalista.

"Nada que eu já não soubesse" — respondeu Marie-France de forma surpreendente. "Absolutamente nada de novo. Ela estava iniciando o tratamento, talvez para me tranqüilizar, para me levar a esperar algo. [...] Tudo foi acontecendo de maneira muito rápida. Essa rapidez talvez tenha sido importante. Eu não tenho porque me sentir culpada do que quer que seja".

"E como é que a senhora levava a vida nas semanas em que Sophie ficou hospitalizada?" — continuou a jornalista.

"Como todas as famílias que passam por esse problema e que têm uma criança hospitalizada; é preciso largar o outro filho ou filhos em casa, e se dedicar àquele que está precisando de você no hospital!"

Esse rápido diálogo é informativo apenas aparentemente. Digamos que está cheio de representações cuja importância ter-se-ia a tendência a menosprezar na medida em que são objeto de uma generalização. Talvez o que engane seja o emprego da terceira pessoa do plural. Ora, o saber de Marie-France sobre a morte parecia assimilado quando esteve com o médico de Sophie, não parecendo culpada por isso. Parece inclusive que esse conhecimento a tenha levado, independentemente de sua vontade, a uma nova busca sobre as origens, tanto as suas quanto as da criança. Assim sendo, ela ouviu o: "Quem é a mãe de Sophie?" como uma questão basilar. Foi preciso que ela se reconhecesse naquilo para em seguida qualificar a sua conversa com a médica de "conversa de mulher para mulher". Foi uma conversa da qual ela saiu reconfortada com a segurança de pertencer a uma coletividade, e livre do temor de ser a única a ter de enfrentar o ressurgimento dos seus impulsos de criança. "Como todas as famílias que passam por esse problema [...] *é preciso largar o*

A necessidade de acreditar no perigo externo 135

outro filho ou filhos em casa [...].", o imperativo é ambíguo porque a necessidade individual desaparece na obrigação atribuída à situação.

"Largar o filho" foi, acredito eu, o que verdadeiramente norteou a entrevista de Marie-France com a chefe do serviço de câncerologia/oncologia, quando esta fechou atrás de si a porta de seu consultório. Esse também foi o norte do nosso primeiro encontro, ao qual participei por acaso quando, ao invés de receber a filha mais velha de Marie-France como ela própria havia proposto, incitei-a a que me falasse de si.[10] A porta que eu fora e que ela abrira sobre si mesma representava a realização desse ato. Essa porta efetivamente não pode mais fechar-se pois a imagem de uma *criança dada por morta* o impede. A imagem de uma criança que num passado ainda recente, efetivamente, exigiu toda a sua vigilância e cuja atualidade ainda hoje ela se esforça por manter para continuar ignorando a economia do seu próprio apego de criança a essa imagem.

Desse ponto de vista, conceber o fruto do seu encontro comigo como a abertura de uma porta sobre ela mesma resultou ao mesmo tempo da minha participação ativa e do meu distanciamento operado pelos seus cuidados. A criação dessa metáfora permitiu-lhe também, sem que ela se desse conta disso, conseguir um meio termo entre a sua passividade consciente e a sua atividade inconsciente.

Um vigilante para a criança

Largar uma criança: esta era também, poder-se-ia dizer, a conjuntura do 'sonho da criança em chamas' ao qual Freud consagrou tanta atenção.[11] Essa seria a sua temática/percalço implícito. É por essa razão que o vigilante fora convocado. O pai

---

10. Ver também o capítulo 10, intitulado: "A cena onírica da doença mortal".
11. 1900, cap. 7, p. 433. *S.E.*, Vol. V, p. 509.

não devia ignorar que adormecendo se desvencilharia do filho, e isso a despeito de ele já estar morto. Como também não devia ignorar, ainda que não estivesse apto para formulá-lo, que o seu desejo de dormir era sustentado, atiçado pela emergência de representações infanticidas, também levadas à incandescência. Assim sendo, tomou o cuidado de deixar a porta aberta para que do seu quarto pudesse olhar o quarto onde o cadaver da criança estava estendido sobre um catafalco, tendo ao lado grandes velas. [...] Depois de algumas horas de sono, o pai sonha que a criança está de pé ao lado de sua cama, que o segura pelo braço e lhe cochicha no ouvido, em tom de censura:

> 'Pai, você não vê que eu estou em pegando fogo?' [...] A explicação desse sonho é muito simples — escreve Freud. Pela porta aberta, o claro raio de luz penetrou no olho do pai adormecido e suscitou nele a mesma conclusão a que ele teria chegado em estado de vigília, ou seja, que a queda de uma vela teria provocado um incêndio junto ao cadáver. [...]

Pode-se formular a hipótese, levando-se em consideração o emprego que tenho feito desse sonho no presente contexto, que o vigilante era para o pai ao mesmo tempo o promotor das representações infanticidas que povoavam sua vida psíquica e o aval do silêncio das mesmas, duas funções contraditórias e complementares que eu própria exerci em relação a Marie-France.

Pode-se pensar, por outro lado, que o pai contribuiu com seu sonho para o adormecimento do vigilante que no entanto ele havia contratado para manter os olhos abertos, como a mulher do 'sonho da criança perdida', com sua enfermeira[12], assim como Marie-France comigo.

Extraordinário reversão dos projetos conscientes pelo jogo das forças do desejo inconsciente. Fascinante eficácia das representações infanticidas, em virtude do acesso que elas abrem

---

12. O comentário desse sonho foi feito no capítulo precedente.

A necessidade de acreditar no perigo externo   137

a uma revivescência da criança que fomos.

> Se examinarmos as coisas mais de perto — observa Freud,
> voltando, a respeito da regressão, ao 'sonho da criança em
> chamas' — percebemos que dois traços quase indepen-
> dentes um do outro são característicos da forma assumida
> por esse sonho. Um deles diz respeito ao fato de que o
> pensamento é representado como uma situação atual, com
> omissão do 'talvez', e o outro, ao fato de que o pensamento
> aí é transformado em imagens visuais e em palavras.[13]

Desse ponto de vista, e porque ela despreza a mudança de
estado da criança, a cena desse sonho não é diferente da cena da
notícia da cura. Ambas participam da realização de um desejo,
liberam as representações infanticidas da censura que dificultava
sua emergência. Em ambos os casos, assiste-se a uma delegação,
de tipo transferencial, das funções de um desconfiado e de
assoprador pelas quais um dos genitores mantem e
simultaneamente extingue os fogos da regressão bem como a
chama das representações infanticidas que o habitam. Essas
representações me parecem constitutivas da forma assumida por
aquelas perquirições sobre as origens a que, a vinda de uma criança
ao mundo ou a eventualidade do seu desaparecimento, não
respondem senão de maneira falaciosa.

Mas a quem, a que convém agora atribuir a responsabilidade
pela falha do vigilante, da enfermeira ou do psicanalista? Essa
questão já não pode por muito tempo mais ser vinculada
exclusivamente à falha por adormecimento, uma vez que fica
evidente que essa falha é inerente à presença do vigilante qualquer
que ele seja. Pela sua simples presença o vigilante dá margem a
dúvidas. Se ele é convidado para tranqüilizar o outro, para lhe dar
segurança, na verdade só servirá para prolongar um pouco a
vigilância. De qualquer forma, ele será o vigilante velado. É ele

---

13. *Op. cit.*, p. 454. *S.E.*, Vol. V, p. 534.

138   *A criança dada por morta*

quem, em certa medida, colabora para o nascimento de uma criança que cochicha, docemente reprovadora, e de quem se pode suspeitar uma influência oculta sobre as atividades do assoprador.

O essencial, em suma, é que essa criança esteja ali. Pouco importa que esteja mascarada, disfarçada, camuflada sob os traços de outrem ou numa parte de si mesma, ela não pode estar ausente. Na mesma medida em que sua falha é admissível, até mesmo criadora, sua ausência pode ser vivenciada como um abandono e como uma ruptura. Vou servir-me de um exemplo para ilustrar tudo isso. Durante muito tempo Marie-France se sentiu tentada pela psicanálise. Falou-me muitas vezes a esse respeito durante os anos em que nos vimos. Ela se renderia à psicanálise, dizia, assim que estivesse convencida da cura de Sophie. Já estava sentindo-se mais disponível, sentia-se inclinada a encontrar pessoas, a sair de casa. Ela havia decidido assim a ajudar os imigrantes "a melhor compreender a nossa língua", ocupação que certamente não deixava de ter relação com o seu desejo de se familiarizar com a língua de sua infância, de estabelecer um novo diálogo com a criança'cochichadora' que trazia em si e da qual sua filha a separava, sem o saber. Até o dia em que considerou mais seriamente a possibilidade de análise comigo. O que me levou, em nome de não sei qual ideologia, a dizer-lhe que havíamos percorrido um longo caminho juntas e que seria difícil para mim, tendo sido sua psicoterapeuta, tornar-me sua psicanalista.

Foi então que, enquanto vigilante, eu realmente falhei com ela. Eu rompi a cadeia, a continuidade com aquilo que ela chamava de "o contexto médico", fora do qual temia sentir-se incompreendida. Eu a forcei, sem me dar exatamente conta disso — mas talvez não era isso mesmo que eu estivesse querendo — a reconhecer a descontinuidade, e até mesmo a não coincidência das imagens de criança que ela trazia em si e aquela que lhe era projetada pelos seus filhos. Em resumo, eu efetivamente lhe abri uma porta para o exterior.

A recusa que nos primeiros tempos dos nossos encontros,

A necessidade de acreditar no perigo externo 139

ela demonstrou em relação ao exterior agora parece dever ser vinculado à passagem para o exterior representado pela cura. Dessa forma, ela adquire um relevo mais complexo.

"Acredito — disse ela — que é preciso conhecer essa doença para poder ouvir quem fala a respeito dela. Não se pode ser exterior a esse circuito quando se quer ajudar na busca interior. [...] A palavra 'câncer' causa tanto medo que as pessoas se tornam prisioneiras do medo. [...] É uma projeção de sua angústia que os bloqueia e os impede de ser uma ajuda ainda que seja uma ajuda moral".

A ajuda, parece, só poderia ser moral porque o câncer põe em circuito representações infanticidas que a vigilância, delegada ou não, tem por função manter e ocultar. Não seria apoiando-se na continuidade dessa oscilação que se conseguiria, pouco a pouco, enfocar e a transformar função do vigilante, tal como é atribuída primeiro ao médico, e depois ao psicanalista?

Dívidas de vida para com a mãe 8

O direito à exceção

Em muitas ocasiões, principalmente quando a referência aos pacientes lhe parece insuficiente para fundamentar um argumento ou quando prefere optar pela discrição na narrativa da história de um doente, mas desejando conquistar para sua tese a adesão do leitor, Freud tira do esquecimento personagens lendárias da tragédia. Com isso, busca o apoio implícito de seus criadores, os poetas que mais admira, entre os quais devemos citar Shakespeare. Assim, conclama esses poetas a se tornarem seus arautos por meio dos heróis por eles criados.

Tal foi, se nos referimos a alguns textos curtos de forma essencialmente anedótica, o que em nada diminui a importância dos temas que neles são desenvolvidos, o caso de *Macbeth* e de *Ricardo III*. Ambos foram utilizados a título de ilustração num artigo chamado *Alguns tipos de caráter obtidos pelo trabalho psicanalítico*.[1] *Macbeth,* como sabemos, foi definida como a tragédia da esterilidade pela qual o próprio herói é responsável.

> Ele matou o pai (*Banquo*) — continua Freud — ao passo que o filho lhe escapa; no que se refere a Mac Duff, Macbeth mata os filhos porque o pai fugiu. É uma criança ensangüentada e coroada que as irmãs fatais fazem aparecer diante dos seus olhos na cena da evocação. [...]

---

1. 1916, pp. 139-171.

142 *A criança dada por morta*

"Ambos [Lady Macbeth e ele próprio] esgotam todas as possibilidades de reação ao crime, como as duas partes distintas de uma mesma e única individualidade psíquica, cópia, talvez, de um mesmo e único modelo". Macbeth, parricida e infanticida, será punido pelos seus crimes: e não se tornará pai "porque privou os filhos do próprio pai e o pai de seus filhos e é por isso que Lady Macbeth se vê privada do seu sexo [...]".[2]

Com Ricardo III, o problema apresentado a debate é de outra ordem. Em um dos tópicos desse mesmo artigo de 1916, Freud comenta o monólogo introdutório da personagem para completar o retrato psíquico daqueles que ele denomina: as 'exceções'.[3] Ricardo que, a essa altura da peça ainda se chama Gloucester,

> "não parece dizer — na opinião de Freud — outra coisa senão: 'Sinto-me entediado por esses tempos de ociosidade e quero divertir-me. Mas, como a minha deformidade não me permite conhecer as distrações de um amante, vou brincar de debochado, vou fazer intrigas, matar e fazer tudo o que me agradar".

A interpretação é exageradamente redutora. O leitor dispõe de todos os elementos para perceber isso, já que as palavras pronunciadas por Gloucester fazem parte de um preâmbulo. A paródia de Freud só poderia, portanto, ser compreendida como um artifício argumentativo. A estratégia é a seguinte: caricaturizar ao extremo o personagem para acentuar as razões da rejeição que ele provoca em nós, para desmascarar a resistência que dá sustentação a essa rejeição e provar, num segundo tempo, que contrariamente ao que se poderia acreditar, as palavras de Gloucester revestem-se de toda a aparência de seriedade. Freud

---

2. *Op. cit.*, pp. 154 e 158.
3. *Op. cit.*, pp. 139-146.

Dívidas de vida para com a mãe 143

chega a ir mais longe. Vê nisso tudo a expressão de um violento sofrimento. "Penso ser por essa razão — acrescenta — que o monólogo de Ricardo não diz tudo; dá apenas algumas pistas deixando-nos o trabalho de completá-las".[4] O inacabado, o incompleto, como se sabe, são sempre fontes de enigma. Freud os considera essenciais à mobilização da nossa atividade mental visando descobrir as motivações do personagem. Esse processo, esclarece, tem de particular o fato de "nos encerrar na identificação com o herói".[5]

'Identificação': depois de longo rodeio, eis enfim pronunciada a palavra-chave. É em função dessa palavra que se organiza o texto, é graças a ela que o texto ganha uma dimensão propriamente psicanalítica. A partir daí, compreende-se que a atribuição de um *status* privilegiado aos seres excepcionais, *status* que materializa a distância entre eles e nós, tenha o valor de uma escapada frente à identificação. Com efeito — e essa parece ser a intenção de Freud nesse trabalho — é preciso aceitar reconhecer que entre os seres excepcionais e o comum dos mortais a diferença é principalmente quantitativa. O emprego de uma metáfora do universo da fotografia vem a calhar para dar peso à demonstração. "Ricardo — escreve Freud — é uma ampliação gigantesca desse lado que identificamos em nós". Pode-se reconher facilmente aqui o modelo freudiano segundo o qual a patologia é apenas uma dilatação dos fenômenos normais. É claro também que se tende a deixar de lado os casos particulares — os quais foram utilizados como suportes — para adentrar em considerações de natureza antropológica. Freud, que não tratará especificamente, e contrariamente ao que se poderia imaginar, nem do luto nem da melancolia, mantém nesse pequeno texto uma linguagem corrente. Fala em termos simples desse quinhão de infortúnio que cada um de nós carrega em si e que nos conduz ora à decepção, ora ao

---

4. *Op. cit.*, p. 144.
5. *Op. cit.*, p. 145.

144 *A criança dada por morta*

sentimento de fracasso, ora à reivindicação. O que ele evoca é mais precisamente aquilo em virtude de que nos acreditamos todos com o direito de

> protestar contra a natureza e o destino, em razão de prejuízos congênitos e infantis; exigimos todos um ressarcimento pelas feridas precoces do nosso narcisismo, do nosso amor por nós mesmos. Por que a natureza não nos agraciou com os cachos dourados de Baldur ou com a força de Siegfried ou com a fronte alta do gênio, ou com o nobre perfil do aristocrata?[6]

Com o tema do narcisismo e da castração, chegamos ao âmago da questão, e sua conclusão apressada não deixa de surpreender tanto no plano estrutural, porque não procede, quanto no plano temático, porque aparece como algo forçado e como uma provocação em relação às mulheres. Mas isso não significa que Freud tenha tido a intenção de concluir com uma ponta de humor. Muito pelo contrário — essa pelo menos é a minha opinião — é uma impressão de horror que ele procura assim transmitir, ao que se acrescenta uma tentativa de banalização que, podemos acreditar, instaura o espaço necessário para o desenrolar do pensamento e do discurso.

A identificação com o ser excepcional: uma identificação feminina

Se se verifica que um campo marcado pelo horror e pela banalização corre o risco de se tornar de difícil acesso, não é menos verdade que a leitura desse texto sobre Ricardo III suscita certo número de questões que me pareceram adequadas para iluminar uma reflexão sobre as manifestações do desejo de um filho nas jovens mulheres estéreis em conseqüência de um câncer das vias

---

6. *Op. cit.*, p. 145.

Dívidas de vida para com a mãe 145

genitais ocorrido na infância. E isso por três razões. Recorrendo-se à terminologia freudiana, a primeira delas está ligada, evidentemente, ao fato de que todas essas mulheres pertencem de direito à categoria das exceções. Por outro lado, os distúrbios orgânicos que sofriam, mesmo não sendo idênticos aos dos pacientes descritos brevemente por Freud no seu artigo, permitem que se faça essa comparação. Para esses dois pacientes — escreve ele — o sentimento de injustiça justificava-se por um dano orgânico ocorrido na primeira infância: mal de origem congênita para uma delas; para o outro, uma infecção ocasional imputável à negligência de uma babá. Ambos considerando-se vítimas inocentes desse dano causado à sua pessoa, de alguma forma, criaram conflitos, construíram sua neurose com apoio na expectativa de uma reparação. A atitude do segundo, um rapaz, era paradoxal. Ele acreditava estar sob a guarda de uma providência especial, o que não o impedia de passar a maior parte da existência reclamando, nem de acreditar em seu projeto de reparação por meio da aposentadoria por invalidez. Essa é a expressão empregada por Freud para ressaltar a organização defensiva da reivindicação. A seqüência do texto permite compreender que a única e exclusiva destinatária das queixas em questão era a mãe, mãe com quem se acerta, dessa maneira, as próprias dívidas de vida.

A segunda razão em certo sentido aumenta o peso da primeira por ser mais descritiva e mais teórica. Refere-se à sorte que Freud, nas poucas linhas da conclusão, atribui às mulheres. A leitura dessa passagem suscita duas moções em sentido diverso, lembrando as que nos produzem o monólogo de Ricardo III, cujas molas ele próprio desmontou. Sob esse aspecto, o que na sua escrita, se apresenta à primeira vista como uma depreciação endereçada às mulheres, deve ser entendida de maneira fundamental como um atestado do horror que lhe inspira seu sexo "reduzido". Mas — escreve Freud — não queremos despedir-nos das 'exceções' sem deixar de notar que a pretensão das mulheres aos privilégios e à libertação de tantas imposições

146 *A criança dada por morta*

próprias da vida repousa sobre o mesmo fundamento". E conclui:

> Como aprendemos por meio do trabalho psicanalítico, as mulheres se consideram lesadas desde a infância, diminuídas em uma parte de si mesmas e postas de lado sem culpa sua. O azedume de tantas moças em relação à mãe se baseia em última instância, na crítica de que esta as fez nascerem mulheres ao invés de homens.[7]

Assim sendo, Freud passa do excepcional para o universal, sem transição, em suma, de uma disformidade visível ou de uma malformação orgânica ocasional com efeitos imputáveis à natureza ou às conseqüências gerais decorrentes da diferença anatômica entre os sexos. Essas conseqüências, grosseiramente exageradas naqueles que procuram fazer-se passar por exceções e que buscam privilégios, repercutem em sua personalidade: a pessoa se mostra reivindicadora. É importante então para o psicanalista atribuir atenção a esse traço de personalidade, superar a irritação que suscita, pois é fonte de resistência ao tratamento. Por isso convém descobrir suas motivações mais profundas. O sentimento de injustiça, a convicção de inocência deveriam ser considerados senão como "shows", pelo menos como anteparos que obstaculizam o reconhecimento de uma pretensão infantil de onipotência, constitutiva do narcisismo primário.

A atribuição por parte de Freud de uma situação de exceção às mulheres tomadas em conjunto se insere, é óbvio, no prolongamento de suas obras a respeito do complexo de castração. Sendo sua continuação lógica, nem por isso tem nesse contexto, menor número de incidentes inesperados. Estando a argumentação teórica recortando e cobrindo a argumentação descritiva, nada impede de colocar as mulheres no conjunto dos seres sem fé nem lei de que Ricardo III é o modelo caricatural, *a fortiori* se pensarmos que os danos de que se queixam eram igualmente de

---

7. Op. cit., pp. 145-146.

Dívidas de vida para com a mãe 147

natureza corporal. De modo que a identificação com o sofrimento do ser de exceção poderia bem ser uma identificação feminina. Ela poderia ser, em última análise, uma identificação com o outro na qualidade de ser inacabado, incompleto, votado a um destino mortal, coisa através de que se manifesta o fato de ser humano. Neste sentido a insubordinação, e mesmo a transgressão seriam sinais de uma revolta contra a finitude. Seriam, outrossim, a expressão da feminilidade.

Chego agora ao terceiro ponto: A esterilidade das moças curadas de câncer na zona genital — tumor que lesou os ovários e o útero — pareceu-me, enquanto seqüela e sintoma, realizar a conjunção de dois casos de figuras encaradas por Freud na sua argumentação, pois essa esterilidade, constituindo embora o resultado de um dano orgânico, não era visível externamente. De fato, nada a partir do exterior permitia distinguir essas moças das outras jovens de sua idade. Não se percebia que mancassem ou claudicassem, não havendo nenhuma alteração de seus encantos corporais. Essas coisas não eram vistas, de modo que só se ficava sabendo delas se fossem mencionadas.

Ter que falar delas ou preferir calar-se, ou mesmo, conforme o caso, não dizer uma única palavra: eis aí decisões que eram para elas sinal de uma mudança importante. Era a prova do tempo que passara, a conseqüência da cura. Por que na época do tratamento a questão não se teria colocado nesses termos. Só tinham que aparecer sem cabelos, com um semblante pálido, uma silhueta emagrecida, ficando claro para quem as visse que elas carregavam os estigmas do câncer. Hoje as coisas se tornaram diferentes. Em nome do terror que sempre suscitou essa doença ou do profundo interesse produzido pelos que tinham conseguido curar-se, fenômenos modificados mas não atenuados pela informação da mídia, elas eram aconselhadas às vezes, a não dizer nada espontaneamente.

Assim, numa creche, lugar de seu trabalho, a diretora havia pedido a uma das moças que evitasse falar do câncer, temendo

148 *A criança dada por morta*

que isso a prejudicasse. Injunção a um só tempo ambígua e ambivalente, que irritou muito a jovem: "Os que têm medo de contraí-lo por terem uma verruga ou uma mancha no corpo, têm o direito de falar, mas para quem o vivenciou isso não é possível. Eu não imaginava que era tão difícil não dizê-lo." Modo que encontrou para dar a entender que era doloroso para ela incarnar essa praga que o câncer sempre representa aos olhos de outrem, mesmo que a pessoa se tenha curado. Ela teria claramente preferido poder falar do assunto sem que isso fizesse dela uma exceção. "As moças não fazem mais perguntas quando vêem fotos da época" — achou ela ter que acrescentar. "Dizem que me vêem com um lenço. Por que?"

Se ela própria ou outras moças colocadas em situação idêntica se sentiam autorizadas a alimentar pretensões, é unanimemente o direito à normalidade que teriam reivindicado, ao invés dos privilégios que poderiam auferir de uma situção de exceção. A criança potencial estaria obviamente incluída nessa normalidade, e o fato de ter regras, ainda que artificialmente, exercia um duplo efeito de retomada sobre as informações que conviria ou não fornecer sobre a esterilidae.

"Nem minha irmã nem minhas amigas conseguiam compreender que eu não pudesse ter filhos — dizia uma delas. Eu tenho regras porque eu tomo pílulas. As outras pensam que por ter regras eu posso. Isso lhes parece duro". Ao que, a mãe, presente à conversa tomou a palavra dizendo: "Acontece isso porque você diz: mais tarde, quando eu tiver filhos..." E a filha retorquindo rapidamente: "É, sou obrigada a isso". Em seguida a mãe retoma a frase interrompida: "Quando ouço isso digo a mim mesma que você não entendeu mesmo nada".

A discussão entre a mãe e a filha para saber de onde procede a obrigação de dizer uma coisa contária à verdade parece, quando

Dívidas de vida para com a mãe 149

se reflete, ter sido inteiramente superdeterminada. Apresenta-se como um envelope de palavras contendo outras palavras, outras questões, outras perspectivas impossíveis de formular, senão explicitamente, ao menos no momento em que teriam sido tais. Essas palavras, essas questões, essas perspectivas me parecem poder ter sido relacionadas com a liqüidação de uma criança, isto é com o desejo de acabar com essa criança doente que as moças curadas carregavam nelas, uma criança que havia sido e contnuava a ser o único objeto dos cuidados de suas mães. Liquidar essa criança, era, para essa moça, acreditar-se preparada para encarar a separação da própria mãe, e imaginar que ela seria mãe como sua mãe. Era ao mesmo tempo estar apta para criar pensamentos relativos à origem, à filiação para se inserir numa linhagem, sem precisar mais de sofrer o impasse constituído pelo fato de pôr um fim a isto, na falta de uma fecundidade fisiológica.

Fantasias da criança com a mãe

"Um cavalo, um cavalo! — gritou Ricardo III vendo que estava perdido — Meu reino por um cavalo!" Supondo que as moças que encontrei tenham entregue-se a esse tipo de invocação, seria possivelmente por um filho que teriam dado seu reino. Mas que filho? Que reino? Uma criança de carne, é claro, a que sonhavam poder fazer que nascesse. Um filho do impossível, a menos que não fosse filho de uma transgressão, a cujo nascimento teriam se prestado em troca de um reino; ou em outras palavras, em troca delas próprias, ou ainda do reino que eram para suas mães e cuja coroa ficara muito pesada para elas. A doença, de fato, as promoveu a rainhas, sem dúvida por que ao redor delas pensavam que lhes restava muito poucos anos de vida. Desde então dominaram absolutas no reino dos pensamentos de suas mães. Esse poder era exorbitante, alienante. Os efeitos dele decorrentes podiam ser percebidos em sua vida cotidiana e em seus sonhos.

150   *A criança dada por morta*

"Eu sonho com a morte, não com a minha mas principalmente com a de papai e mamãe. Eu vou criar minhas irmãzinhas", diz essa moça num outro momento da entrevista, da qual extraímos um fragmento anteriormente. E acrescentou: "Quando estou angustiada vejo papai e mamãe mortos. Às vezes mamãe está ali, me sufocando. Tenho necessidade dela quando não está presente".

O médico que havia organizado esta entrevista depois de nossas entrevistas pluridisciplinares, para me apresentar essa moça acompanhada da mãe, interveio então para dizer:

> "Mais tarde quando você estiver segura poder ir embora."
> A mãe responde em seu lugar: "Nós é que sofreremos por você não estar mais aí. É, a minha reação não é de dizer: ela não está curada, é de dizer: ela não falou tudo. Cada vez isso me faz voltar às seqüelas..."

Curioso esse diálogo, tanto quanto este outro entre três mulheres, ao qual assisti sem tomar nele parte ativa, como tinha sido combinado, pois se tratava de um encontro preliminar que devia ter prosseguimento num outro lugar do hospital. Era uma conversa aparentemente livre, durante a qual, mãe e filha pareciam prestes a acertar suas contas sem que nenhuma delas ficasse ofuscada pelas verdades que se diziam mutuamente, diante de testemunhas. Mas poderemos, sem mostrar excessivo otimismo, pensar que por ocasião dessa entrevista mãe e filha puderam, expressando suas diferenças, falar cada uma delas em seu próprio nome? Tem-se mais a impressão de que ao invés de uma conversa, de um intercâmbio ou de uma disputa foi bem mais com um monólogo múltiplo que brindaram nossos ouvidos. De algum modo formaram um coral a que, por momentos se juntou a voz do médico, parecendo cada uma dessas vozes provir de um mesmo e único corpo. "Um corpo para dois", diria Joyce McDougall, que emprega essa expressão para designar a modalidade de uma fantasia que acha legítimo denominar de "primordial", na medida em que

Dívidas de vida para com a mãe 151

aquele ou aquela que a cultiva visa principalmente fazer "um com a mãe universo da tenra infância". "Desde muitos anos — escreve a autora — procuro ouvir no trabalho analítico essa busca de corpo único com seu temor atenazante, tentando segui-la em seus prolongamentos fantasmáticos: uma psique para dois, um sexo para dois, uma vida para dois".[8]

As imagens de uma psique para dois ou de um corpo para dois não seriam, em última análise, senão o verso ou o reverso da fantasia que, segundo Joyce Mc Dougall, se encontra de maneira mais caricatural, mas também mais evidente, seja em crianças psicóticas, seja em pacientes atingidos por perturbações somáticas, seja em sujeitos com distúrbios da identidade sexual, e para quem a ilusão de um sexo para dois representa um mal menor. Entretanto, por mais primordial que possa ser, essa fantasia está destinada ao desaparecimento, e o fato de perdurar na idade adulta representa o traço e a seqüela de uma luta encarniçada contra um processo de luto, ou dito de outra forma, contra a separação. O que faz a pessoa ficar sujeita à outra como a uma sombra.

> Porque o corpo tanto como o espírito, é esclarecido,[...] está submetido à compulsão à repetição. Mais ainda, encontramos cedo ou tarde em nossos analisandos que somatizam uma resistência feroz em buscar os fatores psíquicos que alimentam a vulnerabilidade psicossomática. Lutam inconscientemente para conservar intactas suas criações somáticas.

Apoiando seus argumentos em seus próprios trabalhos e nos de numerosos autores contemporâneos, entre eles Winnicott e Piera Aulagnier, Joyce Mc Dougall tenta destacar o que a seus olhos é específico do funcionamento psíquico de seus pacientes, e principalmente de sua organização edipiana. Esse procedimento a conduziu a emitir propostas sobre a constituição de suas imagens

---

8. *Un corps pour deux,* 1986, pp. 9-43.

152 *A criança dada por morta*

interiores. "A imagem paterna está ausente tanto do mundo da mãe quanto do da criança", escreve ela. Donde se origina a emergência de uma imagem materna compósita, simultaneamente investida de uma 'promessa de vida' e de uma 'ameaça de morte', cuja prenhância ameaça paralisar a análise. É por isso que, esclarece ela,

> "as proibições precoces captadas pela criancinha, antes mesmo da aquisição da palavra, apresentam-se como um entrave de porte no trabalho analítico.[...] O temor de, ao fazer isso, destruir a unidade mãe-criança alimentada pela mãe, com a conseqüência de fragmentar-se a si própria. A representação da mãe será ainda dupla: mãe onipresente e onipotente, mãe frágil e fragmentada.[9]

É óbvio que é principalmente devido ao fato de seu desdobramento no espaço aberto pela neurose de tranferência que essa fantasia pôde ser reconhecida nas suas características e na sua eficiência. De modo que, se sua verbalização é imputável aos esforços do psicanalista para decifrar o que lhe pareceu ser um sem número de hiróglifos inscritos no corpo de seus pacientes, a formulação dessa fantasia resulta em si mesma de uma construção. Utilizá-la numa conjuntura que saia do enquadramento psicanalítico, pode, no caso, parecer a um só tempo enganador e pertinente. Enganador, precisamente, porque a fantasia 'de um corpo para dois' é tomada do trabalho de uma análise sem ser seu produto. Mas é pertinente, por ser suscetível de esclarecer a natureza íntima de uma relação mal diferenciada entre uma mãe e sua filha. Isso, entretanto, não significa que se possa esperar descobrir, a partir daí, a psicogênese de uma esterilidade que não é, feitas todas as contas, de modo algum psicógena. Essa esterilidade não pode ser inscrita na série de somatizações listada por Joyce Mc Dougall, do mesmo modo que não merece a

---

9. *Op. cit.*, pp. 14 e 17.

Dívidas de vida para com a mãe 153

denominação de "criação somática".

Entretanto, a hipótese segundo a qual uma mãe e a filha podem estar umidas pela fantasia 'de um corpo para dois' e até 'de um sexo para dois', conduz a fazer duas perguntas relativas à incidência do câncer curado e mais especialmente às conseqüências psíquicas da esterilidade. Estamos acaso capacitados a pensar que essa fantasia foi criada pela esterilidade e pela ferida narcísica produzida por sua revelação? Se fosse esse o caso qual outra fantasia, teria a fantasia 'de um corpo para dois', nessa ocasião, substituído? Não se poderá ao invés disso, supor que sua presença tenha sido efetiva desde o começo e que por ter ficado muito tempo oculta, a fantasia de um 'corpo para dois' tenha ligado a relação entre mãe e filha desde o nascimento? O que levaria ao postulado de que sempre teve para ambas o valor de conjuração ou ao menos de negação da separação, mas também a presumir que a esterilidade teria contribuído para tornar perceptível uma problemática oculta, feita de incerteza e indiferenciação. Nesse contexto convém estar ainda mais atento ao lugar que a criança potencial ocupa na economia psíquica dos dois parceiros. À certeza de que ela não nascerá, certeza alimentada por evidências anatômicas, vem misturar-se a crença mágica em sua chegada ao mundo, baseada no progresso das técnicas científicas. Assim aprisionada entre a certeza negativa e a crença mágica, a criança que está para nascer, por mais que sob um aspecto seja mitica, se inscreve no prolongamento da *criança dada por morta*, à época em que o diagnóstico de câncer foi feito e que foi, na realidade, a filha hoje estéril. Semelhante oscilação entre o mito e a realidade é suscetível de prosseguir duradouramente sem que o momento de sua gênese tenha sido jamais determinado. Cada etapa reconstruída se oferece como 'trampolim' para outras conjeturas que validam provisoriamente certos elementos da história individual. Supondo que esses elementos ainda que tendo marcas singulares, se recortem no fundo com elementos de uma ou de várias histórias semelhantes, a identificação de um ou de outro dos fantasmas que sustentam a anedota procedem — o termo não tem nada de

154 *A criança dada por morta*

pejorativo ou dimuinuidor — da ressonância e até da familiaridade que encontram nos que lhe concedem atenção e interesse. A identificação no sentido próprio do termo, é por esse motivo estreitamente dependente, no sentido psicanalítico do termo. Esta última exige a uma só vez certo recuo no tempo e uma tomada de distância para que as palavras que, no momento, fazem maior ou menor violência sejam enfim ouvidas. Isso equivale a dizer que se precisa de tempo para que sua pertinência possa ser descoberta.

A esterilidade na perspectiva dos elementos do passado

A capacidade de falar ou a decisão de calar a história do câncer fazem parte, como se pôde ver, das amolações da vida cotidiana que mulheres jovens não produzem sem sofrimento. *A fortiori*, ao fazer isso defrontam-se com os grandes problemas da vida. O trabalho, o casamento, a maternidade: todas ocasiões em que sua diferença com as outras se mostra gritante. E isso principalmente porque em cada uma dessas circunstâncias elas se sentem depositárias de uma dupla figura de criança, tendo a morte como pano de fundo: a criança que foram, que passou pelo risco de vida, e a criança a que não darão à luz, sabendo que não possuem nelas o meio de dar-lhes a vida. De modo que tudo o que para elas respeita ao dizer se relaciona em última análise com a morte, pois decidindo-se a contar o que se passou têm a sensação de arriscar-se à exclusão, à ruptura, de um modo ou de outro, à separação.

Temores talvez irracionais esses, episódios de medo a serem ultrapassados. O que não impede que uma mulher que incarne um personagem maternal esteja, no caso, sempre presente para propiciar senão alguma realidade pelo menos algum crédito a esses perigos. Acontece, como sucedeu ao longo da entrevista da qual relatei vários segmentos, de ser a própria mãe que tenha feito a ligação entre o dizer e a ruptura, ainda que fosse para trazer a prova de que a adoção de uma criança era necessariamente diversa

Dívidas de vida para com a mãe 155

para as mulheres cujos anos de juventude não tinham sido marcados pelo câncer.

"Essas — explodiu uma mãe — não são parte num casamento sabendo que não teriam filhos. Deve-se ser honesto e dizer de saída, porque se um rapaz gostar dela haverá o risco que desista". "Por acaso isso não é um prejuízo para você? Temo que isso te breque". E a filha respondendo timidamente: "Eu não percebo, é talvez inconsciente. Não consigo analisar meus sentimentos".

A alusão ao inconsciente e à análise dos sentimentos sugere um discreto apelo a uma ajuda. Talvez a moça procurasse atrair a atenção ou quisesse dar a entender que o mistério e mesmo o segredo de um casal exerciam sobre si atração e repulsão. Compartilharia ela ou não as inquietações de sua mãe? "O que me impressionou — prossegue esta, voltando-se para a filha para lhe perguntar: "Você não me odeia, não é mesmo?" Em seguida, considerando a falta de resposta como uma aquiescência, começou seu relato: tinha havido um rapaz na vida de Marie-Christine, com certeza muito tímido, agarrado demais à mãe também. Quando tentou contar-lhe sua ligação com Marie-Chritine ela não quis saber de ouvi-lo. Era viúva e queria conservar o filho para si. Temia que a moça o roubasse. Mas ele sabendo-se ligado a Marie-Christine, "quebrou a barreira com sua mãe". "Eu a pus contra a parede". Foi essa a expressão que empregou, tendo necessitado de um ano para chegar a isso. Ao que Marie-Christine interveio como que para pontuar as palavras da mãe:

"Isso não é fácil, hem! Eu não consigo analisar meus sentimentos". E a mãe continuando: "Quando você viu que isso era certo para ele — é o mesmo que você viu com papai, você se lembra — você se viu com o anel no dedo, ao passo que ele não tinha de fato chegado a isso". Ao que

156   *A criança dada por morta*

Marie-Christine retrucou: "Eu não posso dizer. Digo somente que estive doente."

O fim do relato, como se terá percebido, foi escondido pelo uso freqüente do verbo dizer e do verbo ver, graças aos quais o passado o presente e o futuro foram simultaneamente convocados nos pensamentos e nas imagens que essa narração suscita. A conjunção de tempos na história não foi casual. Foi certamente fruto da entrevista, mas não podíamos deixar de atribuí-la senão à doença.

As preocupações que a mãe tinha com a filha eram uma coisa, a explicação que ela dava do que mal podemos chamar de aventura sentimental era outra. Porque assim fazendo no fundo era uma parte de sua história que ela contava: um casamento tumultuado com um rapaz muito apegado à mãe igualmente viúva. Começo difícil na vida conjugal, em suma, uma vida impregnada pelo temor da separação, da morte, da ruptura. Marie-Christine foi sua primeira filha. Ela também era a primogênita de seus irmãos. É possível que no momento em que fez esse relato diante de testemunhas, Marie-Christine incarnasse a seus olhos e sem querer a moça que fora a mãe, ela própria. Simultaneamente pôde esquecer da esterilidade. Em vão falava das outras filhas, descrevia suas algazarras que ela referia ao marido para que ele lhes desse um pouco de liberdade para sairem sem temor de violação ou de vida dissoluta: em última instância era sua própria adolescência que tinha como modelo: "Eu escapava porque eu não tinha direito de sair."

Conviria explicar longamente essa conversa, pois ela é exemplar do engodo que pode produzir, se, ao escutá-la, nos ativermos unicamente ao conteúdo manifesto, assim como às razões objetivas que lhe deram origem. Um exame aprofundado mostra, de fato, que, a despeito de sua aparente coerência, ela está eivada de confusões. Essas confusões relativas aos tempos e às pessoas não são suscetíveis de serem eliminadas — mesmo parcialmente — a menos que se tome o partido de interpretar esse discurso como estando na primeira pessoa do singular. Essa

Dívidas de vida para com a mãe 157

interpretação não pôde, é óbvio, ser expressa mas foi suficiente que as coisas fossem ditas para poderem evoluir ou até mudar. Foi assim que, quatro anos mais tarde, Marie-Christine conheceu um rapaz que se tornou seu marido. Ela o encontrou por ocasião de um aniversário no mesmo círculo de relações em que havia já encontrado o primeiro. A decisão não apresentou, ao que parece, nenhuma dificuldade. Sem dúvida Marie-Christine estava na época mais convencida de sua cura, mais madura também para a vida sexual. Mas encarando as coisas do ponto de vista dos motivos da escolha de objeto, o interesse recai de preferência sobre o anedótico ao invés do racional. Nessa perspectiva, a questão do aniversário adquire um significado não desprezível. Contrariamente à peça que falta no quebra-cabeças, ela separa os elementos que apenas ilusoriamente foram postas juntas. Ela permite em parte compreender porque uma confusão de gêneros e de tempos formava a base oculta do conteúdo da entrevista inicial.

Para um aniversário, esse foi realmente um aniversário, pois o jovem que Marie-Christine encontrou era da idade de seu próprio irmão gêmeo, único rapaz na família e que ela não conheceu, não lhe sendo possível ter dele a mais mínima lembrança consciente. A escolha feita naquela tarde foi, pois, necessariamente orientada por movimentos inconscientes, dirigida pelo que se pode chama com razão de 'falta de filho'de sua mãe, sem levar em conta os outros filhos a que deu a luz mais tarde. A falta de um filho que nunca deixou de ser dolorosa para ela.

Considerando essa ferida a esterilidade de Marie-Christine irá adquirir relevo? Não está ela dando outro impacto a um acontecimento antigo que, por ser conhecido de longa data, ficara enquistado na lembrança? Ao ser posta na perspectiva dos elementos do passado, a esterilidade não adquire, mais tarde, o valor de uma interpretação? O equívoco dos conselhos da mãe a respeito do dizer e o mal estar que esses conselhos produziam na filha apoiariam essa hipótese. No conjunto, a situação era mantida por um não dito.

158   *A criança dada por morta*

Numa reflexão sobre a estarilidade, Geneviève Delaisi de Parseval opta pelo uso da "abordagem sistêmica" que, segundo ela, "permite ultrapassar o problema da origem da esterilidade, seja ela masculina, feminina ou de casal, seja ela fisiológica ou psicológica; que a estratégia médica seja curativa ou substitutiva, etc., para só focalizar o *lado funcionamento* no seio de um dado casal[10]." Geneviève Delaisi de Parseval, achando aliás, que essa maneira de trabalhar não "parece de modo algum contraditória com a prática psicanalítica", retira de suas leituras e de seus trabalhos a noção de "dívidas de lealdade". A esterilidade toma então, em sua caneta o significado de uma "dívida de lealdade" para com uma mãe "envelhecida" ou "morta" e que espera de um filho em particular "uma assistência compensatória". E dá como ilustrção o exemplo de uma jovem mulher sem filhos a quem a esterilidade atribuia a dupla posição de filha e mãe de sua própria mãe.

Não convirá, no presente contexto outrossim, e com o risco de nos afastarmos um pouco do signfcado que lhe concede Geneviève Delaisi de Parseval, considerar que a dívida de lealdade, ao reunir o dizer e a dívida permite uma certa reconstrução da esterilidade? Quando acontece, como para Marie-Christine ou em outras situações análogas, que a esterilidade se constitua em objeto de uma afirmação de conflito, as fontes deste não podem ser procuradas uniformemente do lado do câncer nem do tabu de que é ainda e sempre será objeto. Aferrar-se a isso seria, ainda uma vez, dar primazia aos eventos reais.

Se há de fato um tabu, é sobre o consenso relativo à *criança dada por morta* que ele parece preferencialmente estabelecer-se, ou em outras palavras, sobre a denegação da mudança interiror produzida pela notícia da cura. Como salienta Geneviève Delaisi de Parseval, a dívida de lealdade se inscreve na busca de identidade,

---

10. 1982, pp. 160-163. *(N.T.) Inseminação artificial com esperma de um doador desconhecido, diferentemente de I.A.C., em que o doador é o próprio cônjuge.

Dívidas de vida para com a mãe 159

a qual, conforme sua orientação, permite que se realize o processo identificatório entre mãe e filha, ou seja põe um fim à união fundada num segredo.

Uma parte do conflito criado pela esterilidade da jovem mulher seria, nessa perspectiva, imputável aos efeitos de longa duração do luto de sua mãe, ao segredo que ela teria, sem querer, partilhado com a mãe mesmo antes de seu próprio nascimento, na época, podemos mesmo supor, em que esta a levava dentro de si, segredo que não teria cessado de ser reativado por ocasião de gestações posteriores, sucessivas. Foi preciso que Mari-Christine fosse viver na casa com este irmão gêmeo que ela tinha como cônjuge, para que o segredo se revelasse efetivamente.

Do mesmo modo, certos elementos da história familiar acentuam, bem mais do que explicam o componente incestuoso dessa dívida de lealdade, coisa a que Geneviève Delaisi de Paseval faz alusão sem muita insistência. Além do mais valorizam, sob a forma de uma volta ao seu contrário, o componente infanticida. Para ir até o fim do que está implícito nessa tese, convém agora mostrar como a vida desta família foi repetidamente escandida por mortes, doenças e nascimentos até o momento em que ao se casar, a jovem mulher curada de câncer e objetivamente estéril devolveu à mãe o filho que ela perdeu ao nascer. De sorte que seu marido, gêmeo pela idade, com o irmão desaparecido, revelou, com sua presença, a ausência de um membro da irmandade de quem não se dizia palavra. Sua existência efêmera fora, com efeito, longamente escondida, talvez porque fosse ele próprio — eu sabia disso — uma criança nascida sob o signo da transgressão, filho de pai desconhecido.

Desposando o substituto do irmão, a moça teria. desse modo, pago à mãe sua própria dívida de vida. Ela teria de outra parte, dado provas a esta última de uma lealdade inconsciente, trazendo-lhe um filho que ela tinah perdido, e realizado um desejo de onipotência infantil, sendo ela a que fez a falha ser preenchida. Quanto a esse casamento, é preciso ainda esclarecer que ocorreu pouco tempo após

160

A criança dada por morta

a histerotomia da mãe, numa idade em que era ainda fértil. Ela própria decidiu a cirurgia, que não apresentava caráter algum de urgência. O cirurgião aquiesceu achando sua cliente bem 'despachada'. Curiosamente, a mesma cois aconteceu em outras famílias. Eu soube que várias mães, à época que se seguiu à cura de suas filhas e da conseqüente esterilidade, passaram também elas pela ablação dos órgãos genitais. De modo que, por caricatural que seja a história que eu contei detidamente, não deixa menos de ter pontos em comum com a história de outras famílias às voltas com as mesmas dificuldades. Isso permite pensar que sendo esse o preço da vida conservada, a esterilidade, em certos casos, teria uma função reveladora com respeito a uma problemática inconsciente, organizando a vida familiar, longamente dissimulada pelo câncer. Talvez seja preciso acrescentar que com a chegada do marido da jovem mulher à casa, o pai, que já estivera doente no passado, teve uma recaída. De modo que para a mãe, a presença desse rapaz foi triplamente salutar: por estar ali, porque a auxiliou, mas também por que sentindo-se menos preocupada com a saúde da filha, teve a sens`ção de lhe passar o substituto. Como se por seu ideal estar vivo nela, e disso tinha provas — ainda que menos confiáveis do que pretendia — , ela achava uma base para encarar sua própria morte.

Pelo prazer de carregar um filho dentro de si

Entrevistas sucessivas com a filha e com a mãe, em intervalos regulares durante seis anos, permitiram constatar que a chegada desse marido-irmão criou, senão uma ruptura, pelo menos um desequilíbrio na união do casal entre a mãe e a filha. Ele foi a primeira peça levada da família, pois a moça foi a primeira a se casar, seguida de perto da segunda irmã, sendo também a peça que faltava na família. Compreende-se melhor, a partir daí o efeito paradoxal que ele produziu no tabuleiro de xadrez familiar e que convém atribuir à superdeterminação dos papéis que ele teve que

Dívidas de vida para com a mãe 161

endossar simultaneamente: filho, irmão, esposo, auxiliar e substituto da mãe, personagem paterno suplente, pois em vista da doença do pai, ele era o único homem válido. Por mais complexa que tenha sido sua inserção no seio do grupo, por mais oculta que haja sido sua eficiência no plano da dinâmica e da economia psíquica entre sua jovem esposa e a sogra, foi, contudo, graças a ele e simplesmente por estar ali, que um outro tipo de discurso pôde se estabelecer.

Quando a jovem mulher marcou um encontro para me apresentar o marido, não deixou de expressar as numerosas reservas sobre o comportamento da mãe, e isso de maneira comparável aos encontros precedentes e ao mesmo tempo diferentes desses. "Estar ali como antes, ater-me a ela unicamente, não posso impedi-lo, nada posso no caso — diz. Ela tinha uma grande preferência por mim, talvez por eu ser a primeira". De fato a jovem mulher era a mais velha de cinco, mas não a primogênita da irmandade. Isso também ela não podia dizer, ainda que não ignorasse o fato. Talvez porque esse segredo, como vimos, tinha um papel e continuava tendo em certo sentido, na orientação de sua existência, bem como na escolha inconsciente que a havia guiado para o marido.

Uma leitura atenta do encadeamento de suas palavras, como foram anotadas ao longo da entrevista, permite hoje descobrir a função que no inconsciente da jovem mulher era dirigida ao filho que desejava, que continuava a esperar, sabendo pertinentemente que não haveria de dar-lhe nascimento.

Convém outrossim, ao invés de realizar uma montagem artificial dessas afirmações, apresentar seus temas mais importantes seguindo a ordem em que foram abordados. A imagem da mãe parece uma vez mais ainda ter sido seu fio condutor.

'Tivemos sempre atritos — prosseguiu a jovem mulher — porque eu me afasto. Sofro com isso porque a faço sofrer. Ela sempre precisa me dizer uma coisinha que me faça mal.

Tenho a impressão de que ela me vê sempre como alguém possuidora de uma dificuldade qualquer e a minha tendência é de me sentir uma menininha perto dela. Ela se intromete demais na nossa vida. Eu sempre me deixei carregar por mamãe. Eu me fazia mimar. Lembro-me de quando ela me falou da interrupção da quimioterapia. Disse-me: 'Você foi considerada curada. Mas levantou-se uma questão: fazer ou não radioterapia. É melhor fazer para ficarmos mais seguros'. A radioterapia significava: nada mais de filhos. Eu prefiro viver, e depois, no começo, não se levantam questões. Mas isso tem uma função. Há conseqüências no fato de não se ter mais filhos. Pensamos nisso o tempo todo, principalmente agora, por haver nascimentos à nossa volta. Isso perturba. (Fala de uma irmã e de sua cunhada que acabam de dar à luz.) Eu estou rodeada de crianças (Ela é auxiliar em puericultura). Eu sempre sinto prazer, tendo uma criança em meus braços.

Quanto a nós, será preciso esperar, queremos um filho. É verdade que existe o I.A.D., mas corro o perigo de ter um filho deficiente sob algum aspecto, em troca do prazer de carregar um em mim.[11] É claro, tenho vontade de conhecer o que elas (as outras) conhecem e eu digo a mim mesma: 'Bolas! Sempre nos falta alguma coisa', mas não desejo retornar ao hospital, começar o processo de novo. Eu quase já tinha me acostumado à idéia [de não ter um filho], mas as pessoas me atrapalham. Os outros procuram uma solução impraticável. Não estou disposta. Tiram muito proveito de peesoas que não podem ter filhos. As mães de aluguel são um mercado. Não quero contribuir para isso. Adotar uma criança, não seria um filho meu e seria duro conhecer os pais de uma criança de quem somos responsáveis. Eles estariam

---

11. Inseminação artificial com doador. Nesse caso o dom teria vindo de outra mulher. Logo, a expressão é ambígua.

Dívidas de vida para com a mãe 163

com os olhos postos em mim. Todas essas perguntas são devidas aos outros. Eu por mim mesma não as fazia".

Poderá causar estranheza o fato de não ser mencionada nenhuma intervenção de minha parte na transcrição dessa entrevista. Outrossim se pode estranhar a presença silenciosa do marido. O jovem que asparentemente, veio exatamente para acompanhar a mulher, fez uma única observação. "Tua mãe — disse ele dirigindo-se diretamente à jovem esposa — eu não sei se ela de fato acredita que você esteja curada. Ela se aflige por um nada". Sim, era isso, a mãe se afligia por 'um nada'. Reconhecida ao marido por este confirmar o que ela pensava, Marie-Christine se sentiu segura. Ela também se expressou diante dele com muita liberdade, falando de seus temores, seu temperamento caseiro, seu apego às roupas velhas de que não podia desfazer-se mesmo que não lhe servissem mais, sua dificuldade em fazer projetos. Tantos eram os detalhes que indicavam a semelhança com seu pai, um homem já naturalmente apagado, mas que a mulher, ainda por cima, tinha possivelmente apagado mais.

Entre seu pai e a mãe de seu marido, havia pontos comuns. Era uma mulher doce, que dava vontade de proteger, o que lhe dava segurança. Assim a jovem mulher veio a falar de uma clivagem entre uma mãe má e uma mãe boa, designando a sogra, a saber, como a mãe que não a tinha posto no mundo, como a boa mãe, por oposição à outra, a verdadeira, de quem tinha sua origem.

Seria preciso compreender esta apreciação como a prova de uma adoção exitosa, da qual não se envergonhava? A hipótese deve assim mesmo ser aventada. É verdade que a jovem mulher, levada pela corrente de associações, não pôde captar o conteúdo de suas palavras a esse respeito. Mas é igualmente verdade, que ao reservar à sogra e ao pai um lugar à parte, ela os dissociava daqueles a quem chamava 'os outros' que não cessavam de persegui-la. Que posição conviria pois conceder a esses "outros" que a perturbavam? em que direção a impeliam, contra sua vontade? De que inocência, de que tranqüilidade procuravam expulsá-la, quisesse ela ou não?

A importância, a freqüência, assim como a multiplicidade dos empregos do termo 'carregrar' (*"porter"*, em francês) nessa entrevista me parecem suscetíveis de propiciar um esboço de resposta a essas questões. Carregar ou não carregar uma criança dentro de si, se deixar carregar pela mãe, o mercado das mães de aluguel (*femmes-porteuses*): o inventário dessas formulações atesta a insistência de uma temática no discurso da jovem mulher. Uma temática equivalente, relativa ao 'dizer', pôde já ser destacada na primeira entrevista. A temática atual concernente ao 'carregar' permitia medir o caminho da jovem mulher. Quem sabe, o saber sobre a esterilidade tinha feito nela seu caminho?

Na época — alguns anos antes — em que ela se perguntava por que não dizer a verdade, percebendo que ela não conseguia dizê-la, a esterilidade era para ela claramente um fator de exclusão. Essa enfermidade a separava dos outros. Do mesmo modo ela receava muito ter que a fazer. Agora as coisas eram diferentes. Ela estava num campo, os outros em outro. Apropriara-se de sua esterilidade, resignara-se a não carregar um filho dentro dela, declarando-se satisfeita de poder carregar uma criança em seus braços. E contudo as mulheres grávidas se multiplicavam sob seus olhos. No momento em que percebeu, enfim, que ela tinha sempre se deixado carregar por sua mãe e que não tinha mais tanta necessidade de se fazer mimar, eis que a faziam espelhar o milagre das mães carregadas de um filho. A menos que ela própria não enfrentasse o risco de implantar em seu útero tratado pela radioterapia um filho de quem seria ela a mãe carregada, coisa a que não estava inequivocamente disposta, porque no seu caso, isso não tinha jamais sido tentado, não estando ela segura de querer mostrar-se uma excessão.

O emprego do verbo 'carregar' nas sua diferentes acepções era pois rico de sentido quanto à problemática identificatória da jovem mulher. Ter ou ser uma mãe 'carregadora' com os

Dívidas de vida para com a mãe 165

inconvenientes e os riscos inerentes a cada uma dessas soluções, significava para ela encontrar de novo o sofrimento de criança 'carregada' pela mãe, tanto quanto o sofrimento da mãe de ter 'carregado' filhos e tê-los perdido. "Eu, a senhora sabe — me dizia esta — os bebês nunca foram o meu dendém". Verdade ou mentira, denegação ou afirmativa, essa era em todo o caso sua verdade no momento e, sem dúvida, o sinal da sua identificação com a esterilidade da filha. Ainda mais com esta frase ao mesmo tempo enigmática e clara, se nos lembrarmos que o marido da jovem mulher era gêmeo do filho que ela tinha perdido: "Com as crianças é o jogo de perder ou ganhar em dobro".

Da abundância dessas observações obtida ao preço de uma certa desordem, uma idéia mestra deve ser retirada: por dolorosa que possa ser a perspectiva da falta de um filho, o lugar que este deixa vazio constitui num chamamento privilegiado para a expressão do conflito e da ambivalência criada por sua posse. Equivale a dizer, como para além do desejo que suscita, para além da satisfação e do prazer que proporciona, que a criança real pode ser, com sua presença, um obstáculo para a emergência de temores arcaicos relativos à morte ou ao desaparecimento. Vale também dizer que força significativa a criança, com sua presença, representa contribuindo para esconder as teorias sexuais infantis, que, todos sabemos, participam da construção do desejo da criança. O impasse da jovem mulher no tempo da concepção é muito esclarecedor sob esse aspecto. Cada vez que falou da criança transmitiu a imagem de um filho já presente, na barriga, ou já no mundo. Lembramos por outro lado que ela usou várias vezes a palavra 'prejudicado', uma primeira vez para definir a criança que ela pensava ser ainda, contra sua vontade, no espírito de sua mãe; uma segunda vez para qualificar o filho que ela se arriscava a ter se se dispusesse às práticas modernas de procriação, sabendo que seu útero de pequenas dimensões era um elemento de insegurança. A alusão à criança prejudicada não estaria destinada a representar o ressurgimento de um perigo de morte? Essa alusão

166 *A criança dada por morta*

não era também sustentada, alimentada por uma representação infanticida que a jovem mulher não queria fazer sua porque, em última instância, era de infanticídio que em seu foro íntimo ela acusava a mãe?

Para qualquer lado que nos voltemos, sob qualquer aspecto que tomemos as coisas, descobrimos, na latência, que não retira nada de sua eficácia, a presença de uma representação infanticida. Muito mais promovida pela esterilidade do que por ela criada, essa representação, alojada na linguagem, favoreceu a emergência, entre mãe e filha, de uma problemática relativa ao ser e ao ter, ela própria reveladora de um perigo de confusão entre o sujeito e o objeto. Aqui o fantasma da ausência por mais impregnado de realidade que esteja no plano orgânico, encontra seu complemento na antecipação alucinatória da presença; essa antecipação tendo ela mesma seus fundamentos na existência de outra criança, saída completamente adulta do segredo, um pouco como Atena, que saiu inteiramente armada da cabeça de Zeus.

O desejo de um filho por parte de um homem

Num comentário sobre uma novela inédita de Henry James, intitulada *Hugh Merrow,* Michel Schneider[12] cita uma passagem de uma carta, escrita pelo romancista a H-G. Wells por ocasião do nascimento de um filho: "Eu derramo uma chuva de bençãos sobre a criança [...] Desejo muito olhá-lo e mesmo — não diga uma só palavra à Sra. Wells — segurá-lo nos meus braços. Sou realmente um grande porta-bebês — superior mesmo ao porta canetas, que aliás sou de fato." A novela de Henry James é rica de fantasias e de projeções suscitadas pela imagem de uma criança que cabe ao leitor construir a partir de certo número de pormenores. Uma imagem que se elabora aliás, progressivamente, em contraponto

---

12. 1987, pp. 239-259.

Dívidas de vida para com a mãe 167

com a de uma criança supostamente real e morta, quando de fato nunca existiu, salvo na imaginação dos pais, de que é o mero produto. Hugh Merrow seria, em síntese a história de um falso filho, calcado no modelo de um filho verdadeiro, cuja origem permanece desconhecida e que, de empréstimo em empréstimo, de apropriação em apropriação acaba por adquirir uma posição de realidade a título de filho substituto. A criança que adquire vida através do poder das palavras, supõe-se, de fato, substituir, em primeira hipótese, uma criança morta; em segunda hipótese, uma criança a quem a mãe, por causa da esterilidade, não poderia ter dado nascimento. Nenhuma dessas hipótese é exata. Mas, para ser menos terra a terra, a verdade não diz menos da crueldade da fantasia:

> "Não temos filhos. Jamais tivemos" diz a jovem mulher.
> "É esse todo o nosso problema [...] Nós o desejamos ardentemente. Mas veja só![...]"
> "Nunca vamos ter um", continuou a jovem esposa [...] Poderíamos ter tido um filho, que tivesse alguma mancha, algum defeito, alguma enfermidade. [...]"
> Merrow reflete. "Você não pensou em adoção?"
> A capitã Archdean dessa vez respondeu rápido.
> "Claro, examinamos uma centena de crianças. Mas elas não dão conta do recado". [...] Veja, é a idéia de alguma coisa que viveria conosco. Estaria *aqui,* estaria na casa. Não seria mais como agora".
> "Agora, não há nada" murmurou estranhamente a jovem mãe que ela desejava ser.[13]

Aqui, comenta Michel Schneider, "trata-se de sobreviver, não a uma morte (real ou psíquica, de outrem ou de si mesmo)

---

13. Henry James, romance escrito entre 1892 e 1902, trad. franc., 1987, pp. 252, 254-255.

168   *A criança dada por morta*

mas a um não nascimento. [...] O filho não nascido, o filho imortal, ideal assexuado é a imagem no passado daquele que eu poderia ter sido se *eu* não tivesse existido".[14] Esse esclarecimento vem a calhar para, na sua imaterialidade mesma, materializar a influência de representações infanticidas na expressão do desejo de filhos de jovens mulheres estéreis curadas de câncer. Essas representações provenientes da infância escolhem múltiplos mensageiros para, discretamente, fazerem-se reconhecer. O prazer de carregar um bebê nos braços é um exemplo disto. A jovem mulher, cuja história foi longamente contada, não se furtou em exprimi-lo.

Quanto ao prazer do "porta-canetas" de que fala Henry James associado ao de "porta-bebês", ele se apresenta como a expressão de um desejo de filhos no homem. Isto não prejulga, entretanto, a predominância de suas características masculinas. Digamos que esse desejo parece sobretudo sustentado por representações anatômicas, relativas ao interior do corpo, o que não impede de ser igualmente feminino na essência. Foi-me dada a ocasião de ouvir formular isso da mesma maneira por uma outra jovem mulher, igualmente estéril por causa do câncer. Nessa segunda observação, conforme o relato que fizeram cada um de sua parte, essa jovem mulher de vinte e dois anos e seus pais, a ideologia do filho apareceu uma vez mais como dominante. Essa ideologia dá o ordenamento, como na observação precedente, das vigas mestras da vida, a saber a família, o casamento, o trabalho. O lugar que ocupa nos projetos do futuro me parece correlativo à ascenção do saber sobre a cura.

Nesse terreno, a preocupação e até o sofrimento que causava para os pais a esterilidade da filha não deviam ser dissociados do temor havido de perdê-la. Esta tinha a fama de ser a filha a quem aconteciam coisas incríveis. Ainda muito pequena, com três ou quatro anos quase se afogou num espelho dágua. Foi seu pai quem a retirou no momento exato. Outra vez, dez anos mais tarde, sempre

---

14. *Op. cit.*, p. 288.

Dívidas de vida para com a mãe 169

na época das férias, caiu de um trapézio falhando num exercício: foi uma queda de dois metros de altura e ela teve muito medo de ficar paralítica. E depois quando percebeu, alguns meses depois da queda que estava criando barriga, pensou estar começando a ter uma escoliose. De fato era o primeiro ovário que fora afetado. Ironia da sorte, o médico consultado acreditou que ela estivese grávida. Ela tinha quinze anos. Na época isso não era algo real para ela nem compatível com a educação recebida. E a moça pensava que o mínimo que se poderia ter feito era perguntar-lhe diretamente, ao invés de fazer um teste de gravidez sem consultá-la.

Depois dessa intervenção no ovário, teve de ser operada duas vezes de uma obstrução intestinal conseqüente a uma radioterapia. Ao cabo de sete anois foi dada como curada. Foi quando se percebeu um cordão de pequenos quistos no segundo ovário. Foi preciso operar e tirá-lo. "Tenho boa constituição — concluiu a jovem mulher — , é verdade que sempre parti com muita facilidade, mas sempre tendo comigo um bilhete de volta. Partir não me dá medo". Isso é tão verdadeiro que no inverno anterior ela quase se matou com o carro.

Para o pai mais radical, não teria sido necessário esperar pela segunda operação. Teria sido melhor tirar tudo da primeira vez. A mãe, por seu lado, pensava principalmente no casamento e nos riscos da saparação que a filha corria. Como a mãe da primeira jovem mulher também ela tinha medo. Ela pensava que convinha dizer o que se tinha passado, porque dizia:

> "Se ela se apegar realmente a alguém e que o jovem queira ter filhos dela...", ao que o pai continuou: "Quando está-se diante de um fato consumado, a pessoa pode romper." E a mãe: "Ou se não for na hora do casamento, será mais tarde. Se acontecer uma separação por causa disto ela vai se sentir mais responsável".

Por que mais responsável? Responsável pelo quê, em relação a quem? Implicitamente, esse ponto se esclareceu por ocasião de uma entrevista individual com a jovem: a mãe fazia alusão a um de seus filhos cujo noivado se tinha rompido porque a moça teve medo do divórcio.

"Tua mãe é uma 'mãe-coruja' ", dissera-lhe uma amiga. Como sendo tão óbvio ela ainda não se tinha dado conta do fato? Era tanto mais verdade que com seus cinco filhos a mãe se orgulhava muito de sua família. Isto a ressarcia de não ter feito os estudos de enfermeira como desejava. Mas a mãe havia sido abandonada com um mês de idade, tendo sido educada como filha única por uma avó e foi desamparada pelo pai que nunca a ajudou financeiramente.

"Em casa somos sete", diz a jovem mulher, mostrando assim que no grupo familiar, todos eram mais ou menos irmãos e irmãs, até mesmo os pais. "Aliás a casa é o ponto de reunião, acrescentou. Sempre gostei de famílias grandes, gostaria de ter tido meia dúzia de filhos". Mas agora um filho não seria simples.

"Adotar um, obviamente, é uma solução, mas lhe dão um bebê fabricado por um outro qualquer. Enquanto a gravidez é primeiro interior e depois exterior. É essa parte interior que vai faltar. E depois esse tratamento hormonal, só o fato de fazê-lo já me faz recordar tudo. Ainda assim é algo cruel um tratamento contraceptivo numa mulher estéril".

Apesar de seu grande vigor e coragem ela oscilava ainda entre a resignação e a compensação. Nem seus irmãos nem suas irmãs tinham se casado, várias de suas tias também não tinham filhos. Restavam os estudos "Seu dote são seus estudos" — havia-lhe dito a mãe — "sai-se bem neles". Era o que eles tinham feito. Mas ela por causa de seu trabalho era chamada a constantes deslocamentos. Ela queria ter posto um fim a isso. Escolher outra via para mudar sua vida. "De outra forma não terei um lugar meu. Eu desejo — disse enfim — ter um *interior* onde minha personalidade possa se afirmar, onde poderei escrever. Eu sou a

Dívidas de vida para com a mãe 171

escriba da casa". O "porta-canetas" teria dito Henry James. Nisso, começa progressivamente a terminar a entrevista, achando que falar de si era dar prova de egoismo. "Mas — concluiu — ir para o exterior também não é possível".

Percebemos ao ler essas frases que a esterilidade estava para ela inteiramente ligada a um movimento que a fazia oscilar de dentro para fora. Não 'fabricar' filhos "é essa parte interior que vai me faltar": a criança potencial não era afinal senão a gravidez. O lugar do homem nisso tudo era bem vago. Ela, entretanto, conhecera um rapaz, muito ciumento porém, por demasi *invasivo* (expressão curiosa) e desistiu por não conseguir sair de uma alternativa que ela tinha criado: os estudos ou sua vida como mulher. Alternativa da qual, se nos reportarmos às palavras pronunciadas pela mãe, "Seu dote são seus estudos", implicava evidentemente que, só mediante a separação desta, ela conseguiria sair.

É pois nos termos de 'minha mãe ou minha vida de mulher' que convém traduzi-la. O que igualmente queria dizer que nenhum homem até então tinha conseguido fazer pender a balança do lado da vida de mulher. Nem mesmo o pai que ela considerava um observador mais distante, alguém que não dizia as coisas diretamente. Quereria ela dizer com isso que ele não fazia um contrapeso diante de sua mãe? Pode ser, mas o essencial do problema não estava aí. De forma mais fundamental se tratava de sua própria posição diante de sua mãe de quem ela era diferente mas com quem ao mesmo tempo se parecia. Diferente porque ela não fora educada como filha única e porque jamis seria realmente uma 'mãe-coruja'. Semelhante porque também ela como sua mãe na infância tinha se tornado protegida de uma velha senhora que lhe fazia às vezes de avó. Tratava-se da mãe de sua madrinha que chamavam de "mamãe-cegonha". Essa "mamãe cegonha" escrevia e lhe pedia que a ajudasse, lembrando-se que na idade de dez anos sua afilhada escrevia poemas. Mas depois de algum tempo, ela que se auto-denominava de a "escriba da casa" sentia inibição

172

A criança dada por morta

em escrever. Desde quando? A jovem mulher não esclareceu. Depois que adquiriu certeza sobre sua esterilidade, talvez.

Se a escrita não ia bem, em troca ela dispunha de outros meios para deixar seu rastro no mundo, já que também gostava de desenhar. Podia tentar voltar-se para isso. Coincidentemente sua mãe tinha um tio professor que pintava e tocava violino. Alguns de seus desenhos se encontravam num museu. Ela compreendeu que a despeito da esterilidade podia encarar outras formas de dar à luz. No momento ainda as considerava como compensações e ela era muito inteiriça para se satisfazer com isso: "Para mim, não é isso". E era preciso que encontrasse seu caminho, um "lugar" dela, um "interior". Esse termo dava ritmo às suas afirmações. Ele era certamente constitutivo de suas teorias sexuais sobre a gravidez. Era-lhe preciso encontrar um interior em que, afirmando-se sua personalidade, ela se tornasse grávida de si mesma. Assim se separava da mãe, sem que esta lhe faltasse, pois ela não seria fantasmaticamente confundida com esta "parte interior" da gravidez que lhe iria faltar.

A presente hipótese se firma tanto melhor, penso eu, quando a jovem mulher, ocupando em sua irmandade a posição do meio — era a terceira de cinco — , tinha conservado imagens de sua mãe grávida. Aliás, semelhantemente à jovem mulher anterior, cuja primeira infância tinha sido escandida pelas gestações sucessivas da mãe. Muito provavelmente essas imagens tinham sido recalcadas. Mas tendo caído na amnésia e no silêncio, nem por isso perderam sua eficácia total.

No presente estudo que, com seus coloboradores, Monique Bydlowski consagrou à esterilidade-sofrimento, a autora esclarece — e só podemos aprová-la — que a esterilidade, enquanto sintoma "vem se inserir num conteúdo biográfico singular onde adquire seu sentido sem poder referir-se a uma explicação unívoca".[15] Esse sofrimento, acrescenta ela, "decorre com freqüência de um

---

15. 1983, p. 468.

Dívidas de vida para com a mãe 173

compromisso psíquico econômico entre um desejo consciente: desejar um filho e os desejos inconscientes contraditórios".

Ao que convém acrescentar — e numerosos são os textos de Freud nesse sentido — que os desejos inconscientes contraditórios repousam com freqüência em representações infanticidas da época da infância.[16] Embora alusiva — mas podia ser de outra forma, tendo em vista as circunstâncias e a brevidade de nosso encontro? —, a fórmula da jovem mulher sobre a gravidez, "essa parte interior que vai me faltar", encontrava possivelmente suas origens e seu fundamento nas teorias sexuais de criança, às quais se misturavam às imagens que ela constituíra sobre sua nova anatomia.

Dar à luz à mãe

A necessidade interior, que a mãe talvez tivesse satisfeito através de suas gestações tinha criado para a filha uma falta. E foi por causa dessa falta que ela arquitetou construções. Sem dúvida ela esquecera a inveja e o ciúmes que mantivera para com os bebês que a mãe carregava no ventre. Disso apenas restava um indício, cujo sentido ela não captava plenamente: seu afogamento frustrado aos três, quatro anos de idade. Durante as férias, o pai, saindo do sanitário a havia visto esgueirar-se para o espelho d'água. Ele a agarrou "pela cauda". Esse episódio tinha na sua história o papel de uma lembrança encobridora. "As pessoas me contaram — diz —, agora eu me obriguei a fazer como se eu de fato me lembrasse".[17] Tantos são os detalhes quanto as pistas que permitem pensar que ao se pôr em busca de um 'interior' dela, organizasse sem

---

16. Referimo-nos em especial a *Un souvenir d'enfance de 'Poésie et vérité* (1917, pp. 189-209).
17. A ligação entre uma lembrança encobridora e o enigma representado pelo nascimento de crianças é muito valorizado por Freud no artigo sobre *As teorias sexuais infantis*: "Nos casos em que a criança não estiver já demasiado intimidada, encontrará cedo ou tarde o caminho mais curto: pedir uma resposta aos pais ou às pessoas que para ela representam a fonte do saber. Mas há aí um impasse. A criança obtém ou uma resposta evasiva, ou uma ...

174 *A criança dada por morta*

o saber as modalidades da separação de sua mãe interna. Ela se preparava para abandoná-la, como havia feito a mãe desta última. O que levava, tendo em vista o cumprimento do desejo contido neste projeto, a parir a mãe. A face oculta de uma determinação exterior não corresponde, no mais das vezes ao despertar das moções infantis recalcadas? Entre a "mãe-coruja" e a "criança de um mês", seria pela segunda solução que ela, inconscientemente, optaria, confirmando-se nisso, sem querer, às palavras do radioterapeuta que tinha tratado dela, ao lhe dizer: "Você é um caso, a história de sua doença nos prova que os dois ovários levam uma vida totalmente separada. Você é um caso com um grande K (Oh! ironia da língua!), isso é bem raro".

Pensa-se aqui, apoiando-nos nessa metáfora relativa à vida totalmente separada dos dois ovários, nas duas representações do bebê que Denise Braunschweig e Michel Fain[18] identificaram, especificando que elas "eram antagonistas e criadoras de uma diferença originária de todas as outras diferenças, patentes ao menos após o ocorrido". Eles falam da diferença entre o 'bebê noturno' e o 'bebê diurno', diferença que nos faz perguntar em que medida a esterilidade consecutiva ao câncer não lhe assinala um destino especial.

> O 'bebê noturno' — explicam os autores — na condensação própria do trabalho onírico, é um [pênis corpo criança vagina] materno, uma criança-coisa sem sexo próprio e sem nome, uma coisificação do pênis do pai edipiano da mãe. Mas, durante o dia, esse pênis coisificado é um 'bebê real' perceptível e que acusa a falta de percepção do anterior [...].[19]

...repreensão por seu desejo de saber; ou as pessoas se desvencilham dela com uma explicação de tipo mitológico, que nos países germânicos diz o seguinte: é a cegonha quem traz as crianças que ela foi buscar na água. [...] Conheço uma criança de três anos, que tendo tido tal explicação, sumiu, para terror de sua pagem. Ela foi encontrada à beira do lago do castelo para onde se tinha dirigido a fim de observar as crianças na água.

18. 1974, pp. 161-178. Os temas desenvolvidos nesse artigo foram retomados em *La nuit, lw jour* (1975).

19. *Op. cit.,* p. 168.

Dívidas de vida para com a mãe 175

> A alucinação do desejo de 'bebê noturno', desejo eminentemente condensado, consegue chegar à realização fantasmática dos desejos arcaicos de união com o pai e a mãe. De dia a mãe transmite a seu bebê identificações "com seu desejo inconsciente do terceiro ausente", que no melhor dos casos se confunde com o pai real. A seus temores pela criança, fundados na realidade, misturam-se, contudo temores irracionais que são, por uma parte, creditáveis ao recalcamento de suas próprias inclinações incestuosas, e por conseqüência, aos contra-investimentos necessários para que essa 'pulsão vaginal', seja a criança menino ou menina, não saia do inconsciente primário, quer dizer, para que não emerja nessa criança a identificação com a condensação que o bebê de seu sonho, identificação de onde só poderia nascer o irreprimível desejo de desaparecer de novo nela, de não viver.[20]

Por mais inédita que seja, a idéia de uma pulsão vaginal me parece no presente contexto sumamente interessante para nela nos determos e a estudarmos. Notemos, antes de mais nada, que ela é uma das conclusões de um trabalho de pesquisa que tem como trajeto "uma fantasia histérica de parto, com a escolha sexual exclusiva de um duplo, às expensas da lei da perpetuação da espécie". Trajeto que os autores comentam da seguinte maneira: "Eis-nos impelidos pelo Maligno a tratar este assunto sério como se fosse uma questão de diabrura". Centralizando sua atenção nos limites da analisabilidade, bem como nos limites temporais da análise, referindo-se ao artigo de Freud *Análise terminável e análise interminável*[21], "creditam os obstáculos mais importantes do tratamento seja a um excesso de intemporalidade dos conteúdos recalcados", seja a "um excesso de temporalidade que faria da ocorrência de um acontecimento concreto, atual, a condição de emergência de um conflito inconsciente". Denunciam de outra

---

20. *Op. cit.* p. 169.
21. 1937, pp. 231-268.

176   *A criança dada por morta*

parte, o impasse em que se metem a maior parte dos psicanalistas contemporâneos na regressão tópica, a única, a seus olhos, "que comporta realmente o fator temporal e questiona a intemporalidade dos processos primários".[22]

Como se depreende progressivamente de seu estudo, a idéia de uma pulsão vaginal parece ter de ser simultaneamente relacionada com o impulso de morte e com o infanticídio. Esse último ponto, é verdade, não foi explicitamente desenvolvido. Mas é facilmente dedutível do que Denise Braunschweig e Michel Fain designam de "irrepreensível desejo de desaparecer de novo nela (na mãe), de não viver". Donde, dizem eles, "a necessidade psíquica de fazer mergulhar na inconsciência do sono profundo 'o sonho do bebê noturno', representativo do incesto da mãe filha com sua própria mãe".

Nem por isso essa operação de desaparecimento é uma operação branca. Percebe-se, na verdade, que ela deixa rastros. Trata-se segundo os autores, da "percepção do enquadramento pela falta do bebê a ser percebido, do 'bebê noturno' coisificado". A frase, é de se notar, não é muito clara. Perguntamo-nos em verdade sobre o que recai o objeto da percepção. É, por acaso, a falta de ser do 'bebê noturno' que é percebida ou sua falta em ser percebido? Esse não é fundamentalmente o objeto do debate. Tem-se antes a impressão — e é isso que Denise Braunschweig e Michel Fain dizem sem dizer — tratar-se de um infanticídio frustrado, ou ainda de uma tentativa abortada de reconstrução de sua própria gênese. É isso que, no meu entender, permite a compreensão plena, porque, não obstante seu negativismo ou, melhor, graças a ela essa operação exerce uma "função dinâmica sobre o pensamento e se liga à fantaisia originária de castração". Donde, também, "seu alto poder de atração sobre os conteúdos figurados do recalcamento secundário, que constitui a força pulsional temível à qual Freud atribuia seus fracassos." É óbvio

---

22. Op. cit., pp. 161-163.

Dívidas de vida para com a mãe

que é porque falhou que um infanticídio adquire eficácia e força de repetição. Resta saber, é claro, como reconhecê-lo na transferência e como interpretá-lo. Se, como querem os autores, pode-se reconhecer na operação aqui descrita a fonte de numerosas reações terapêuticas negativas, não poderíamos esquecer que estas são com bastante freqüência reforçadas pelo comportamento do psicanalista, por suas interpretações 'sabichonas' e principalmente por sua pretensão de ser o único objeto do desejo.[23]

Instrumentos do pensamento

Exemplar quanto a seu destino na vida psíquica a representação do 'bebê noturno' constitui, ao que me parece, um instrumento privilegiado para um estudo póstumo da relação entre uma mãe e uma criança, marcada para ela, pelo selo da morte. Encontra-se aí, sob forma condensada, a atualização simultânea de três fantasias de castração e a fantasia da cena primária. Sua efêmera presença na vida psíquica nada tira de sua eficácia, na medida em que está ligada à atividade desejante de quem a produz. Não podemos deixar de aderir aos autores de *Du démon du bien et des infortunes de la vertu,* para quem os simples fato de reconhecer uma regressão libidinal, participa, cosiderando-se todos os aspectos, de uma concepção genética do aparelho psíquico. Bem mais frutuosa, de fato, é a referência a uma regressão temporal e tópica de onde procede essa representação, simplesmente por causa da distância que essa referência permite tomar relativamente à inserção de uma ocorrência no tempo, qualquer que tenha sido sua intensidade e tão dotada de poder interpretativo que ela possa evidenciar a seu tempo.

---

23. O tema foi amplamente desenvolvido e explicado por Conrad Stein (1971) no livro *L'enfant imaginaire*. Reportamo-nos especialmente ao capítulo 2, intitulado "Transfert et contre-transfert" (pp. 31-42, ed. 1987).

178   *A criança dada por morta*

Assim, a representação de 'bebê noturno' me parece suscetível de sustentar o arranjo interior da história de um câncer, uma vez conhecida sua cura, de reorganizar seu desenvolvimento, paralelamente à sua lembrança consciente e independentemente deste último. Ao dizer isso não ignoro que estou fazendo uma descentralização no que toca à descrição que dão do assunto Denise Brauschweig e Michel Fain. Essa descentralização é necessária para mostrar de que maneira, qualitativa e quantitativamente, efetua-se o trabalho de libertação entre uma mãe e seu filho que cresceu, para compreender como cada um deles se associa reciprocamente a essa tarefa, confrontando-se seus relatos.

"A tarefa do eu — escreve Piera Aulagnier, será transformar *esses documentos fragmentados* em uma construção histórica que traga ao autor e a seus interlocutores o sentimento de uma continuidade temporal".[24] Esperança talvez ilusória. O que não impede que sua verbalização corresponda muito bem ao trabalho de cura psíquica exigida pelo câncer quando há cura física. Trata-se de um trabalho que consiste numa elaboração, uma transformação do medo da morte, a saber de um reconhecimento das formas de desfrute que esse temor pode suscitar. Tal é a hipótese que vou sustentar.

A esse respeito, e nisso volto ao modelo que me serve de apoio, convém não subestimar a importância que os autores do artigo atribuem a uma eventual substituição entre o temor levantado pelo desaparecimento do 'bebê noturno' e a que teria como objeto o desaparecimento do 'bebê real'. Essa substituição poderia proceder de uma superposição entre a cena do sonho e a cena da realidade, ao preço da manutenção da idéia de desaparecimento. O vazio deixado pelo mergulho na inconsiência da representação do 'bebê noturno' seria progressivamente preenchido pelos temores relativos ao 'bebê diurno'. É óbvio que

---

24. *Du discours identifiant au discours délirant,* 1984, p. 196.

Dívidas de vida para com a mãe 179

em caso de doença esses temores adquirem uma perigosa realidade, *a fortiori* se essa doença, a exemplo do câncer, é considerada mortal. Não é suficiente que a criança sare para que a mãe e ele se curem de seus temores. O que se deve principalmente ao fato de que esses temores não se superpõem e porque o seu reconhecimento não é objeto das mesmas resistências, pois operam atitudes defensivas diversas. Assim convém distinguir dois tipos de cura, especificando que elas seguem seu próprio curso. Equivale a dizer que elas não ocorrem necessariamente ao mesmo tempo e que se trata de duas operações sucessivas.

Nessa perspectiva, admitir-se-á que as seqüelas da doença realizam a conjunção de dois tipos de temores descritos. Uns são ocasionados pela eventualidade do desaparecimento da criança de carne e osso, os outros pelo aparecimento no cenário da vida psíquica de representações infantis até aí recalcadas. Se as seqüelas conferem uma espécie de materialidade a essa conjunção, sua gestão no psiquismo implica, de seu lado, um processo de disjunção. A disjunção desses dois tipos de temor é, especialmente na menina, característica do trabalho de cura. Ela permite às representações relativas à sexualidade, cuja evicção se tinha realizado sob o império do medo da morte, retomar um lugar nos pensamentos. Podemos, aliás, perguntar-nos se essa evicção não é responsável pelo desaparecimento do pai, fato freqüentemente constatado em semelhantes cicunstâncias. Um desaparecimento que talvez erradamente se atribua a uma fraqueza do pai, de quem esperaríamos que se impusesse como terceiro desejante e desejável nesta unidade formada pela mãe com o filho doente, entendendo-se que o pai genitor não coincide forçosamente com o personagem paterno efetivo do cenário.

Sem desprezar a parte que me incumbe na reconstrução que eu proponho aqui a título de hipótese, e sem desconhecer seu valor interpretativo, creio poder assegurar, apoiando-me no conteúdo das entrevistas que foram longamente comentadas, a influência exercida sobre a vida psíquica dessas duas jovens

180 *A criança dada por morta*

mulheres. O fato de ter de falar de sua esterilidade as incitou a produzir representações correspondentes a uma regressão tópica e temporal. Através do quê elas puderam sair da prisão, aquela em que as encerrava o tempo sem medida da doença em torno de que sua solicitude se organizava. Sairam, assim, de uma situação carcerária, na qual reinava uma imagem de criança que elas incarnavam, estando privadas dos meios de se apropriar dela.

Para não estar em todos os pontos conforme à descrição que dela dão Denise Braunschweig e Michel Fain, a representação que elas construíram aos poucos e se permitiram descobrir merece, entretanto, dizia eu, a denominação de "bebê noturno", ainda que fosse apenas com respeito aos seus componentes fantasmáticos e oníricos. Salvo se essa representação, ao implicar o bebê que foi a mãe, recriada pela filha, não for destinada a ser objeto de uma tomada de consciência. E nem sua incidência sobre o destino da relação mãe-criança, nem sua influência sobre a orientação da existência permitem supor um mergulho na inconsciência.

Para ser mais explícita, direi que a representação do "bebê noturno" que foi a mãe é um substituto da criança, nascida do ferimento causado pelo conhecimento da esterilidade. Nem por isso ela é um substituto da criança real. Substitui uma parte interior de que cada uma dessas jovens mulheres sentia cruelmente faltar. Essa falta, compreende-se agora, existia de longa data. Se é verdade que a perspectiva da criança que não nascerá lhe conferia uma dolorosa realidade, seria errado pensar que a presença de uma criança real teria anulado ou superado essa falta.

Vários detalhes me fortalecem na necessidade de estabelecer essa distinção. A começar pela ausência de posição concedida a um 'bebê real' nas declarações dessas mulheres, ausência paradoxal tendo em vista o lugar que elas concediam à gravidez. Em certo sentido, a criança real só tinha existência para elas após o nascimento. O tempo de sua 'fabricação' permanecia um tempo incognoscível, não localizável, pertencente à história de outrem. Era preciso que elas pudessem imaginar uma criança

Dívidas de vida para com a mãe 181

já presente, cuja origem permanecia misteriosa para preparar o prazer com que se deveriam ocupar delas. Equivale a dizer que o significado por elas devolvido à esterilidade era bastante movediço. Talvez porque a criança, a exemplo do objeto de perspectiva descrito por Guy Rosolato[25] — e da qual diz que se constitui "na travessia íntima, na experiência mesma das teorias sexuais e dos fantasmas de castração [...]" —, era "apreendida como *significante do desconhecido*, isto é, cujo significado ficaria em suspenso ou se aboliria, não sendo mais que o desconhecido. Nesse sentido se revelaria assim o vazio ou a falta constitutiva de toda organização, a saber, a do visível, do pensamento e da linguagem". Ocorre que sempre lhes era preciso estarem na presença do visível para suas afirmações terem base. É, pois, ao ventre que elas fazem alusão de preferência, a seu ventre sem interior, sem espaço, sem elasticidade, e que opunham ao ventre das outras. Em função do que, expressaram sua necessidade de ter um interior próprio delas. Compreensiva, a mãe de Marie-Christine encontrara o meio de alojar a filha num estúdio apegado a seu apartamento. Era uma solução que só podia ser provisória para essa última. Ela não aspirava outra coisa, como a segunda jovem mulher, senão fazer seu lugar em outra parte, fazer seu buraco num interior diferente do que escolhera sua mãe.

Por mais metafórica que tenha sido, a representação substitutiva de um interior, atestava possivelmente uma dificuldade mais antiga. Haviam elas por acaso tido alguma vez o prazer de se imaginar bebê no ventre de suas mães? Para fazer isso era-lhes necessário estar distantes. Pensamos aqui naquilo que, em oposição ao estadio do espelho de Lacan, André Green chamou de *alucinação negativa do sujeito*. André Green, lembramos, tenta desta forma explicar os efeitos da falta de representação de si.

---

25. 1987, pp. 145-165.

182

A criança dada por morta

Ali onde deveria aparecer a imagem do sujeito no espelho, nada aparece. Só é visível o enquadramento do espelho no qual não se insere nenhum vestígio. É daí que o sujeito vivencia a ausência de si, a falta acusada por um não-lugar da imagem portadora de um ataque ao narcisismo secundário. O que falta ao sujeito não é o sentimento de sua existência mas a prova especular desta. Essa ausência da representação do sujeito acompanha um aumento do sentimento de angústia que podemos aproximar da angústia da perda do objeto. — Enfim a conclusão: — É porque a imagem é recoberta por uma alucinação de falta, que o sujeito procura para além dessa alucinação, o reencontro da sua representação.

Porque ela é o preço da sobrevivência, porque ela é, dito de outra forma, a cicatriz de um medo antigo ao qual o medo de morrer deu de novo alguma consistência: a esterilidade consecutiva a um tumor localizado nos órgãos genitais seria a cicatriz de pensamentos sobre a ausência de si como criança, bem mais do que sobre a ausência de filhos. A esterilidade assim encarada, serviria de semente a representações infanticidas que teriam com o assassinato de uma criança uma relação apenas longínqua. Essas representações seriam prevalentemente destinadas a construir uma representação-anteparo, seja qual for a verdade fisiológica: a de uma criança que não terá existência para encontrar de novo, graças à alucinação da falta ("A gravidez dizia — a segunda jovem mulher — é essa parte interior que vai me faltar"), uma imagem de si completa, como ela teria podido construir para si se não tivesse ocorrido a doença. A criação dessa imagem de *criança dada por morta*, cujo câncer outrora deu crédito à realidae para promover a imagem de uma criança onipotente, *His majesty the baby*.A fórmula, sabemos, é o ponto central do trabalho de Freud sobre o narcisismo[27], fórmula a que Conrad Stein recentemente deu um

---

27. 1914, pp. 81-105.

Dívidas de vida para com a mãe 183

prolongamento, pensando que ela designava "ao mesmo tempo o genitor tal como ele pensava ser outrora [...] e a criança que o genitor criou."

"Ele deve realmente ser *de novo* o centro e o âmago da criação", escreve Freud. E Conrad Stein comenta[28]: "A elipse ou a condensação procedem ao mesmo tempo de uma identificação e de uma projeção. Porque se a criança deve "ser de novo [...] este pelo que outrora a gente se segurava a si mesmo", essa criança *His majesty the baby*, é *ao mesmo tempo* o que se foi outrora e a criança que criamos".

Concluir assim sobre a denúncia do paradoxo de uma esterilidade consecutiva ao câncer e sobre as representações infanticidas, ainda que criativas, que sua gestão no inconsciente e na vida cotidiana trazem à luz, poderá dar a impressão de pecar por excesso de otimismo, ou ao menos pela busca de um compromisso. Seria esquecer o poder e a lógica das fantasias inconscientes graças às quais, por cruel ou dolorosa que seja na realidade a falta do objeto, a vida psíquica encontra sua razão de ser.

---

28. 1988 (p. 45): Transcrição do seminário realizado na S. P. P., abril-julho 1987.

Terceira parte

REPRESENTAÇÕES DA *CRIANÇA DADA POR MORTA*

Corpo de criança, palavras de mãe

9

Papel da narração

"O paciente pediátrico", curiosa expressão! Por que, raios, este chefe de cancerologia infantil, convidado, por ocasião das últimas Entrevistas de Bichat em outubro de 1987, para uma mesa redonda sobre *A criança cancerosa e sua família*, não chamou a criança de criança? Explicou-se parcialmente. A dificuldade provém, disse em resumo, de que em pediatria o médico lida sempre com um amálgama, pois é a mãe quem fala de seu filho. Com essa fórmula em cima do muro ele não está desprovido de razão. A fórmula servia para determinar um novo território que não pertence, a rigor, nem à mãe nem à criança, mas ao conjunto por elas formado, entregue à competência da escuta médica.

'O paciente pediátrico': a fórmula seria entendida como a condensação do relato de uma cena com três personagens; ou ainda como o relato do encontro entre o médico e a criança cancerosa, mediatizada e até parasitada pela narração da mãe.

Pouco importa, ao que parece, que a narração seja feita por uma voz masculina ou por uma voz feminina, pois esta voz é no mais das vezes identificada como a da mãe, no sentido genérico do termo. Alta ou baixa, grave ou aguda, considera-se geralmente originar-se das profundezas do corpo materno. É por isso que esta voz ressoa. Cada um encontra seu eco em si mesmo. É por isso também que ela faz confusão no tocante ao corpo que é objeto de cuidados. É ele, realmente, o da criança, seja qual for a realidade da doença? Não é igualmente o da mãe? As fronteiras não são

188   *A criança dada por morta*

nítidas. Se é inegável que a doença letal da criança fere vivamente todos os que a envolvem, se seus efeitos se sentem até às vísceras, recordando seu lugar de origem, poderíamos contudo pensar que a cura da criança permite às pessoas voltar, umas a seu corpo, outras à sua voz, de acordo com a disposição da natureza. Não é, porém, assim que as coisas se passam.

O percalço psíquico da cura

Conscientemente, todos os pais aspiram à cura total da criança. Os primeiros tempos da doença são aliás marcados por essa esperança. Sucede que, não obstante o número cada vez maior de curas, ninguém encara sem dificuldades e principalmente sem conflitos o futuro de uma criança depois de um câncer. Nenhuma mãe diz de seu filho que ele *teve* um câncer, como fala às vezes de um resfriado ou de uma angina. Mãe alguma também diz que o filho lhe *impõe* sua cura. E no entretanto teríamos razão de pensar, posteriormente que ela assim pensa, em vista da desorientação que experimenta ao se sentir privada de apoio. Sarar do câncer não é abrir uma fissura no amálgama entre o corpo da criança e as palavras da mãe? Não é isso privar a mãe de sua identidade de narradora? Seria este o risco psíquico da cura do câncer para a criança.

O fato de que a criança não esteja mais ameaçada de morte obrigaria de algum modo a mãe a remontar o curso do tempo, a reconhecer nela, contra a vontade, as marcas antigas da ameaça de aniquilamento, a verbalizar o perigo outrora contido em seu corpo infantil. Despojada do objeto de seu relato, do tema que constituía o corpo da criança, separado do destinatário de seu relato, no caso o médico, não estaria a mãe assoberbada por por representações infantis, as suas, que ela teria involuntariamente colocado no corpo enfermo do filho? Como representar essas representações a não ser como

Corpo de criança, palavras de mãe 189

as images de coisas de que fala Piera Aulagnier[1], e das quais diz que a "visualização se acompanharia dessass impressões de deslumbramento, de emoção, que atribuímos a quadros que estão numa galeria da qual perdemos a chave." Nessa perspectiva, pareceria que a cura da criança cancerosa tenha para a mãe valor de um episódio psicótico. Invadida pelo afluxo de representações que ignora, a mãe a quem informamos que o câncer foi curado se encontraria defrontada com uma falta e com uma nova exigência de figuração. Ela deveria no mesmo instante alegrar-se com a sobrevivência de seu filho e ter que admitir que lamenta ter perdido o que era o ponto de apoio para representações de que não tinha nenhuma consciência.

> A psicose — escreve ainda Piera Aulagnier[2] — é a conseqüência do fracasso que a *criança* encontrou nas tentativas de interpor, entre si mesma e uma realidade causadora de excesso de sofrimento, a fantasia como interpretação causal. (Quer se tenha tratado de interpretar um sofrimento originado na realidade externa, quer de um sofrimento cuja fonte está no interior da própria psique ou do próprio corpo).

Do mesmo modo que ela não estava em condições de efetuar uma diferença entre esses dois tipos de sofrimento, a mãe não saberia identificar o papel que teve para ela, no curso da doença, o corpo de seu filho. De sorte que ela não está de modo algum preparada para o restabelecimento dos limites que a cura deve acarretar. Num certo sentido, ela teria muito mais facilidade em reconhecer que de sua parte continua doente de uma relação. Seria mais simples para ela fazer face à situação paradoxal que é a sua

---

1. *Le conflit psychotique*, 1986, p. 538.
2. *Op. cit.*, p. 344.

190   *A criança dada por morta*

presentemente. Ela bem sabe, de fato, que não tem mais motivo válido para querer morrer, pois seu filho está vivo, e no entanto ela se encontra estranhamente, perigosamente só. Sem defesa diante de impulsos assassinos, que ignora serem na realidade ressurgentes e destinados à criança que foi ela, a saber, que são a expressão de representações infanticidas para consigo própria. Ela teria podido, aliás, continuar ignorando sua existência se não houvesse corrido o risco de perder o filho. Sua intuição agora, por mais vaga que seja, a mergulha na sideração. É em síntese, na emergência de seu desejo consciente que ela descobre a amplitude de uma ameaça, de uma desorganização que se acrescenta, a ponto de torná-la quase ridícula, à ferida narcísica provocada pelo próprio câncer. Onde irá ela encontrar, de agora em diante, palavras para tornar essa ameaça figurável, pensável? Quem sabe duvidando da cura, mantendo o medo da morte, ou ainda agarrando-se às funções de narradora, para conservar de si uma imagem cujo caráter ilusório não há de desprezar, até o dia em que constatar que não é mais o narrador que pensava ser. Até o dia, afinal, em que tiver a oportunidade de encontrar um psicanalista.

O encontro com o psicanalista

A primeira consulta é feita ainda em nome do filho, seja do que esteve doente ou de um outro qualquer da irmandade. Só num segundo tempo aparece o sentido mais secreto da iniciativa, com o sentimento de uma continuidade reencontrada.

"Eu creio — dizia uma mãe a esse respeito — que é isso o importante. Quando se toma essa iniciativa, nos comprometemos a ir bem longe. É de algum modo um compromisso consigo mesmo, pois quê! Há uma continuidade que permite voltarmos, e para mim as mudanças na vida prática foram até mesmo bem rápidas.

Corpo de criança, palavras de mãe 191

[...] De fato foram entrevistas muito positivas, mesmo sendo em si mesmas muito dolorosas".

Convidada, algum tempo mais tarde, a comentar com um terceiro o essencial de seus encontros comigo, essa mãe esclareceu que eu não sinificava mais, naquele momento, alguém com quem ela falava de seus problemas, mas muito mais uma ajuda que recebia. Entre os numerosos comentários que essa formulação suscitariam, há um que é preciso privilegiar aqui: o deslocamento da narrativa. Foi, de fato, por ter-lhe sido dada a possibilidade de contar a uma terceira pessoa, mesmo brevemente, incompletamente, a lembrança que guardava das primeiras visitas a mim que essa mulher conseguiu comunicar a impressão ameaçadora que sentira. Não esperava que o falar sobre seu filho fosse ouvido como confissões sobre si própria. Foi preciso tempo para que superasse o efeito surpresa e a raiva que minha atitude suscitaram. E me odiou por não ter atendido à sua demanda. Ter passado sem transição do 'ele' ou do 'ela', para o 'eu', propiciou-lhe a impressão de transpor uma barreira análoga a uma quebra, a um arrombamento. Talvez ela tenha achado que perdeu seu filho nesse instante. Não estava ainda pronta para descobrir a trapaça que fazia da terceira pessoa do singular. Não imaginava que, para falar dela, dava uma volta por meio de suas filhas.

Creio contudo que aquilo a que se pode chamar de cura psíquica do câncer passa obrigatoriamente pela aceitação da distância dessa travessia. Se a maioria das mães que eu encontrei se tornaram cientes disso, grande foi o número das que decidiram ficar com seus filhos fora do mundo da análise, pato pelo qual, na verdade, não podem ser criticadas. Atualmente me parece que o verdadeiro risco de seu encontro com elas lhes deve ter-se apresentado demasiado mortífero.

'Alguém matou alguma coisa': esse é o título do livro de Piera Aulagnier: Um *intérprete em busca de sentido*. O título foi tomado de empréstimo da obra de Lewis Carol: *Do outro lado do*

192   *A criança dada por morta*

espelho e do que Alice aí encontrou.[3] Piera Aulagnier o utiliza para ilustrar um dos modos de entrda na esquizofrenia, que ela compara à reação de Alice, para quem a linguagem incompreensível do poema intitulado *Jabberwocky* causou a impressão de ter a cabeça cheia de sons e idéias impossíveis de uma formulação. Pode ser que a notícia da cura mergulhe os pais, e em especial as mães, num estado de indiferenciação comparável ao acima descrito. Recorrer tantas vezes a ferramentas do pensar tomadas de empréstimo à nosografia não me parece indispensável na conjuntura que estou descrevendo, já que a referência ao 'Alguém matou alguma coisa' se mostra justa, apropriada. Porque o reconhecimento da incerteza quanto à posição do objeto na narração arrisca-se a ser considerado pela mãe como produto de um assassinato.

> Não se sabe quem é o assassino, quem a vítima, a permuta é sempre possível — esclarece Piera Aulagnier, na cena seguinte — , o 'morto' pode-se apresentar de novo como vivo. [...] Aqui um assassinato se consumou, um desejo de morte se realizou. A partir dessa certeza, toda relação a dois comporta a morte de um terceiro... terceiro que nunca esteve presente? um testemunha? o próprio vínculo enquanto terceiro termo de toda relação não fusional? ou de uma *parte* de um dos três personagens?

'Alguém matou alguma coisa', é exatamente com este título que se pode explicar os temores suscitados na mãe de um filho curado de câncer, no seu primeiro encontro com um psicanalista, na medida em que esta repete, mas de modo muito diferente e sem se confundir de modo algum com eles, os primeiros encontros da mãe com o médico. A mãe constata então que ela não pode ser a narradora que foi anteriormente.

---

3. *Op. cit.*, 377.

Corpo de criança, palavras de mãe 193

Os riscos da narração

Num texto por ele intitulado de O *narrador levado à morte por seu relato,* Pierre Fédida[4] apresentou certo número de imagens que parece oportuno expor aqui.

> Num dia de janeiro deste ano — escreve ele — vi chegar um homem grande, com um rosto pálido, inseguro quanto à sua hipotética capacidade de aparelhar pernas e mãos para um relato há muito adiado com, a desculpa de falta de tempo.[...] Tendo vindo falar-me com a idéia de iniciar — como se diz — uma psicanálise, sentia-se de súbito ameaçado de ser destruído, aniquilado pelo narrador que nunca tinha deixado de ser, desde que sua mulher — cinco anos antes — o abandonara.[...]
> Hoje o homem dizia não poder jamais contar o que lhe acontecera, o que tinha vivenciado.[...] No instante em que estava sentado diante de mim, não podia mais ser o narrador e o narrador era exatamente outro, o despossuído de uma história ou de uma mulher que podia não ser a sua e da qual seria, entretanto, o amante.[...]

Que relação, há de se pensar, pode haver entre este homem e as mães tratadas aqui? Como pôr num mesmo plano uma doença de amor e uma doença de criança, o abandono por parte de uma mulher e a separação de uma criança pela fato de sua cura, de sua volta à vida? Não obstante a analogia me parece sustentável, pois, num caso como noutro, o narrador tem a experiência da fatuidade de sua função. Descobre que o assassinato de que é, a um só tempo, o agente e a vítima está preparado para a narração. A escuta por parte dele próprio e por parte do outro, em outras palavras, incita a descobrir a transgressão para lá da legitimidade e da legalidade da posição que acredita ocupar de início. Não é

---

4. 1978a, pp. 47-51.

194 *A criança dada por morta*

difícil deixar atuar em si pensamentos, imagens relativas ao exercício simultâneo dessas duas funções. Encontrar o equilíbrio entre essas duas funções, poderíamos dizer, é coisa tão delicada, como para uma mulher na vida quotidiana, funcionar como amante e mãe, podendo o termo amante, aqui, servir igualmente para designar a natureza da relação que uma mulher tem consigo própria, com as representações que carrega. A expressão não deveria se entendida como uma aceitação narcísica, pejorativa. Ela está preferencialmente destinada a figurar as diferentes formas de aceitação que a mhlher reserva às suas imagens internas.

Num caso como noutro, no do homem abandonado ou no das mães desamparadas, a inquietação, o mal estar nascem simultaneamente do prazer da culpa causada por esse prazer, dado que se produz num momento imprório. Sendo principalmente as mães que solicitam nossa atenção, acontece que quando experimentam esse prazer acham-no inadequado. Elas interpretam isso como um sinal de trangressão de sua parte. Ter prazer com um psicanalista a que se vem comunicar preocupações legítimas em relação ao filho, eis algo que atemoriza e desarvora.

Terá a mãe de uma criança que teve câncer o direito de se permitir momentos de prazer? Poderá ela, sem risco, falar de si, tirar o uniforme de progenitora aflita e atormentada para evocar a lembrança de episódios antigos, anteriores à existência da criança? E se acontecesse algo de ruim naquele tempo? E se tivesse, por alguns instantes de esquecimento, por falta de atenção, cometido uma falta grave?

Experiências tais são análogas aos sonho. Saindo do consultório do psicanalista, ao retornar a agitação da rua, retomado o fôlego, a pessoa se recupera. Não se saberá mais que o prazer sentido suscitou o temor da perda. Pensando assim, acharemos tudo isso ridículo, inútil, irrealista. Vale mais, em suma, ter o espírito continuamente cheio de pensamentos mórbidos, seja qual for o preço disso. E contudo, o medo de perder um filho, mesmo que agora não seja tão atual, faz do adulto um ser complexo, em

Corpo de criança, palavras de mãe 195

contradição consigo próprio. Ele adquiriu maturidade sem por isso ter abdicado de suas ambições de criança nem de sua revolta de adolescente. Precisa apregoar a injustiça, liberar-se, sair de si mesmo mas não sabe como dizê-lo. Com medo de ser rejeitado, punido por seu pecado involuntário, a saber pelo e para o filho. Assim a doença da criança contribui para manter o recalcamento num plano que a aproxima paradoxalmente da consciência: o prazer infantil. Quando um tal conflito está prestes a abrir passagem no psiquismo, o espaço da transfererência fica também pronto a se abrir. Por que então ele se fecha tão rápido? Principalmente porque é solicitado pelo reaparecimento de um velho temor: o medo-desejo de morrer... o prazer culposo. Donde a proximidade desse medo com a angústia de castração.

> Podemos sustentar — escreve a respeito disso Jean Laplanche[5] — que o temor de castração é a forma — culturalmente normativa — de segurar a angústia. O que sucede com o medo de morrer, sob o aspecto da relação do indivíduo com a ocorrência de *sua morte biológica e psíquica*? Tendo sua sede no eu, como qualquer afeto, o medo de morrer não será apenas a elaboração de uma angústia das mais impossíveis de nomear, de origem interna, graças à única *representação* possível: a de um perigo para a vida? O *Todesangst* (angústia de morte ou angústia-morte) liga-se assim a *Lebensgefahr*.

Quando a angústia de morte não for reconhecida como tal, quando só o temor da morte for perceptível, o perigo para a vida da criança não é mais dissociável do perigo que ameaça avida da mãe. Mas quando o corpo da criança não pode mais servir de suporte estável para o discurso da mãe, produz-se uma espécie de 'gangorra' na narração que a ela dá a impressão de não ter direito de pensar o que está pensando. O caminho da cura psíquica passa

---

5. *La pulsion de mort dans la théorie de la pulsion sexuelle*, 1986b, pp. 11-27.

196 *A criança dada por morta*

pelo reconhecimento dessa distância. A partir daí, a criança poderá retomar, como se diz, seu lugar na sociedade. Quanto à mãe, estando liberada, permitir-se-á enfrentar atividades externas, viver para si mesma, saindo do impasse.

"Por elas mesmas"

Fazer saírem pais e filhos do universo hospitalar, libertá-los do fechamento: essa foi minha divisa durante meus numerosos anos de permanência no Instituto Roussy. Consegui certo êxito nisso, ainda que sobre esse ponto tenha havido numerosas reticências dos médicos. Por outro lado, cada família devia, ao que me parece — e quaisquer que tenham sido os conselhos que lhes deram — , poder consultar um psicanalista. Havia para eles, e não para este último, a liberdade de, em seguida, dar conhecimento sobre o fato às pessoas de sua livre escolha. Esse é um ponto que, tendo sido intelectualmente aceito, não deixou de suscitar contestações variadas, de tal maneira abria uma brecha à ideologia de um trabalho em comum.

> Aquilo em que acredito e que acho ser muito importante — me diz a respeito disso a Dra. Odile Schweisguth, que abriu em Paris, na década de 1950, o primeiro serviço de cancerologia infantil — é que isso não se faz nunca fora do contexto médico precedente. De um certo ponto de vista, participamos dessa posição, também na qualidade de médicos, complementando sua participação psicológica e psicanalítica.

Odile Schweisguth expressou esse ponto de vista por ocasião da transmissão pela televisão, que em 1980, Anne Sabouret Claude Massot dedicaram ao trabalho que eu estava fazendo com crianças curadas de câncer. Essa transmissão representou para cada um de nós uma etapa importante. Razão por que essa história deve

Corpo de criança, palavras de mãe   197

ser relatada aqui. A produtora teve a idéia de inseri-la numa série intitulada *Por elas mesmas*, logo depois de terminado o retrato de uma cirurgiã-ginecologista especializada em cancerologia. Impressionada pelas cenas rodadas na sala de operação, aceitando a contragosto que as mulheres fossem privadas da possibilidade de dar à luz, decidiu que a transmissão seguinte seria dedicada às crianças. Foi assim que Anne Sabouret entrou em contato comigo, tendo em vista minha atividade em cancerologia de crianças, sem que nenhuma de nós percebesse que ela tinha insensivelmente feito um resvalamento da mulher portadora de câncer para a criança que sofria do mesmo mal. Quanto a mim, sem me aperceber do caminho em que eu a colocava, nem da curva que eu desenhava, me informava sobre o meu trabalho que estava em andamento com as mães e lhes propunha incluí-las na transmissão. O que ela aceitou logo, depois de decidir, com a concordância do relalizador Claude Massot, de centralizar sua proposta na vida de uma única família e nas enntrevistas que ela teve com uma das mães que lhe apresentei.

Marie France — foi assim que a chamaram durante a transmissão — engajou-se na aventura depois de consultar o marido e de ter acertado com o este que ela participaria sozinha, pois ele preferia não entrar no programa. Podemos dizer que ela se ateve inteiramente ao papel de narradora.

Certas cenas foram rodadas no meu consultório, outras no domicílio da família. Nunca me propuseram que as assitisse, o que permitiu respeitar o esquema de trabalho estabelecido, desde um certo tempo, entre mim e Marie-France. De modo que nunca encontrei suas filhas. Conheci-as, como todas as pessoas, através de imagens. É escusado dizer que o caráter público da transmissão suscitou em mim grandes hesitações. Temia que essa transmissão atiçasse a curiosidade malsã das pessoas para com crianças que se acreditava condenadas e *dadas por mortas*. O que estranhamente e por felicidade não aconteceu. Ao invés disso parece que a família — é esse, ao menos, o testemunho que em seguida trouxe Marie-

198 *A criança dada por morta*

France — tenha nessa ocasião saído de um isolamento e de um enclausuramento de que cada um sofria a seu modo.

A montagem da transmissão se fez com seis horas de rolos. Durou vinte e cinco minutos. Foram incluídos na montagem filmes feitos pelo pai de Sophie e de Delphine. Este último manifestou sua presença graças à imagem. Tive o privilégio de examinar todas as fitas e só manifestei ao realizador dois pedidos: que dissesse algumas palavras para apresentar os filmes do pai para que se ouvisse uma voz masculina e para que desse atenção às cenas filmadas com as crianças em casa. O que foi feito. O roteiro completo da trasmissão foi-me entregue. Usei-o muito no presente trabalho. Precisei ler o texto dezenas de vezes para chegar, enfim, a penetrá-lo realmente e para superar seu lado factual, informativo. De algum modo me tornei sua narradora. E isso muitos anos após dessa transmissão, vários anos depois de ter deixado o mencionado serviço de cancerologia.

Haveria ainda muito que contar sobre o que se passou durante a rodagem do filme, as repercussões do tema de que tratamos. Cheio de significado e pleno de fantasias, suscitadas pela representação da morte possível de uma criança, reverso do cenário para todos os protagonistas, é difícil de explicá-lo aqui sem cair na armadilha do caso contado ou da interpretação errática. Questão de discrição, finalmente. No que me toca, levando em conta exatamente a discrição, e mesmo que essa transmissão não tenha comportado nenhuma transgressão relativa ao segredo de uma relação analítica, é óbvio que foi graças às entrevistas que tivemos previamente, Marie-France e eu, que encontramos um tom correto, nem muito íntimo nem muito jornalístico. Mas eu não assimilarei, como fez Serge Leclaire[6], o espaço transferencial à aparelhagem de direção do som, da direção de imagem nem aos técnicos de estúdio, simplesmente pelo fato de esse episódio televisivo não ter sido orientado, em momento algum e por quem

---

6. A esse respeito ver o artigo de 1986, pp. 561-568.

Corpo de criança, palavras de mãe 199

quer que seja, por metas que de certo modo competissem com as da análise.

Não é menos verdade que a questão da transferência foi levantada pelo próprio fato do lugar da transmissão, bem como da conjunção entre espaço público e espaço privado.

Se — escreve Jean Laplanche[7], com o intuito de fornecer uma definição geral do fenômeno, que parece pertinente explicar aqui — a transferência toma uma dimensão de acontecimento suscetível de mudar algo em alguém, é por que, por uma de suas dimensões ela ultrapassa a fantasmagoria a que às vezes se desejaria reduzi-la. Deveríamos dizer que é em outra dimensão que conviria buscar essa eficácia, e não mais no transporte (de experiências passadas) para outro lugar, mas na *continuidade* de seu ritmo com um *discurso mais amplo*, aquele a que nos atemos ininterruptamente e que nos compele? Essa última notação abriria à nossa reflexão uma outra perspectiva: as relações privilegiadas que existem de uma parte entre a metáfora e o espaço, de outra entre a metonímia e o tempo.

De fato, o pensamento desse terceiro, representado pelos futuros telespectadores não esteve ausente de nossas preocupações. Que lugar ocuparam, que função exerceram nas motivações de Marie-France e nas minhas? Não era possível, no momento, uma resposta válida para essas questões. Mas teria sido inconcebível não interrogar Marie-France sobre a posição ocupada por esta multidão anônima potencial, considerando-se o isolamento criado pelo câncer e pelos riscos da situação.

"Acho — respondeu, sem se demorar demais no paradoxo de sua posição — que o anonimato é bem importante. Permite que nos liberemos, pois não se pode sempre dizer

---

7. *Dérivation des entités psychanalytiques*, 1982, p. 213.

aquilo que realmente pensamos, já que quando estamos nesse movimento de revolta, não podemos dizer as coisas com a necessária distância. Creio que é preciso um certo tempo, um certo processo interior para aceitar tudo isso e pois, talvez, não dizê-lo mas aceitar finalmente que as coisas sejam o que são para os outros."

O que significava pôr a ênfase na necessidade de anonimato do interlocutor, ou, em outras palavras, sobre a força tranferencial de qualquer modificação de um vínculo fusional entre a mãe e seu filho doente, vínculo no qual o psicanalista é com freqüência parte interessada, bem mais do que o imagina. A possibilidade de tomar distância aparece igualmente como constitutiva da transformação do papel da narração, mesmo quando esta se elabora sobre o não-dito.

"Porque não se pode dizer tudo que se pensa?" — Perguntou a produtora a Marie-France.
"Por sermos gente grande — respondeu ela — e o que é certo, podemos dizer a uma pessoa mas não a todas. Nem toda a verdade deve ser dita, mas assim mesmo acho que precisamos soltá-la com alguém, é preciso expressá-la, desabafar.[...] É preciso que nos acostumemos a um novo si-mesmo para podermos exterioriza-la".

Transformação do papel da narração

A aquisição de um poder sobre os limites do aceitável e do inaceitável parece ser constitutiva da transformação do papel da narração, que é ela própria correlata de um reconhecimento por parte de um terceiro. Que o colóquio singular com esse terceiro, geralmente o psicanalista, seja de uma parte levado ao conhecimento de um público anônimo, não muda realmente a natureza daquilo que, com Conrad Stein[8],

Corpo de criança, palavras de mãe 201

podemos chamar de efeitos do "duplo encontro". A noção de obra imaginária, produzida pelo duplo encontro, é apropriada, no caso presente, para explicar a ofuscante e enganadora realidade da criança de que estamos falando, de seu valor comercial, poderíamos dizer, de tal modo que, expondo-a ao relato, com o risco de nos expormos a nós próprios, chegaríamos a despi-la de seus ornatos, de sua pele, para conduzi-la conosco a outra parte, para nos ausentarmos com ela e sem ela, tendo a impressão de nos encontrarmos idênticos a nós e diferentes.

> A ausência — lembra Pierre Fédida[9] — é fundadora do tempo da narração. [...] O que chamamos de corpo não poderia ser representado porque seu sexo é o texto. E o gozo não pode ter outro lugar que não seja na palavra narrativa, como se ela se definisse negativamente pela fascinação de seu próprio objeto que nada mais é que o não dito. E ele chega por fim ao explícito de ser a afirmação denegativa do não-dito.

Ele chega enfim ao explícito de ser a afirmação denegativa do não-dito. Essas palavras poderiam servir de título ou de epígrafe para uma carta que uma mãe me enviou para justificar sua falta à entrevista que tínhamos combinado. Se se pode dar a essa carta o estatuto de uma narração, deve-se, contudo, reconhecer que ela atesta uma redistribuição de papéis, ainda que com o preço de uma dupla exclusão: do médico e do psicanalista.

---

8. Tal é a expressão que ele emprega para designar a especificidade do discurso psicanalítico. O que caracteriza o duplo encontro é, esclarece ele, que contribui para a produção de uma obra cujos elementos podem ser ora manifestos, ora estar em gestação, mas que são apresentados para serem reconhecidos. Uma obra dessas é considerada "imaginária, no sentido em que só poderia adquirir forma nos seus avatares; criança representada no pensamento pela criança que fomos, como também pela criança que desejaríamos ter, de qualquer modo, ela é uma *criança imaginária*". (1987, 2ª ed., p. 344.)
9. 1987a, pp. 50-51.

202 *A criança dada por morta*

> Cara Senhora
> Meu filho parece no presente completamente curado.[..]
> Provações houve para ele como para todos os seus, é bem verdade. Mas porque ele se saiu vitorioso (médica e moralmente falando), eu teria pessoalmente a impressão de regredir se fosse a seu encontro. Não nego os benefícios que a senhora me trouxe; porque sua objetividade, sua clarividência me permitiram deixar a meu filho maior liberdade, deixando-o tomar responsabilidades. Em uma palavra, de não mais tratá-lo como doente. Esse comportamento já o colocava no caminho da cura. O Dr. S. que operou Rémy [...] pensa que ele não precisa mais de suas consultas. Se eu morasse em Paris teria ido vê-la, mas Neully-Plaisance está muito longe [...]. Por isso eu só vou a Paris em último caso.

O temor contido na sensação de regredir se relacionava provavelmente com a percepção posterior de uma fusão doentia com uma criança enferma; talvez mesmo com o temor de encontrar em si a presença de uma criança doente — ela própria —, a quem a criança de carne não deixa de trazer um tanto de materialidade. É por isso que essa mãe não queria contar mais nada. Por isso achava não ter mais nada para contar. Significava isso que ela me delegava suas funções de narradora?

> Somente — diz ainda Pierre Fédida[10] — a leitura tem o poder de ser narrativa. E este poder, ela parece conseguir

---

10. Op. cit., p. 49. São numerosos os textos em que Pierre Fédida relatou explicamente suas posições sobre a questão da teoria somática na psicanálise. Um de seus artigos foi aliás publicado com este título. (*La question de la théorie somatique dans la psychanalyse*. 1978*b*, pp. 621-649). O conjunto de seus trabalhos sobre o tema foram reagrupados em *Corps du vide et espace de séance, e em L'absence* (1978a).
Parece-me, contudo, que encontramos em *Le narrateur mis à mort par son ...*

Corpo de criança, palavras de mãe 203

pela palavra do texto do qual diríamos que é infinitamente plana, como entendia Poincaré para 'in-imaginar' seres vivos num espaço de duas dimensões!

Parece-me importante guardar a noção de espaço de duas dimensões, na medida em que permite descrever o vínculo estreito que se instaura entre uma mãe e seu filho por meio do câncer, um vínculo cuja modificação ou dissolução não se produz nunca ao mesmo tempo que a doença. Essa noção permite igualmente encarar os diferentes aspectos da narração materna, tanto quanto suas transformações: seu caráter aparentemente plano, quando ela escolhe, por exemplo, o médico como destinatário, e o aspecto bem mais conflitivo nas relações com o psicanalista cuja presença por si só é, às vezes, suficiente para revelar à mãe a inadequação entre suas palavras e o corpo da criança. A constatação dessa distância se acompanha geralmente de uma impressão de violência que é uma etapa preliminar do reconhecimento de uma paixão pela criança, paixão longamente disfarçada pelo dever; paixão, além do mais, excitante, e cuja natureza íntima é desconhecida porque a criança real lhe serve de anteparo. Donde o caráter parcialmente enganador do genitivo que essas mães usam sem cessar, como se ao utilizá-lo elas respodessem a uma dupla necessidade: enunciar simultaneamente a identidade da criança e a sua, misturando sujeito e objeto.

...*récit* (*O narrador levado à morte por seu relato*) a menção da maior parte dos pontos que Pierre Fédida retoma em seus artigos posteriores, isto é: a questão do sentido e da falta de sentido da doença somática, sua função transversa, a atualidade alucinatória do ausente, a transferência somática, o papel de espelho-olhar ou de testemunha-neutra do terapeuta, a função do ausente na palavra, o hiper-realismo do paciente, seu desafio ou seu recurso fetichista à realidade exterior, ou ainda a maneira com que transforma a realidade em vitrina ou da qual se faz a *criança-somática,* objeto do olhar do terapeuta, significado melancólico de sua queixa. Digamos, enfim, que o ponto de discussão entre os psicomaticistas ditos da escola de Paris e outros psicanalistas, no que se convencionou chamar de inibição fantasmática dos doentes somáticos, recebe, no presente texto, um esclarecimento sumamente interessante.

204 *A criança dada por morta*

Escrever para contar: questões de filiação

"Eu sou a mãe de Hélène". Foi com essas palavras, conta Ginette Raimbault[11], que ela foi recebida numa livraria do interior onde deveria dar uma conferência, precedida de uma sessão de autógrafos de um livro. Disseram-lhe que a senhora que a saudou dessa forma a esperava, havia já algumas horas.

Podemos imaginar a cena. Ela se parece com um *déjà vu* ou com um falso conhecimento. Contém algo de sonho e de realidade. Essas mães, essas crianças doentes das quais as pessoas se tornam narradoras, a propósito de quem se escreve, das quais se fala fora do recinto familiar, onde é que elas são escutadas? Esse tipo de face a face não programado é sempre uma fonte de surpresas. Dá a impressão de encontrar a morte na vida. Ginette Rimbault esqueceu o físico da tal senhora mas "esta voz, este nome, este olhar" devolveram-lhe rápido a lembrança. Ela conhecia muito bem a pequena Hélène. Não podia esquecer a menininha por quem sentiu muita simpatia de imediato, e cuja história figura repetidamente em seus livros. Digamos que é uma criança que ela tornou célebre.[12]

> "Hélène — escreve, continuando o relato de seu econtro com a Sra. H., e não é por acaso que continue a utilizar o tempo presente, ainda que tenha sabido do falecimento da menina por meio da mãe — é uma dessas jovens doentes cujas palavras foram retomadas em *L'enfant et la mort*. Não vou dar, portanto, de novo, em detalhes sua história, que para mim atesta a pertinência do significante em que o corpo da criança se verifica lugar privilegiado para isncrições de significante do discurso do Outro, Outro falado por meio do discurso materno.

---

11. 1986, pp. 5-16.

12. Encontramos a história de Hélène num artigo intitulado: *Morte certa, hora certa* (1968, 8 pp. 135-145). Foi igualmente publicada em *L'enfant et la mort* e em *Clinique du réel* (1982, pp. 161-185).

Corpo de criança, palavras de mãe 205

Esta observação e sua elaboração teórica merecem numerosos comentários. Mas não convém em primeiro lugar observar que o trio formado pela criança, a mãe e Ginette Raimbault duplicam o outro, formado pela criança, Ginette Raimbault e Jacques Lacan, cujos trabalhos são por aquela constantemente citados como referência? Quer dizer que, tanto para a mãe como para Ginette Raimbault, embora a títulos diversos, o corpo da criança se torna o lugar da palavra de um relato que remete à sua própria história, à sua própria filiação, acrescento eu de minha parte, tendo em vista o lugar que ocupa aqui a filiação teórica. Nesse sentido a mãe e Ginette Raimbault podem ser consideradas duplos, como irmãs, senão como rivais.

A estrutura que se coloca aqui é comparável à que Jacques Lacan descreve em *Le mythe individuel du névrosé ou 'Poésie et vérité' dans la névrose*[13] e na qual o quarto elemento é representado pela morte.

> Trata-se — escreve Lacan — nessa estrutura quaternária, de algo que é a segunda grande descoberta da análise. [...] É a relação narcísica com o semelhante, enquanto ligada ao que se pode chamar a primeira experiência implícita da morte.[...] É uma das experiências mais fundamentais, mais constitutivas para o sujeito este algo estranho a ele mesmo no seu interior, que se chama o eu.[...] Na formação do neurótico, de fato, é da morte imaginária e imaginada

13. Extraído de uma conferência publicada no Colégio Filosófico em 1953, e na qual Lacan faz alusão à p. 72 de seus *Écrits*. Esse texto é conveniente para ilustrar a estranheza que toma o leitor desde quando, como na "*Lettre volée*", reconhece-se na qualidade de duplo narrador. Inquietante estranheza, indiscutivelmente ligada à figura da morte e aos efeitos da tomada de consciência de 'eu' como 'outro'. Pode-se, a esse respeito, reportar-se ao artigo de René Major: *La parabole de la lettre volée. De la direction de la cure et de son récit* (1987, pp. 81-130). * (N.T.) No original "narrations-gigognes" Alusão a uma personagem de teatro, "Mère Gigogne" mulher gigante de cuja saia saía uma multidão de crianças.

206   *A criança dada por morta*

que se trata, enquanto se introduz na dialética do drama edipiano, e talvez, mesmo até certo ponto, em algo que não seria nada mais nada menos que uma atitude existencial, [...] específica do homem moderno.

Posseguindo o relato de seu encontro com a Sra. H., Ginette Raimbault explica como a narração da mãe levou-a, a ela própria a retomar a história de Hélène — "ela e os outros" — sob um ângulo diferente, ainda que não fosse em razão do momento, ou seja, a *posteriori*. É verdade que nos esforçamos sempre de tornar ignorado o nome de quem nos faz escrever. Mas afinal, por que a mãe de Hélène, que nas publicações anteriores, era chamada de Sra. G., torna-se no texto Sra. H.? Trata-se de uma 'casca'? Não parece isso. De um lapso? Seria mais isso. Ou então essa transformação seria o efeito de uma assimilação entre o nome da criança e o nome dado à mãe? A mãe de Hélène ter-se-ia no caso transformado em sinal comemorativo: a Sra. H. Mas não se trataria bem mais simplesmente da verdade inicial de seu nome, tornando-se desde então supérfluo qualquer disfarce?

A história, feita de narrações prolíficas é apropriada para levantar numerosas perguntas e hipóteses. Talvez porque para além de Hélène se descobre igualmente o perfil, as imagens de todas as outras crianças. "Ela e os outros", esclarece aliás Ginette Raimbault, parecendo com isso atribuir à criança uma pluralidade de posições: criança-símbolo, criança público, criança si-mesma, criança-testa de ferro, criança pretexto e entretanto genitor-criança real. "Por que, para quem escrevia eu? — perguntava-se ela a si própria[14] fazendo voltar e lembrando uma observação de Hélène a esse repeito — [...] Colocar um terceiro entre mim e a criança? Um terceiro entre a criança-em-mim e a criança diante de mim?"

A essas perguntas, o prefácio de Pierre Royer (1975) para *L'enfant et la mort* parece responder num eco póstero:

---

14. *Op. cit.,* pp. 7-8.

Corpo de criança, palavras de mãe 207

Ginette Raimbault — diz ele — tem a virtude da escuta.[...]
Seu livro é escrito por crianças que vão morrer[...] Frases,
páginas desse livro [...] serão insuportáveis. Para o médico
que eu sou aí estão crianças condenadas que me observam
e me julgam. Nos nossos quartos de hospital, como no
zoológico, quem olha para quem? [...] Insuportáveis mas
necessárias. E esclarecedoras para nós, pobres adultos, que
rejeitamos as verdades de nossa infância. [...] O esmoler
de Glières dizia que não existe gente grande.

O sentido da narração

O corpo doente da criança se oferece, é verdade, como
habitáculo privilegiado das reminiscências do adulto, talvez porque
a doença, principalmente quando grave, confere à criança uma
posição ambígua. A ambigüidade da posição, contudo, tem-se
relacionado menos com a pessoa da criança do que com o modo
com que é investida, e sobretudo na função de anteparo que
implicitamente lhe pedem que ocupe. Assim, o olhar que recai
sobre ela, suas atividades, suas declarações, mesmo depois de
crescida, é, no mais das vezes, um olhar de preocupação. Isso se
deve às substituições e às narrações nas quais a criança está
continuamente em jogo.[15] Por mais inevitáveis e insensíveis que
se mostrem, as substituições que se realizam entre a criança real e
a criança em si não são facilmente detectáveis. O problema nasce
da prioridade que se dá à primeira, em vista do tempo que lhe é
ou lhe foi computado. Mas de maneira mais essencial o problema
nasce do fascínio que exerce a *criança dada por morta* de que a
criança real é ao mesmo tempo a imagem viva e fática. É
igualmente isso que justifica o emprego preferencial do 'ele' ou

---

15. As permutas entre o sujeito e o objeto criadas pelas palavras do adulto —
genitores ou médico — foram com toda razão ressaltadas por Philippe
Gutton num artigo intitulado: *L'enfant et sa souffrance* (1975).

208 *A criança dada por morta*

do 'ela' na maioria das narrações, em detrimento do 'eu', que é o sujeito real do relato. Pode-se, para avaliar o que constitui obstáculo à tomada de consciência, acompanhar a tese que Monique Schneider desenvolveu no livro *Freud et le plaisir*[16], a respeito do movimento que Freud efetuou em direção à universalidade. Traçando etapa por etapa, a evolução do percurso teórico, ela acha, de fato, que durante sua auto-análise, Freud, tendo descoberto e promovido a universalidade do complexo de Édipo, propôs-se "como exemplar entre outros [...] de uma generalidade de que ele é o porta-voz". A crer nele, ele ter-se-ia feito passar do 'eu' para o 'nós', transformando assim, é o que me parece, o estatatuto de sua narração.

A visão de si como criança entre as outras procede, segundo Mônica Schneider, de uma pontaria assassina contra uma criança rival. E ela acrescenta: "O fato de a criança pôr entre parênteses sua história particular representa a face da tendência suicida que não faz mais do que responder em eco a um gesto que visa ao intruso; intruso do qual se deseja o desaparecimento". Sobre esse ponto ela propõe interpretar a virada edipiana, que de seu ponto de vista, resulta da "inserção de si numa generalidade", como um novo ponto de partida, e como "o enterro de um vínculo singular", umbilical, entre a mãe e a criança.

Que pensar, a partir de então, do sentido de uma narração que atinge a inserção de si no produto de si? Não é ela sustentada por uma busca de cumplicidade, para que a *criança dada por morta* não seja objeto de nenhum equívoco? É sobre esse ponto preciso qua a narração da mãe de uma criança curada é suscetível de adquirir uma posição totalmente diferente.

Sabendo já que essa narração não é recebida da mesma forma quando se dirige ao médico ou ao psicanalista, sabendo também que ela não transforma o médico em narrador pois ele é seu destinatário, a mãe, a quem a cura terá sido anunciada, tomará,

---

16. 1980, pp. 70-73.

Corpo de criança, palavras de mãe 209

queira ou não, consciência da inadequação de suas afirmações. Ela saberá que eles dizem mais do que ela imaginava e teria desejado. É nessa conjuntura, talvez, que ela constituirá o psicanalista como seu duplo narrador. Irá convidá-lo a viajar pelo espaço que ela abre e que abre para si, entre a representação da palavra e a representação da coisa. É provável que a visão da criança morta não lhe seja mais igualmente necessária.

A cena onírica da doença mortal

10

Os sonhos de morte de pessoas queridas

Os sonhos de morte de pessoas queridas, pais, irmãos e irmãs, filhos, entram, segundo Freud, na categoria de sonhos típicos.[1] Com a condição, esclarece, que sejam acompanhados de afetos dolorosos. Com isso se diferenciam dos mesmos sonhos que não provocam nenhum sofrimento e nos quais a morte só desempenha um papel contingente, pois ela não é no mais das vezes senão um pretexto, o encobrimento da expressão de um desejo erótico. Os primeiros são completamente diferentes e são, segundo a expressão de Freud, o sentido de seu conteúdo. A morte tem aí um papel capital: ela é a expressão de um desejo e coloca aquele que sonha na posição contraditória de ser ao mesmo tempo o agente e a vítima do luto que lamenta. Essa dupla função envolve várias observações — uma relativa ao tempo e outra à morte. De fato, se os sonhos de morte de pessoas queridas põem em cena a morte de uma pessoa atualmente viva, verifica-se na análise que essa pessoa é apenas um testa de ferro: substituto, representante de outra pessoa querida cuja morte o sonhador, sem saber, teria desejado na infância. Tomando conhecimento da identidade verdadeira dessa pessoa, descobre também a sobrevivência de desejos antigos "ultrapassados, recalcados", exumados por seus sonho.

---

1. 1900, cap. V. p. 216 *S.E.*, Vol. V, p. 248.

212   *A criança dada por morta*

Os sonhos de morte de pessoas queridas leva pois a distinguir dois tipos de morte. A primeira, que nos faz chorar como se estivéssemos de luto, apresenta todas as características da morte que conhecemos na vida cotidiana; quanto à segunda, sublinha Freud, não se compara à morte habitual. Esta designa a dos desejos de nossa infância, que como "as sombras da Odisséia retomam vida quando bebem sangue".[2] Assim o sonho da morte de pessoas queridas toma emprestado o desvio da morte para chegar ao renascimento de um desejo de morte, a saber, ao reconhecimento de uma morte que não aconteceu. Assim, há apenas uma morte aparente, aparente separação de um ser amado, aparente experiência de descontinuidade, pois fabricando-a aquele que está sonhando encontra a continuidade de uma parte de sua vida psíquica da qual não tinha nenhuma consciência. No sonho de morte de uma pessoa querida, a finitude do homem seria utilizada apenas para atestar a imortalidade dos desejos infantis enterrados pelo recalcamento e cuja falsa morte só seria inferida *a posteriori* dado que esses desejos, tendo deixado o silêncio, terão elegido o sonho como meio de expressão. A identificação desses desejos resulta, pois, da atualidade o afeto, de sua coerência com o luto e da inadequação entre a pessoa que é vista como morta no sonho e a que, em definitivo o sonho visa. É dizer que o sofrimento do sonhador é ao mesmo tempo autêntico e enganador, pois serve para mascarar a diferença entre as duas mortes e a discrepância entre os dois tempos: o tempo presente da vida daquele que sonha e o tempo de sua pré-história.

Para avançar mais na compreensão dessas distâncias e de sua economia para o funcionamento psíquico, convém retomar a interpretação do sonho que Freud dá como exemplo desta série de sonhos típicos.

Durante um longo sonho, uma paciente vê sua filha única, de quinze anos, estendida morta numa caixa. O fio de suas

---

2. *Op. cit.*, p. 217. *S.E.*, Vol. IV, p. 249.

A cena onírica da doença mortal   213

associações a leva a descobrir que na gíria a palavra *Büchse* designa os órgãos sexuais femininos e que a menina na caixa poderia representar um embrião no útero. Com isso lhe volta à memória a lembrança de uma discussão havida com o marido durante a gravidez. Conta então, que num impulso de raiva chegou a bater na barriga como que para atingir o bebê que estava ali. E reconheceu nesse gesto a prova de um desejo de morte de que ela não tinha no momento, de forma alguma conhecido a extensão e que seu sonho atual realizava sem que ela se desse conta. A evocação de uma lembrança de sua primeira infância irá agora permitir-lhe remontar ainda mais longe no tempo. Trata-se dessa vez de uma lembrança auditiva. Quando pequenina, a paciente teria ouvido que na época em que sua mãe estava grávida de si, esta, por ocasião de um episódio depressivo, teria vivamente desejado a morte da criança que estava para nascer. "Mais tarde — conclui Freud —, grávida por seu turno, ela [a sonhadora] seguiu o exemplo da mãe".

Retomando os tempos sucessivos desse relato, não podemos deixar de nos aperceber de que ele se abre com a representação de uma separação — a resultante da morte de uma garota de quinze anos, filha da paciente — , e que termina pela representação de achados com a mãe da paciente, mais precisamente pela representação de uma união com ela pelo atalho de uma identificação retroativa. A união com a mãe se realiza fantasmaticamente graças a uma substituição: a do bebê da paciente pelo bebê que fora ela mesma no ventre de sua mãe. Menos exemplar do que a Freud parece, este sonho atesta, contudo, a sobrevivência de um desejo de morte, que, em última análise, revela-se um desejo de morte dirigido contra si mesma *ante partum*.

Dito de outro modo, é exatamente o infanticídio que constitui o fio condutor percurso. Vamos encontrar de novo seu tema no conteúdo manifesto do sonho e no latente também. Somente a identidade da criança se constitui em objeto de uma mudança. Ao resvalamento ocorrido do conteúdo de um sonho para outro

214 *A criança dada por morta*

corresponde um resvalamento entre a filha da paciente, que trazia *in utero* e a filha, ela própria, que imagina ter estado *in utero*.

Por um jogo de operações inconscientes, a representação da criança real, deslizando em direção à criança fantasmática aclara o processo de luto de que a criança real é aparentemente o objeto no sonho. Esse luto se apresenta à paciente como a expressão manifesta de um luto mais antigo, o dos desejos da filha para com sua mãe. Quando o sonho faz da criança seu herói, como no caso presente, ele reconstitui a história das origens daquele que sonha conjugando simultaneamente o verbo ter e o verbo ser (ou estar). Para fazer isso usa a criança real como agente de ligação privilegiada com a infância esquecida do sonhador.

Demorei-me um pouco nesse sonho, tanto mais excepcional em *A interpretação dos sonhos*, por ser ele o único que permite compreender o lugar que pode ocupar uma criança real entre uma mãe e sua própria mãe, único a mostrar como uma mãe pode usar a morte de seu filho para aceder à representação de sua própria morte. Esse sonho é talvez o único a valorizar o intrincado da vida e da morte na relação com a mãe, tal como se enlaça no parto e na maternidade. É por isso que insisti nos seus paradoxos, dando-lhe prolongamentos dos quais não se encontra vestígio no texto freudiano. Ele me parece próprio para ilustrar o que chamarei de 'cena onírica da doença mortal na criança.' A visão da criança morta ocupa, nesta cena, lugar central. Deve ser situada numa área intermediária entre a realidade e a fantasia. Entretanto sejam quais forem os esteios na realidade da doença, seja qual for a dependência em relação ao câncer, a produção dessa imagem não deixa de ser obra da vida psíquica. Ela participa, sob esse aspecto, da realização fantasmática de um infanticida. É isso que explica que o seu reconhecimento seja objeto de importantes conflitos e evitamentos.

Se se trata da morte da criança como realização de desejo, na seção chamada de Sonhos típicos da morte de pessoas queridas, podemo-nos admirar que o infanticídio aí não seja, como tal, objeto de comentários. É no capítulo IV de *A interpretação dos sonhos*,

A cena onírica da doença mortal 215

a propósito da desfiguração no sonho e dos sonhos chamados de 'contra-desejo', que Freud, descobrindo o infanticídio nas associações daquele que sonha dá a respeito disso importantes esclarecimentos. Trata-se dessa vez, com total oportunidade, de homens, especialmene de um jurista.[3] Este, tendo tido um sonho durante o qual era conclamado pela polícia, inquieta-se junto de Freud pelo sentido do sonho. Tratar-se-ia, por exemplo, de um desejo de ser aprisionado?

> "Sabe o senhor com que acusação?" — pergunta-lhe Freud.
> "Sim — responde o outro — creio que de infanticídio".
> E Freud exclama: "Infanticídio, o senhor sabe, entretanto, que só uma mãe pode ser culpada em relação a um filho recém nascido" — acrescentando um pouco adiante na conversa — "Mas nós não explicamos o fato do infanticídio? Como pode o senhor cometer um crime tão especificamente feminino?"

Subentendido: procedendo de homem ou de mulher, o infanticídio no sonho se origina necessariamente do feminino, sem dúvida porque ele é relacionado com o sofrimento da criança *in utero*, como no caso da mulher citada mais acima. A resposta dada pelo jurista à pergunta de Freud está exatamente nessa direção.

> Devo afirmar — diz ele — que eu estive, há alguns anos, envolvido numa questão desse tipo. Fui responsável de que uma moça se livrasse, através de um aborto, das conseqüências de sua relação comigo."
> [Nesta passagem ter-se-á notado que o desejo só foi inferido num segundo tempo, depois que foi efetuado o vínculo entrer a acusação e o motivo do crime].

---

3. *Op. cit.*, p. 141. *S.E.*, Vol. IV, p.155.

216 *A criança dada por morta*

Tomando como ponto de partida a visão da criança morta numa caixa e seu cortejo de afetos de luto, encontrar-nos-íamos defrontados com o infanticídio e necessariamente envolvidos no reconhecimento dos movimentos identificatórios de que ele seria em última instância a expressão suscinta, resumida. Esses movimentos seriam sustentados, como foi possível constatar pela cadeia associativa da mulher em questão, por representações de separação e de união que deitam suas raízes na trama das relações arcaicas com a mãe.

Eis, brevemente definidos, os elementos latentes constitutivos de um roteiro de infanticídio. Não poderíamos, evidentemente, fazer corresponder termo por termo a cena do sonho com a cena da doença mortal. Entretanto, quando uma criança é acometida pelo câncer, nenhum dos pais pode evitar prever sua morte próxima, por mais incerta que seja esta ocorrência no tempo. Mas esta criança, como a da referida mulher, e não obstante o fato de o filho estar vivo, é, desde esse momento visto pelos dois estendido morto numa caixa.

O sofrimento dos pais, sob variadas formas: desorientação silenciosa, pranto partilhado ou cuidadosamente escondido do outro, parece ao mesmo tempo resultar dessa visão e contribuir para manter sua força bastante além do tempo em que se justifica. Torna-se claro, quando a criança sara, que a representação relacionada com a separação que se encontrava contida na visão da criança morta seguiu seu próprio caminho, independente da evolução da doença mortal. E se acontecer que a criança morra, a credibilidade que sua morte dá a essa visão não é suficiente para lhe tirar seu caráter onírico.

Esse último está presente desde o começo porque a ameaça de morte que a doença somática faz pesar sobre uma criança suscita, como um sonho, cenas antigas. A sensação atual de angústia se mistura nela como no sonho, de tal sorte que perde toda realidade. Semelhante nisso aos sonhos de morte de pessoas queridas, a doença mortal na criança se aproxima do pesadelo. "O pesadelo — nota

A cena onírica da doença mortal 217

Freud a esse respeito[4] — só aparece quando a censura é vencida, inteiramente ou em parte; a presença de uma angústia enquanto sensação atual de origem somática torna este processo mais fácil."

Constituição do desejo de infanticídio

Para começar desde o início dos fatos, digamos que nem a visão da criança morta no seu caixão, nem a aflição do pai e da mãe podem, como se tende a crer com freqüência, ser atribuídos exclusivamente à manifestação de um luto antecipado. Sem ser falsa, se pensamos nas circunstâncias, essa interpretação passa ao lado do essencial pois ela privilegia a realidade da morte futura, em detrimento de seus componentes oníricos. Desse ponto de vista seria preciso questionar a própria noção de luto antecipado para susbstituí-la pela de luto retroativo ou retrocedido. É uma noção mais conforme ao que se pode observar e que cria para a identidade da criança um espaço onde ela se abrirá, se transformar Isso em nome de uma irrealidade que comporta a perspectiva da morte da criança, por mais real que possa ser em certos casos; em nome, igualmente dos efeitos dessa irrealidade.[5] É, porém, difícil ter a medida dessa irrealidade durante a

---

4. *Op. cit.*, p. 233. *S.E.*, Vol. IV, p. 267.
5. Maurice Dayan dá, sobre a questão, substanciais esclarecimentos, principalmente quanto à imbricação dos elementos da realidade na textura do inconsciente, e quanto à maneira pela qual este último se desprende dela para seguir a evolução que lhe é peculiar (*Réalité et irréalité dans la cure*, 1985). Eu o cito (p. 70): "Tanto mais que não é próprio do projeto da análise apropriar-se, nos mínimos detalhes, do conhecimento que cada paciente tem de sua realidade singular, como a experimenta, de seus elementos somáticos e psíquicos, de seus momentos e de seus ritmos, de seus hábitos e de sua evolução, das suas modalidades de inserção na vida dos grupos e no campo social a que estes pertencem. O analista visa ao inconsciente: aquilo que não cessa de ser tramado sob os fios tênues e embaraçados que tecem, em torno de cada ser humano, o tecido da realidade em que é apanhado. Mas se é verdade que o inconsciente aspira a manifestar-se — tornar-se consciente —, que ele se prolonga no 'que se chamam seus rebentos' e que ele é igualmente acessível 'à ação dos acontecimentos da vida', não é menos certo que ele não se situa no plano em que esta última se desenrola e que diante dela mostra não raro 'uma independência e uma indiferençaa qualquer influência quase incríveis'."

218   *A criança dada por morta*

doença da criança, por ela ser relegada a segundo plano, ou mesmo voluntariamente afastada do cenário psíquico, dando-se prioridade aos cuidados exigidos pela saúde da criança.

O que não significa que o desejo de infanticídio (cuja presença foi reconhecida nos sonhos de morte de pessoas queridas, e que se pode igualmente perceber operando na visão da criança acometida de câncer estendida no seu caixão), não utilize a realidade mesma da doença para escapar da censura e da deformação que esta exige. Assim, o falso desejo de morte dirigido à criança encontraria abrigo nos temores relativos à sua morte ou nas preocupações cotidianas criadas pela doença, procedimento pelo qual esse desejo torna-se por muito tempo inexpugnável. Por esse fato, ele torna-se muito mais difícil de ser interpretado e sua evolução no sentido de um descobrimento da verdadeira identidade da criança parece ficar comprometida. É essa, contudo a hipótese de trabalho que conviria promover. Tratar dos pais, separadamente do pai e da mãe para descobrir com eles a superdeterminação dos temores que os obcecam para descobrir a rede do desejo de morte que a doença da criança, sem o saberem e contra sua vontade tornou de novo atual. Seria possível nos aperceber então do obstáculo levantado diante de nós pela invocação de noções tais como as de 'mãe má', 'mãe assassina' ou de 'mãe mortífera'. Reconhecer-se-ia nelas noções-anteparo cuja prática dos textos freudianos, especialmente a de *A interpretação dos sonhos*, mostra serem muito estreitas.

Constatamos com freqüência, como observa Léon Kreisler, que a avaliação da personalidade da mãe é um "momento decisivo de investigação sobre a criancinha". "Nós não demoraremos — nota ele — a repetir a inutilidade enganosa das descrições de uma criança 'perfil psicológico' da mãe ou do pai".[6]

A proposta conserva toda a validade no caso de uma doença que faz temer a morte da criança. Na perspectiva da regressão temporal

---

6.   1981, cap. II, p. 245.

A cena onírica da doença mortal 219

e tópica que o temor da morte da criança acarreta necessariamente — e sabendo que essa regressão é fortemente combatida para dar de si uma imagem de adulto responsável —, a hipótese do ressurgimento de uma neurose infantil da mãe é mais frutífera.

> Parece-nos — esclarece Léon Kreisler — que um dos fundamentos desse ressurgimento da neurose infantil da mãe deriva dessa regressão que origina fantasias de fusão e identificações que tendem a 'materializar-se'. É aqui que a plasticidade e a complacência somática do bebê desempenham um papel particular de validação da angústia materna. É preciso sublinhar igualmente que nesse período precoce as fantasias fusionais se manifestam principalmente no plano somático, sendo o corpo da criança fantasiado como parte do da mãe.

Finalizando, Léon Kreisler está aqui bem próximo de Freud, a não ser pela diferença de que Freud não faz coincidir a regressão com um período determinado da vida. Ele a considera inerente ao sonho, podendo-se acrescentar que ela é igualmente inerente ao choque afetivo que produz numa mãe a notícia do câncer de seu filho. Ficaremos admirados com razão de que a ênfase seja com tanta freqüência posta na mãe, em detrimento do pai. Léon Kreisler se defende, aliás, de minimizar a importância deste último.

Para maior clareza, e referindo-nos à definição que Freud dá de infanticídio, aceitaremos a idéia de que é preciso, em vista da movimentação das profundezas que suscita o temor de perder um filho, utilizar o designativo 'mãe' como termo genérico e não exclusivamente como a palavra que denomina sua pessoa. Assim, pode-se abrir um lugar para o pai, a quem com freqüência, se ignora, que, em razão da doença de seu filho, é intensamente solicitado em suas disposições maternas. Do mesmo modo, suas reações por vezes ambivalentes, por vezes excessivas, não poderiam ser compreendidas sem as relacionar com o ressurgimento dos traços de suas relações arcaicas com sua mãe,

220 *A criança dada por morta*

como com seus desejos de maternidade recalcados, contrariados. Essas são a expressão de desejos infanticidas aos quais a criança real doente empresta sua forma sem ser dela necessariamente o destinatário. Os cuidados que causa na vida cotidiana canalizam para ela as representações coloridas de teorias infantis sobre a morte e o nascimento. Nessa situação, como no sonho típico, a visão da criança estendida na caixa poderia ser apenas um sucedâneo da visão da criança *in utero,* uma visualização do ventre materno, via de acesso à representação proibida.

Admito que nos atendo ao destino psíquico apontado por Freud para os traumas que crianças ou adultos podem sofrer na existência — a saber, que esses traumas, mais votados à repetição que à recordação, operam de preferência para a manutenção do recalcamento e da resistência, ao invés de sua retirada — , pode-se pôr legitimamente em dúvida a pertinência de uma reflexão psicanalítica centrada nos efeitos de uma doença grave sobre a criança. Entretanto, para quem se interessa pela realidade psíquica dos pais, a experiência mostra que se envolvem numa luta duradoura, por mais custosa que seja, para preencher as fendas profundas que a doença da criança produz em sua organização defensiva. O que não impede o desejo reprimido de continuar a exercer uma influência subterrânea. Ele permanece ativo, sustentado pela aliança — e também sustentando-a — estabelecida por pais e médicos, na urgência e na necessidade, em nome da criança doente. É essa uma eventualidade que Freud não subestima e que explica longamente na conclusão dedicada à parte chamada Sonhos de morte de pessoas queridas:

> Estes sonhos nos apresentam um caso pouco habitual: os pensamentos formados pelo desejo recalcado escapam a qualquer censura e aparecem inalterados. Para isso é preciso que as condições sejam de um tipo todo especial. Parece-me que esses sonhos são favorecidos pelos dois fatos seguintes: primeiro parece que nenhum desejo possa estar mais longe de nós : 'nem em sonhos poderíamos ter

A cena onírica da doença mortal

semelhante idéia'; de modo que a censura do sonho não está armada contra essas monstruosidades, semelhante à lei de Solon que não previra penas para os parricidas. Parece em segundo lugar que, diante desse desejo recalcado e de cuja existência não suspeitamos, apresentam-se muitas vezes restos diurnos na forma da preocupação que nos inspira um ente querido. Esse cuidado só pode aparecer no sonho se se servir do desejo; este, em troca, *pode-se esconder atrás da preocupação surgida durante o dia.*

Podemos pensar que as coisas são mais simples: que não se faz continuar de noite, em sonhos, o que começou de dia. Mas então deixa-se de lado os sonhos de morte das pessoas queridas, sem ligá-las à explicação geral do sonho e se mantém inutilmente um enigma fácil de resolver.[7]

Conviria, com o risco de citá-la mais uma vez, recolocá-la no seu contexto a frase relativa à significação do cuidado que inspira uma pessoa amada. Não se poderia, creio eu, encontrar melhores palavras para designar a imbricação dos laços entre a vida vígil e a vida onírica; laços graças aos quais o desejo infanticida consegue introduzir-se.

Se não é duvidoso que a cena onírica da doença mortal se construa sobre um desejo infanticida, a esperança de ter acesso à constituição desse desejo pode parecer, a mais de um título, quimérico. A experiência mostra, de fato, que o reconhecimento desse desejo pelo genitor, como seu produto, o levaria a descobrir suas origens nos seus próprios desejos infantis, liberando assim a criança doente da função de 'testa de ferro', que lhe é, com o

---

7. *Op. cit.*, p. 223. *S.E.*, Vol. IV, p. 267. É obvio que a palavra "genitores" é um termo global que serve para designar sujeitos dos desejos de morte, principalmente os dos filhos em relação a seus pais, cujos exemplos são abundantes. De propósito reservei aqui um lugar especial para o sonho de infanticídio, podendo-nos admirar de que Freud não o tenha denominado assim, preferindo a denominação 'Sonho da criança morta na caixa'. Fui eu quem sublinhou a penúltima frase.

222   *A criança dada por morta*

desconhecimento de todos, devolvida. Mas a experiência mostra
também que sólidas construções são arquitetadas de ambas as
parte para pôr obstáculos a essa eventualidade. Como se, sob a
pressão de um pensamento mágico, os adultos envolvidos pen-
sassem que, ao tomar conta da criança neles, estivessem descui-
dando de seu filho. Donde a idéia de que não convém reconhecer
que a doença da criança é fundamentalmente um assunto de crianças, nem de voltar à criança em si porque esse reencontro de
crianças seria um encontro de crianças rivais, encontro mortal,
talvez para a criança de carne e osso.

Para além da prioridade dada aos cuidaods e aos
pensamentos concernentes à criança ou à que se dá à realidade
exterior e da qual não se deve subestimar a importância, é a
realidade psíquica que fica escamoteada. A realidade psíquica,
para grande número de pessoas, não passa de um termo abstrato.
Menos ainda aquilo a que faz referência, já que é costume fazer
dela pouco caso. Acontece que sua importância não pode,
impunemente, ser subestimada. Porque a aliança dos adultos em
favor da criança real se fundamenta em última análise, no
desconhecimento da criança interior que, sendo inconsciente, não
deixa de ser cegamente mantida, encontrando sua dinâmica e seu
poder no que não deve ter existência. Essa aliança se transforma,
na vida psíquica, numa coalizão contra o infantil na própria pessoa.

São interrompidas as pontes, devendo assim permanecer,
entre a criança que está ali e a criança que permanece no sono
nos refolhos da pessoa: "Provação houve para ela como para os
seus, é verdade — escrevia-me a mãe cuja carta foi anteriormente
mencionada[8] —, mas porque ela saiu vitoriosa (médica e
moralmente falando) eu teria *pessoalmente* a impressão de regredir
vindo ao seu encontro".

Não me tornei eu, para essa mãe, a mensageira de uma
sombra de criança votada ao esquecimento, mensageira que ela

---

8. Reportar-se ao capítulo 9, p. 158.

A cena onírica da doença mortal 223

de certo modo fazia morrer pondo um termo às nossas entrevistas? Pressentia ela semelhante perigo, essa outra mãe que me confiava: "Acreditei por vezes ser alguém, eu não sou ninguém. Parece que tudo se choca com o meu vazio. Nada é possível."?

Imagens de criança

Confusamente guiados por uma proibição que pesa sobre a decodificação de suas imagens de criança, pai e mãe — ora unidos para serem um só, ora separados, mas decididos, sem o saber, para permanecer na ignorância do tesouro de sua infância —, investindo a criança doente como seu único e exclusivo tesouro. Destinado de agora em diante a ocupar sozinho o lugar todo, a criança real funciona como anteparo à criança fantasmática que ela sufoca e cujos apelos torna inaudíveis. A língua da infância se transforma em língua morta, não mais possível de decifrar.

Acontece — mas são necessárias para isso circunstâncias favoráveis — que o percalço dessa incompatibilidade se torne consciente e que se expresse. A exemplo dessa jovem mulher, grávida de alguns meses, que solicitou começar a análise antes de nascer a criança, temendo que depois o bebê lhe tomasse todo tempo. A precaução certamente não passava de um álibi, mas é preciso supor que ela não achou nada de melhor para dar a entender que a criança nela pedia a palavra. Não era, acaso, também ao filho dessa criança em si que ela desejava dar nascimento; à criança que ela própria em criança tinha desejado ter de sua mãe, de seu pai? A gravidez favorecia a conjunção de duas crianças em potência que a jovem mulher carregava, diferentemente, em seu interior: a criança que em breve veria a luz do dia e a de sua infância pré-histórica.

Nada de comparável, porém, do ponto de vista da conturbação psíquica, entre a espera de um filho que vai nascer e a eventualidade da morte de uma criança que já nasceu. Nada que se compare, se não for a acuidade com que, em tal circunstância

224 *A criança dada por morta*

se tecem os laços entre três figuras de criança constitutivas da vida psíquica: a da criança histórica que fomos, a da "criança sempre viva com todos os impulsos" que segundo Freud, a interpretaão dos sonhos permite descobrir em nós, e a da criança que é posta no mundo.

O nascituro inicia, na união, quase na inclusão, um trabalho de reconhecimento quanto à especificidade dessas imagens. A *criança dada por morta* torna a idéia de separação por demasiado vívida e crua para poder ser um utensílio do pensamento. A separação tal como é concebida, como se supõe que se deva produzir, nada, pois, tem em comum, exceto o nome, com o trabalho de separação que está em jogo numa análise, trabalho durante o qual a criança fantasmática, filha do desejo, é pouco a pouco tirada da ganga de que a criança histórica a envolvia. Entretanto, a julgá-los pelas afirmações que sustentam, certos pais de crianças ameaçadas de morte podem, sob muitos aspectos, ser tidos por superdotados para o trabalho psicanalítico. Donde a sedução que deles emana, ao menos para mim. Só que eles queimaram etapas, atingiram rápido demais um umbral que demanda ordinariamente vários anos. De repente, sem preparo, estão no âmago dos problemas a que o tratamento conduz só através de vias numerosas e sinuosas. Não é que a criança real esteja ausente delas. Conhecemos o lugar ocupado pelo filho do paciente no tratamento; sabemos como a representação da perda se atiça, torna-se precisa, modela-se por fatos e gestos da criança que cresce, na qual o genitor descobre ora seu semelhante, ora um outro, desconhecido dele, inquietante mesmo e que aprende a fazer seu porque saído dele.

A cena onírica da doença mortal 225

A visão da criança morta

Quando no calor das coisas a representação da perda adquire um excesso de realidade no que respeita à vida psíquica, os pais reagem sem medir plenamente a natureza de seus atos, como crianças brutalizadas primeiro, em seguida como crianças brutais. Certos pais se esforçam, por exemplo, em fazer desaparecer os traços do passado cuja lembrança é tão intolerável para eles como para a criança. Como o agricultor que vendeu o cavalo preferido de seu filho, a despeito da pena que ambos sentiram, nas semanas que seguiram sua volta do hospital. Porque François era, antes da doença, o único da família que podia dominar e montar este animal indócil que o tinha aceito como dono. Uma barreira separava de agora em diante o animal de sua montaria. Uma barreira que o pai não sabia nem como nem quando haveria de ser franqueada, tão fantástica e indomável como o próprio animal, a saber, a doença. A presença do cavalo expunha o pai e o filho à tomada de consciência de sua impotência: impotência do pai em responder às perguntas do filho, a dizer-lhe quando melhoraria, quando lhe seria permitido... e ao mesmo tempo a exercer as funções de representante da lei. Impotência do filho para retomar suas atividades anteriores, ou por outras palavras, para recobrar sua integridade e principalmente para se libertar da paralisia que já exercia sobre ele a imagem da *criança dada por morta.*

Assim o pai tomou a dianteira, atuando. Acreditando agir para o bem do filho, fez desaparecer o testemunha incômodo, que tinha se tornado a incarnação do inacessível. Em troca, deixou François participar num concurso de pôneis em que obteve o primeiro prêmio!

Igualmente desejosa de evitar que Christine, de cinco anos, pudesse aperceber-se do reflexo de sua nova imagem e de constatar a perda dos cabelos, a mãe cobriu todos os espelhos do apartamento. Muito orgulhosa de seus longos cabelos loiros, a menina, dizia a mãe, não teria suportado a imagem que os espelhos

226 *A criança dada por morta*

lhe enviavam. Não teria conseguido reconhecer-se neles. Na verdade, os espelhos teriam devolvido a Christine a imagem de sua mutilação e à mãe a prova de sua ferida narcísica.

Como o pai de François, ela tomava o partido de atuar sobre o objeto cobrindo-o, incapaz de agir sobre a própria coisa, isto é, a doença. Tudo o que dizia respeito à doença permanecia para ela tão inexplicável quanto indizível. Tanto quanto durassem os efeitos invisíveis para sua filha ela esperava nunca ter de falar com ela sobre o assunto, para não ter que remanejar nada em si mesma. O valor anedótico dessas reações abundantes de exemplos não deve fazer ignorar seu sentido profundo.

Geralmente observáveis quando as crianças voltam para casa, na primeira fase da doença, sejam quais forem sua diversidade e intensidade, essas reações mostram como os pais, impotentes diante do mal, incapazes de atenuar ou de reparar seus efeitos, exercem em contrapartida sua onipotência sobre o mundo externo que tentam modificar para torná-lo conforme ao perfil atual da criança, para restabelecer a homeostase entre eles e ela, para anular a fissura entre a criança de carne e a criança do desejo. Manobras ilusórias por excelência exercem também influência sobre o futuro. Porque o equilíbrio que se vai estabelecer por seu intermédio, com maior ou menor sucesso, maior ou menor felicidade, não será facilmente modificado. Isso decorre do fato de que a visão da criança morta adquire por esse caminho um lugar efetivo no mundo externo, sendo posteriormente tanto mais difícil reconhecer seu componente onírico.

As medidas dirigidas a adaptar o meio ambiente, ao invés de permitir à criança adaptar-se a ele, não têm pois o efeito pacificador previsto. Dizem respeito em primeira instância à economia parental. A criança vê nisso inicialmente a prova de que seu sentimento de perda é partilhado por seus próximos e que eles sofrem com isso. Por outra parte, o dano adquire a seus olhos tanto maior importância quanto menos materializável for. Num mundo externo, que não é mais confiável porque se apaga diante

A cena onírica da doença mortal 227

dele, onde a percepção pelos sentidos não é mais suficiente, só suas lembranças ajudam-na a medir a distância entre suas capacidades passadas e presentes. Assim sendo, é à crença que a criança deve conceder uma parte de sua experiência sensível que é posta em perigo e progressivamente desinvestida; isto é, ela será privada, para se proteger ou se defender, do recurso consistente em desconhecer ou abolir uma realidade que outros, em seu lugar, terão já tentado abolir. De certa forma ela se torna sua própria realidade, encarnando a realidade da doença. É o que explica os efeitos dessa doença, as seqüelas que acarreta, não podendo durante muito tempo fazer parte das conversas em família. Sua origem não deve ser mencionada porque o câncer permanece palavra tabu, e principalmente porque qualquer palavra sobre o câncer é suscetível de descobrir imagens relativas à *criança dada por morta*. Imagens que só se comunica de forma indireta.

A criança real aprende mais tarde, uma vez curada, que tudo isso é o tributo exigido por seu corpo para que sobreviva. Entrementes, ninguém se arrisca ao diálogo com ela sobre o assunto. Na falta de palavras, as modificações exercidas sobre o ambiente e as atitudes novas adotadas, por contraditórias que tenham sido com o discurso que mantinham com ela, adquiriram para a criança um valor de comentário. De agora em diante ela é poupada de repreensões, admoestações, castigos. Seus caprichos foram tolerados, suas atividades postas sob controle, vigiadas. Tendo o ambiente em torno dela se tornado paulatinamente asséptico, sua resposta será a de uma criança superprotegida. E a exclusividade solicitada, especialmente da mãe, os ciúmes manifestados quando esta desviava a atenção da criança, suas exigências para com ela, acompanhando-a conforme se tratasse de busca de contato corporal ou de mimos, tomaram a seus olhos tanto maior importância quando lhe permitiram pôr à prova uma forma de amor que jamais conhecera e fizeram-na identificar seus limites.

Entre a criança convalescente, sua mãe, seu pai, o indizível ou o não-dito assinala o lugar do desejo insatisfeito, da falta, da

228 *A criança dada por morta*

perda. Juntamente, conforme o genitor com quem faz um casal a criança curada, prosseguem eles a experiência do fracasso mútuo, impondo-se um ao outro o espetáculo de sua ferida narcísica. É assim que se instala o funcionamento viciado de sua relação. Faça o que fizer, ela sempre se situa, para eles, aquém de suas esperanças; suas realizações são outras tantas recordações da mutilação passada e da suposta perda. Se a criança acaba por odiá-los por mantê-la no estado passivo do ser cuidado, mimado, por sua vez eles a odeiam por não poder ser no futuro o depositário de seus sonhos infantis. Esse rancor secreto os culpabiliza, às vezes ao ponto de não saberem mais que atitude adotar para com o filho. Em certos momentos tomam o partido de negar que ele seja diferente das outras crianças, seja recusando reconhecer os efeitos da diferença, seja tentando modificar o mundo externo. Noutros momentos, decidem, ao contrário, exibir a diferença, fazem a criança participar de atividades que não lhe convêm, sem ter a consciência de que por mostrarem em excesso a diferença acabam igualmente por fazê-la desaparecer. É esse aliás seu escopo íntimo. Porque é na alternância entre duas posições contraditórias que se mantém vívida a imagem mítica da criança onipotente, plenamente satisfatória, e que o trabalho de luto implícito na revisão dessa imagem consegue ser adiado. A percepção da modificação física da criança está bem presente no espírito do pai, bem como no da mãe, mas, sem que necessariamente tenham combinado, cada um deles empreende uma ação muito enérgica para domesticar seus efeitos. O que quer dizer que eles a constituem, simultaneamente ignorando o paradoxo de sua atitude, como um herói dotado de imortalidade e uma *criança dada por morta*. Tendo a doença conferido um status de realidade a cada uma dessas representações contraditórias, não seria para admirar a negligência com que são, de costume, tratados seus componentes oníricos.

A cena onírica da doença mortal 229

Evitar um luto

Cartas le fueron venidas que Alhama era ganada: las cartas echó en el fuego, y al mensagero matara. ("Chegaram cartas dizendo que Alhama fora tomada. As cartas jogou no fogo e matou o messageiro.") Essa foi, lembra Freud em sua carta a Romain Roland.[9]

> a célebre queixa dos mouros da Espanha, *Ay de mi Alhama,* que conta como o rei Boabdil recebe a notícia da queda da cidade de Alhama. [...] Compreende-se facilmente que no comportamento do rei, o que está em causa é a necessidade de combater o sentimento de impotência. Queimando as cartas e matando o mensageiro procura demonstrar a inteireza de seu poder.

Essa história põe em relevo o aspecto simultaneamente rídiculo e desesperado de uma luta que nos ameaça devastar. Vai igualmente ao ponto certo para pôr em relevo os riscos psíquicos da luta. Porque o processo de luto, de que a criança real deve ignorar ser ela o objeto, funciona para evitar outro luto. Ele é um processo de luto de segundo grau, ou seja, um processo defensivo que aliena a criança real em preocupações que não lhe dizem respeito em sua totalidade. Esse processo se apóia na ocultação de uma atitude de identificação com a criança doente e que se enunciaria nos seguintes termos: 'eu sou, ao mesmo tempo em que tenho uma criança doente'. Uma atitude cuja tomada de consciência colocaria o sujeito no caminho de uma apropriação ou reapropriação da criança no adulto. Constatando, apesar de todos os esforços, que são impotentes para agir no exterior, os pais, cada qual a seu modo, voltam-se para o seu interior, amordaçam a criança neles, submetem-na a uma residência muda. Tornam-se infanticidas deles próprios, isto é, da criança neles,

---

9. *Un trouble de mémoire sur l'Acropole, 1936, p. 221.*

230 *A criança dada por morta*

pela ignorância íntima de uma possível coexistência entre essas duas crianças. Mas igualmente por dever, por respeito para com as imagens de pais modelos, com freqüência construídas *a posteriori* e de que se sentem depositários. Nesse nível, aliás, a confusão não é pequena e é bem difícil determinar a parte que compete aos pais que têm ou que crêem ter tido e a que se refere àqueles pais que são. Como se eles não se situassem mais numa genealogia.

Somente o NÃO MAIS, contido no risco de não ser mais a mãe ou o pai da criança morta, parece introduzir uma distância dos personagens parentais, principalmente da mãe. Como se verá na observação próxima, trata-se de uma distância que, paradoxalmente, pode ser considerada equivalente de um remanejamento do qual uns e outros saem intactos, porque contra sua vontade a diferença se instala fora deles. Questão de imagens, pois, e do preço das imagens que damos de nós. Certos pais conhecem seu risco e dizem:

> "Não dar de mim uma imagem ruim. No caso sou eu que sofro as conseqüências de investir tanta energia na idéia de paracer ser bom, de dar uma boa imagem, como se isso me fosse enriquecer. Na verdade, quanto mais isso avança mais eu percebo que me destrói, a mim sobretudo. Os outros nada têm que fazer no caso".

Alguns, entretanto, continuam a privilegiar as imagens que oferecem deles próprios, em detrimento de uma investigação sobre as imagos da criança neles, e a manter com a criança doente um vínculo de amor inalterado — independente do tempo que passa, das chances de cura que aumentam ou que se concretizam. Esse amor, que parece não conhecer limites, apresenta todas as qualidades de um amor sem partilha para com a criança doente, de um amor que se parece com esse amor eivado de culpa de que fala Ferenczi e que o autor interpreta como o avesso da hipocrisia por parte dos pais. Ainda que a criança, utilizada sem querer, num

A cena onírica da doença mortal 231

lugar de instância recalcadora, não seja tão beneficiária dessa operação, eu acrescento tratar-se menos de hipocrisia para com a criança real do que de uma rejeição diante desse álbum de suas imagens de criança, ou ainda como o negativo de um desejo de infanticídio, cuja imagem de *criança dada por morta* seria o que restou de perceptível. Daí a necessidade de reconhecer, num ou noutro momento, que a criança real não é dada inteira por morta, mas que uma parte dela está abusivamente ligada a essa imagem.

Na perspectiva desse vínculo com a criança real, compreende-se que a busca de seus próprios vínculos de criança não oferece mais interesse; ela não se acompanha mais de nenhuma necessidade interior. A partir daí não existe mais razão de ser para o trabalho psicanalítico: falta-lhe o objeto. Isso permite pensar que se a descorta e o reconhecimento do infantil são ativados, depois mantidos no tratamento, de forma privilegiada e específica, pela transferência, não estão menos sujeitos a exigências relacionadas com a possibilidade de encontrar de novo a multiplicidade de seus vínculos de criança, possibilidade que por vezes onera a realidade externa quando ela tem prioridade excessiva. O desenvolvimento desse processo não pode ser confundido com o que habitualmente chamamos de amnésia infantil.

Processo maligno, processo materno

Como, já que uma criança pode morrer, arranjar algum espaço em nós para refletir, para tornar a encontrar uma continuidade, enquanto um discurso repetido não cessa de girar na cabeça? Trata-se de um discurso que é conjugado exclusivamente no presente e na forma negativa. Não adianta seguir o ritmo da vida, o tempo não tem mais duração. Tudo parece estar recolhido num único instante. Temos a impressão de que os acontecimentos, por mais temíveis que sejam, adquiriram uma presença obscena.

232 *A criança dada por morta*

Colocada diante de uma situação idêntica, essencialmente catastrófica: o risco de perder o filho, nenhuma mãe sabe o que fazer. Obrigadas a enfrentar o fato, forçadas a mostrar coragem e presença de espírito, todas as mães acabam, num ou noutro momento, por atraiçoar o segredo de seus pensamentos. Com mais ou menos determinação, mais ou menos agressividade, mais ou menos tristeza, mais ou menos alusões, elas dizem palavras que rodemoinham em suas cabeça. *Eu não posso, eu não posso ter dado à luz um ser inviável, não quero ser aquela que perde o insubstituível.*

Nisso semelhantes à criança que volta à casa e procura em vão, para se' re-conhecer', para se medir com uma realidade que se apaga diante dela, experimentam dolorosamente o caráter insensato de uma maternidade no exato momento em que a presença do ser que a incarna não é mais um dado certo. Sonho e realidade ousam então, contra sua vontade, misturar-se em seus pensamentos. Que venha a desaparecer a criatura nascida de sua carne, ela só deixará subsistir de seu 'ser mãe' um representante sem representação, uma representação de coisa sem representação de palavra para lembrar seu vestígio. É verdade que à língua francesa não faltam expressões para descrever a situação da mulher na sua relação com a criança: mulher grávida, mulher estéril, mãe adotiva, mãe solteira, mãe sem marido... estão entre as mais comuns. De uma mulher que perde o marido, falamos de viúva, feminino de viúvo; de um filho que perde os pais, falamos de órfão ou órfã, conforme o sexo. Mas de uma mulher que perde seu filho, o que dizer? Nada, senão que ela o perdeu. Privada dessa presença, ela se encontra num estado inqualificável. Ela é, daqui por diante, uma mulher à parte. Isso não a impede, como uma criança, de odiar sua mãe e de torná-la responsável por sua infelicidade.

Uma mesma visão domina o turbilhão desses pensamentos, a do filho morto. Mas as circunstâncias não permitem que essa visão seja reconhecida no seu componente onírico. Elas fazem obstáculo à decodificação das imagens que, por causa da doença

A cena onírica da doença mortal

da criança, foram ativadas na vida no cenário da vida psíquica. A violência do choque engendra a desorientação.

Estranho paralelismo, mas também estranha diferença, entre o destino de uma representação infanticida na vida psíquica e seu destino na vida exterior. No primeiro caso, como para o paciente de Freud, essa representação proveniente de um sonho e submetida à análise pode levar à reapropriação de uma história. No segundo caso, e porque ela se enxerta numa criança real ao ponto de nela perder suas características, essa representação é desencaminhada, desviada, ignorada. Adquire um poder anárquico. Torna-se efetivamente destrutiva. Por que? Porque o desejo infanticida, que constitui parte da composição do cenário onírico da doença mortal, escapa à censura, escolhendo domicílio no mundo exterior onde tudo é colocado para não se saber nada de sua presença nem de suas manifestações. Assim também ele desafia a ignorância de que é objeto.

Acontece, entretanto, que ao ser inopinadamente reconhecido na transferência, identificado como o elemento motor de uma relação psicoterápica, esse desejo infanticida consegue encontrar um lugar na dinâmica da vida psíquica. A visão da criança morta constitui disso, com muita freqüência, a parte que emergiu. Por mais denegada que venha a ser, essa visão tem uma função no espírito daqueles que o câncer reúne em torno da criança doente. Ela é suscetível de se tornar um instrumento de trabalho privilegiado para tornar, de um modo ou de outro, esse desejo acessível à consciência. Porque por mais subterrânea que seja a influência da visão da criança morta, nem por isso ela organiza menos a maioria das atitudes transferenciais, que atuam numa solicitação de consulta, mesmo quando a criança doente não for aí parte interessada.

234   *A criança dada por morta*

O desejo infanticida na transferência

Tirada da minha prática, a observação que apresento agora é um exemplo, entre outros, do caminho que se toma emprestado para se inferir, com imagens relativas à ausência e à presença, a insistência de um desejo de infanticídio que se deseja manifestar. Florence tem sete anos. Michèle três. A pequenininha está gravemente doente. Faz um ano que é tratada de um câncer, um ano que a vida em família gira em torno dela, que todos deixam de lado as preocupações cotidianas por temor de se mostrarem inoportunos. No entanto o estado de saúde de Michèle melhora cada semana. Ninguém ousa ainda ficar contente. Superstição? Conjuração? Pessimismo exagerado?

Atenta ao mais íntimo de si mesma, esquecida dela própria, a mãe está completamente absorvida por Michèle; o pai, igualmente, ainda que com mais distância: está ameaçado de demissão e teme o desemprego.

Que dizer de Florence, a irmã mais velha? É uma criança viva, precoce, que se desenvolve rapidamente na vida. De outra parte, dentro de algumas semanas, na época de voltar à escola, volta à casa, faz-se de bebê, querendo que a mãe lhe dê de comer como faz com Michèle. Inventou fazer cocô na banheira para que a mãe compreendesse que era preciso lhe dar banho como fazia com a irmãzinha. Movimento de pânico na mãe, que pergunta ao médico de Michèle sobre a possibilidade de uma psicanálise para Florence.

Uma entrevista é marcada por telefone, a mãe vai sozinha e explica com angústia inequívoca, o quanto está desorientada pela atitude da filha mais velha, que, até ali, a deixava inteiramente satisfeita. Ambas estão brigando. Faça o que fizer a mãe, ceda a seus caprichos ou os discipline, Florence inveja Michèle, sente-se prejudicada por esta e tenta, de tempos em tempos, ficar doente para chamar atenção. Um dia tem dor de barriga, noutro não volta para casa na hora esperada. A mãe a procura em toda a parte, avisou mesmo a delegacia de polícia para afinal encontrá-la numa

A cena onírica da doença mortal   235

vizinha na qual, tranqüilamente, brincava em companhia de crianças menores que ela. De outra parte, a mãe se critica por ter demorado em chamar a vizinha, pois sabe que Florence adora cercar-se de bebês. E quando ela própria não se faz de bebê, cuida de Michèle como uma mamãezinha. Aí até exagera, o que deixa a mãe séria, pensativa.

Com certeza as coisas seriam mais simples se a avó materna estivesse em casa; ela cuidaria de Florence, enquanto a mãe se dedicaria a Michèle. Mas a avó mora muito longe.

Então a propósito de Florence há uma inundação de perguntas: "Será que ela se sente responsável pela doença da irmã? Teria ela desejado sua morte?"

A mãe se sente ela própria responsável pela regressão de Florence. Culpa-se por não lhe dedicar tempo suficiente. Entretanto, a despeito do período de insegurança financeira que atravessam, ela não olha despesas, compra-lhe tudo que quer. Priva-se mesmo, para oferecer à sua filhinha o lindo vestido caro visto numa vitrine ou o toca-discos com que sonhava para o Natal. Não adianta. Florence fica insatisfeita tanto quanto a mãe, pois ela não sabe como pôr fim a essa regressão inaceitável. Pensa que é por sofrer que Florence regride. "Ora, os filhos não devem sofrer com as preocupações dos pais", diz ela num tom que parece a voz de uma criança tentando convencer-se. Uma criancinha que não teria ainda aprendido a bem articular os 'r' e que para dizer "partir" diz "pa.tir"*. Ela se recupera logo, consciente de seu dever de educadora e emenda: "As crianças devem conseguir tirar disso algo de positivo", para terminar, com muita emoção: "Eu quero que isso resulte em algo de positivo, eu me empenho nisso".

No fim dessa tomada de contato não se tratou diretamente da menina doente, apresentada de certo modo, como sem problemas. "Ela tem três anos, está em pleno Édipo", explicou a mãe, de longa data interessada em psicologia, "é louca pelo pai." Eu gostei do

---

* N.T. Francês, 'pâtir' = 'sofrer'.

236 — *A criança dada por morta*

desvio feito pela filha com saúde, considerando constituir ele uma espécie de desdramatização da situação atual, tornando possível uma abertura. Tentei fazer compreender à mãe que, por meio dos problemas de Florence, talvez fosse dos problemas dela e dos da menina que estivéssemos tratando. Ao que ela, de pronto, respondeu: "Então a Sra. acha que minha mãe deveria ter me posto numa psicoterapia". Movimento das profundezas pelo qual atestou que, como Florence, estava bem viva, e que como Florence ela bem que podia ter críticas a fazer à sua mãe.

Combinamos uma consulta algumas semanas mais tarde. As coisas estão melhores com Florence depois de nosso último encontro e concordamos que continuaremos as entrevists; ela as espera com impaciência de uma para a outra. Na véspera de nosso quarto encontro, toca o telefone. A mãe não sabe se poderá vir. Michèle está com febre, ela está em dúvida se poderá deixá-la com a vizinha. Silêncio da minha parte, do lado de cá do fio, não sei o que dizer, a não ser do meu espanto. Como ela entende meu silêncio? Garante-me que fará o possível para vir.

No dia seguinte, espero-a na sua hora pensando: Ela não virá; apesar do desvio feito por meio da filha sadia, desvio mas também tentativa de reanimar, de encontrar outra vez no interior dela própria a menina que ela foi; apesar disso, ela não vai continuar, não pode *pa(r)tir...* Como Florence ela só pode *"patir"*. Dividida, dilacerada entre uma criança doente e uma criança sadia — ambas representantes de duas partes dela cindidas, entre as quais oscila, entre as quais vai e vem, com as quais às vezes faz jogos de prestidigitação — , ela chama para apregoar sua prisão, para ser tirada desse movimento de gangorra sem descanso em que foi apanhada. Chama, mas parece ser um grito no vazio, um grito sem objeto, grito interior que ela acredita ser inaudível. Esses pensamentos me agitam mais ou menos confusamente, quando de repente um deles se impõe a mim, acompanhado de um sentimento de raiva interna, pensamento que se apresenta sob a forma de desejo: "E se isso... parasse... se isso parasse de não se dizer... de não se escrever".

A cena onírica da doença mortal 237

Porque não está escrito em lugar algum que esses tratamentos em situações de alto risco são uma fonte inesgotável de desilusão, que precisam de remanejamentos constantes, por causa da sensação de insegurança que engendram e do trabalho de equilibrista que exigem, sempre no limite da ruptura.

É preciso enfim que isso seja sabido, para que termine... Isso... O quê? O começo de abertura logo seguido de fechamento, o compromisso infernal entre uma saída de... e uma volta a... um estado de fato. Mas de fato!... eu também não desisto, pois continuo este trabalho, persisto em pensar que a análise tem aí um lugar... E se eu fosse embora... se isso cessasse... Um toque de campainha me interrompe, a paciente se virou para vir à sessão. A quem pois, pôde confiar a menina?

Retomemos! Assim no silêncio do meu espanto, da minha desorientação e também da minha decepção, a paciente me transmitiu um desejo, talvez, sem o saber, seu desejo mais íntimo. Curiosamente esse desejo encontrou seu lugar numa espera que eu achava inútil, enroscou-se num sentimento de vazio criado pela ausência. Encontrou em mim elementos de um outro desejo e se transformou em palavras. Mas o curso desse desejo é ambíguo, comporta uma conjunção coordenativa (e), um desejo ('se isso parasse de...') enfim uma negação ('não...').

Esse curso é um encobrimento ou uma escapulida? uma denegação, isto é, segundo Freud, o sinal da aceitação intelectual de um recalcado, ou a esquiva de um desejo?

Entretanto eu escrevo. Pois eu produzo. Por meus escritos dou corpo a essa criança que está entre nós, a essa criança pretexto, a essa criança-desvio, que eu faço conhecer quando resolvi não a conhecer. Aqui estou eu, com meu mau-humor, apanhada na armadilha de minha própria contradição.

"É preciso que isso seja sabido", pensei eu. Creio liquidar a representação de uma criança e eu lhe atribuo um direito de cidadania. No momento preciso em que ela se torna perceptível a mim, eu me dou conta de que se trata de uma condensação. A

238 *A criança dada por morta*

imagem da criança que foi a mãe insensivelmente aderiu a meu espírito com a das duas filhas que ela me entretinha. Uma representação compósita se fabricou em mim à medida que eu escutava a mãe falar. "Os efeitos habituais da linguagem comunicativa — escreve Nicolas Abraham — , seja ela qual for, implicam sempre a rejeição da Criança".[10] Ter-me-ia tornado infanticida? De que criança se trata?

Mal eu tinha levantado o braço para escrever, a campainha tocou. Então ela veio! Quem? A criança a ser tirada do anonimato, do magma da indiferenciação entre a criança que ela foi, as crianças que tem e a criança das nossas fantasias. Não houve separação mas um intervalo prolongado durante o qual pôde surgir, irromper o desconhecido da criança, desconhecido da mãe nela, em mim. O contínuo de nossa ignorância é desde agora descontínuo.

"E se isso cessasse!..." Curioso desejo relacionado a uma mulher cuja filhinha está doente, e de quem eu sei que ela não pára de pensar que está em perigo de vida, que não pára de pensar no seu desaparecimento, na sua partida física do mundo dos vivos. Mas ela é muito lúcida a esse respeito, muito antecipada e isso também é preciso que cesse. Quer isso dizer que a vida da menina deve cessar?

Meu desejo seria um desejo de morte, um desejo de eliminação? Dito de outra forma, se isso cessa, se o vínculo que retém essa mulher à sua filhinha se rompe — um vínculo que ela apresenta como sendo feito de deveres, de obrigações e de impossibilidade externa — , estará ela livre para constituir um vínculo analítico? Seria eu posta por ela, pelo efeito desse desejo ('que isso cesse') na posição de mãe, para libertá-la de um vínculo que ela não teria sabido romper, nem enquanto criança na relação com sua mãe, nem enquanto mãe na relação com sua filha? Ela me coloca assim o desafio de ajudá-la a romper seus vínculos mais preciosos e que, no entanto, ignora. Qual é, pois, a força que a impele?

---

10. *L'enfant majuscule ou l'origine de la genèse*, 1978, p. 327 da 2ª ed. (1987).

A cena onírica da doença mortal 239

Eu disse que aprecio o desvio feito pela menina saudável; temo agora tê-la ignorado como ignorei o pai. Qual é, portanto, o lugar do pai nessa questão? Preocupado com sua situação profissional, ele deixa que a mãe se vire sozinha com as filhas. Conviria que alguma coisa também cessasse nesse domínio; que cessasse para ela o sentimento de vazio criado pela ausência de um homem. Será que, como Florence, ela inveja Michèle que tem "um amor louco pelo pai"?

Não, é claro; tanto menos claro que se mistura a isso um desejo infanticida. Um desejo infanticida que eu percebo em mim e lhe empresto, sem ignorar que ele é suscetível para ela de se transpor para a realidade, de se materializar. Um desejo infanticida que, por outra parte, ela me faz realizar, no sentido de que ela me incita a produzir um escrito que confere à criança de que ela veio falar-me um *status* diferente do que tinha para ela. Desse ponto de vista, o desejo de um filho que ela faz nascer em mim deveria incitá-la a remanejar o seu. Ao mesmo tempo em que ela me convida a reconhecer algo dela e fazê-la conhecer, ela se envolve comigo numa relação privilegiada, que, para não ser mortalmente narcísica, necessita de um público, de um terceiro: leitores. Assim a *criança dada por morta* na realiddade pôde, na fantasia, adquirir o sentido de *uma criança para nascer*, de uma criança que, nascendo, solicitaria o reconhecimento e cometeria um infanticídio. A ameaça de morte que a doença somática faz pesar sobre uma criança suscitou na mãe, como um sonho, cenas antigas. A sensação atual de angústia misturou-se com isso, como se mistura com os sonhos, de maneira a perder toda a realidade. Ela facilitou na mãe a revivescência da menina que ela foi com seus desejos sexuais e seus medos.

> Não é sempre fácil — diz Freud na conferência sobre *A feminilidade* — atingir uma formulação desses desejos sexuais precoces; o que é mais claramente expresso é um desejo de fazer um filho na mãe e o desejo correspondente de ter um dela: os dois pertencem ao período fálico e são

240   *A criança dada por morta*

suficientemente surpreendentes, mas se estabeleceram com certeza por meio da observação analítica.[11]

O pavor suscitado pela morte possível da criança se duplicaria, pois, pelo pavor suscitado pela volta do desejo infantil, até aí ignorado e no entanto ativo. Pensamos no célebre jogo do *fort da* (o jogo do carretel). Não se poderia considerá-lo como resultado do surgimento, no pequeno Ernst, de um ano e meio, dessa fantasia de criança em relação com sua mãe?[12] Fazendo aparecer e desaparecer o carretel, substituto da mãe, não dava ele a entender que a ausência desta, na sua mente, estava ligada a seu encontro com um pai cuja partida do lar por causa da guerra o deixasse talvez plenamente cumulado, mas também sem defesa diante de seus desejos sexuais pela mãe?

    Como foi esse desejo encontrado, reconhecido ou a ponto de ser reconhecido? O efeito, para a mãe insuportável, da regressão de Florence dá disso uma idéia; propício em fazer surgir o negativo, a falta absoluta de limites, por oposição ao positivo desejado, esse desejo patenteia a emergência, senão a permanência, de um discurso materno interior terrorífico. Ele põe em jogo uma questão de vida ou de morte, no sentido de que ele é correlato da retirada ou da manutenção do recalcamento relativo à denegação da sexualidade infantil, à denegação dos desejos incestuosos da infância pré-histórica.

    Assim se chega a reconhecer o lugar ocupado pela criança gravemente enferma na economia psíquica da mãe. Com o risco de morrer disso ela própria, a criança teria por função ajudar a mãe a fazer morrer a criança que a liga interiormente a uma imagem de sua própria mãe, imagem construída sobre uma indistinção entre a mãe fantasmática e a mãe real. As angústias de morte que nela habitam são desse modo alimentadas pela revivescência de um desejo incestuoso aracaico, pelo

---

11. 1932, p. 161. *S.E.*, Vol. XXII, p. 120.
12. *Cf.* 1920, pp. 52-54.

A cena onírica da doença mortal 241

ressurgimento de uma criança fantasmática — fruto de um desejo inconsciente — que ela tem como toda criança, concebido ou desejado conceber na sua relação com sua própria mãe. Contudo não se morre por causa da presença desse desejo no inconsciente. Parece mesmo que por meio dele, ambas, mãe e filha, tornam-se mulheres. Mas podemos morrer do jogo de forças despendido para mantê-lo impensado ou manter impensada a outra face do desejo: dedicar atenção à criança que a mãe carrega no ventre, representação de si mesmo *ante partum*. Por não querer pensar por medo de perder a razão, por não poder pensar, a mãe se perde nisso, como uma criança. Esse não-pensado faz nela a função de uma proibição quase incontornável. Ela fica em dívida, devedora de um pensamento na relação com sua mãe, por causa disso, nesse momento, um vínculo entre elas fundado no terror.

Esse não-pensado radical, que não permite a fusão, não permite também conceber o desligamento da mãe nem o remanejamento das relações com ela. Ele faz da mulher uma enferma que se ignora, que não pode ver-se olhar-se, que às vezes mesmo se odeia. Assim, acompanhando as mães de crianças afetadas por doenças de alto risco, adquirimos a sensação de que o corpo doente da criança se torna, sem que o queiram, uma representação de uma parte doente delas mesmas. De que estariam elas doentes senão do vínculo indestrutível com a mãe, dessa 'doença materna' de que a criança doente é a concretização? Do mesmo modo, antecipar a morte da criança, pensar que ela é *dada por morta,* equivaleria a antecipar a solução-resolução do conflito interno delas numa confusão quase suicida. Confusão entre o exterior e o interior, entre a realidade vivida e a realidade psíquica, entre uma criança real e uma criança fantasmática, não reconhecida, destinada em si a uma residência muda; confusão destinada, em síntese, à filiação caduca.

Uma criança poderia, portanto, morrer por não ter sido diferenciada de uma criança fantasmática, símbolo da união com a mãe, do amor como do ódio que lhe dedicam, figura de esperança

242   *A criança dada por morta*

de uma união irrealizável a partir da qual se organiza todo um conjunto de imagens relativo à perda. Perda necessária, inelutável, mas a ser retomada sempre.

Reconhecer em si os vestígios da existência desse desejo incestuoso é reconhecer os traços de uma melancolia arcaica na relação com uma mãe iniciadora de sensações voluptuosas, mas eminentemente decepcionantes. Decididamente, isso supõe que seja permitido regredir, voltar à criança decepcionada e reivindicadora, à criança insatisfeita, quem sabe a todas as Florence?

As causas desencadeantes da melancolia — lemos em *Luto e melancolia* — ultrapassam em geral o caso bem evidente da perda devida à morte e englobam todas as situações em que sofremos um dano, uma humilhação, uma decepção, situações que podem introduzir na relação uma oposição de amor e de ódio, ou reforçar uma ambivalência já presente.[13]

Se há uma criança para fazer morrer na relação com uma mãe, é aquela que se desejou esperar dela ou a que se desejou fazer nela na tenra infância, com o risco de morrer do prazer decorrente. É com ela, *criança dada por morta* e contudo imortal, que cada um de nós tem que se haver quando nasce e que, semelhante à Hidra de Lerna, nasce sem parar, para ser de novo morta. Como não ficar fascinado com essa morte-nascimento, fora do tempo, como fora do sexo, mesmo que se baseie em desejos sexuais?

---

13. 1915, p. 159.

Quarta Parte

RIVALIDADE
FRATERNA E CÂNCER

As relações entre irmãos e irmãs instauradas pelo câncer

11

Um irmão obstrutivo

Que há de mais normal — se é que esse termo pode ser empregado numa circunstância que não o é de forma alguma —, isto é, de mais adaptado, em vista do momento, que solicitar a ajuda de um cancerologista para tratar de uma criança atingida por um tumor maligno? Não adianta, como dizia uma mãe "odiar o mundo inteiro", não adianta gritar contra a injustiça, não sentimos diante do médico a mesma inadequação que no consultório do psicanalista. Aqui, a atmosfera parece, sob certos aspectos, mais pesada. Talvez se tema tirar ou ver tirar o véu da anormalidade. Para agüentar viver o dia a dia convivendo com o temor da morte, e para não afundar na loucura, é preciso que pais e filhos se fortaleçam na idéia de que são normais, pois conseguem progressivamente encontrar de novo um modo de vida quase normal.[1] É no solo dessa pseudonormalidade, pouco reconhecida como tal que se planta, cedo ou tarde, o encontro com o psicanalista, na suposição imediata de ser ele quem se interessa pela anormalidade. Projeção e denegação presidem a esse encontro, que de ambas as partes é inaugurado por um implícito: "Eu não sou aquele

---

1. Com respeito à delicada questão da normalidade, podemo-nos reportar ao artigo intitulado: *Traitez-le comme un enfant normal*, escrito em colaboração com Jacqueline Morisi (1977, pp. 699-707).

246   *A criança dada por morta*

ou aquela que o senhor pensa". Proposição paradoxal que diz ao mesmo tempo o verdadeiro e o falso, na medida em que o 'eu' não designa, como seríamos levados a crer, a pessoa que está falando. Esse 'eu' é a seqüência lógica de um antecedente que raramente pronunciamos e que podemos conceber assim: "Eu que sou a mãe, o pai, por que não o psicanalista...eu". É porque o 'eu' é com muita freqüência superdeterminado. Implica simultaneamente a pessoa e seu papel. Num certo sentido sua autencidade é bem maior quando ele se enrosca, abriga-se num 'ele' ou num 'ela', servindo cada um desses pronomes para designar a criança doente, ou um de seus irmãos ou irmãs.

Disso ninguém claramente se dá conta imediatamente, devido à desorientação produzida pelo conhecimento de ter um câncer. É por causa do câncer que nos encontramos, é igualmente por causa dele que não se pode saber em que consiste o encontro, pois aquilo de que cada um sofre agora é apenas um mal menor se se pensar que a morte esteve tão próxima. Chega-se a assim a atribuir ao câncer um lugar contraditório. Ameaça tanto quanto promete a vida. Ele é como uma nova origem, senão como um outro nascimento. Ele tudo explica e convém, em certas ocasiões, fazer de conta que não houvesse existido: esse é o duplo engodo a que se pedirá a adesão do psicanalista, sendo esse também o duplo engodo que a notícia da cura terá, como efeito parcial, de denunciar. Donde o recrudescimento de mecanismos de defesa, cujas origens infantis são ignoradas, pela simples razão de que a descoberta não seria concorde com o papel que a pessoa pretende manter.

Lembro-me, assim, de uma jovem mulher, com aparência dinâmica e esportiva, que indo direto ao assunto, depois das apresentações de costume, pintou do filho, garoto de doze anos; um retrato lapidar, por meio de uma fórmula que se gravou em meu espírito: "Não há problemas — me diz ela —, exceto por sua pequena estatura e um irmão obstrutivo".

Se o câncer passado, de que o filho tinha sofrido oito anos antes, não tivesse sido invocado pelos médicos para incitar essa

As relações entre irmãos e irmãs instauradas pelo câncer   247

jovem a vir com seu filho consultar-me a fim de participar de uma pesquisa sobre a qualidade de vida de crianças curadas, talvez ela não me tivesse solicitado nada espontaneamente. E na hipótese de que tivesse vindo mesmo assim, nada em suas afirmações introdutórias me teria feito imaginar que seu filho tivera um câncer. Em suma, foi apenas porque ela sabia que eu sabia, e somente pela antecipação de uma conivência que, ela, sem querer, tinha estabelecido entre nós, que se acreditou autorizada a me falar assim; e não, como se poderia pensar, pela denegação que motivava sua entrada no assunto. Assim fazendo, ela conferiu ao câncer uma influência ao mesmo tempo maior e diminuída, abrindo o espaço da fantasia.

O relato dessa mulher exerceu sobre mim uma impressão duradoura, da qual me dei conta quando escrevi. Os elementos essenciais para a compreensão da observação, anotava eu então, encontram-se incluídos nessa fórmula introdutória. [...] Sua importância não poderia ser posta em dúvida mesmo se se revelasse *a posteriori,* como é sempre o caso nesse tipo de entrevista. [...] Genericamente definido por sua "pequena estatura", quase 'miniaturizada', Paul parece, assim, colocado 'fora do tempo'. fora da vivência familiar. Sua evolução é personificada por um irmão obstrutivo. [...] É o que explica que a criança não possa ser apresentada como descendente de seus genitores, mas somente uma referência a um irmão que seria seu oposto como um vivente a um 'sobrevivente'. Uma espécie de relação gemelar realmente se instalou entre os irmãos no período que se seguiu à radioterapia de Paul, cujo crescimento então se retardou consideravelmente. Mais moço um ano, Eric, cuja colaboração foi pedida pela Sra. G. para proteger Paul e ajudá-la em diversas circunstâncias, foi rapidamente promovido ao papel de mais velho, mostrando-se superior na maior parte de suas atividades comuns: escolares, sociais ou esportivas.[2] Hoje me surpreendo menos   surpreendo menos com essa maneira de proceder, tanto menos, certamente que as minhas relações com essa mulher e

---

2.   Danièle Ullmo, (1975, pp. 1559-1582).

248   *A criança dada por morta*

seu filho tiveram mais tarde continuações que me confirmaram na idéia de que o essencial foi dito na primeira vez em poucas palavras, e de que convinha conceder às relações entre irmãos e irmãs instauradas pelo câncer um interesse particular. O componente irreal, quase onírico da doença, devia igualmente ser procurado deste lado. Um componente que os pais, obrigados com urgência a reunir forças e a refrear suas emoções, não têm o tempo suficiente nem os meios para aquilatar enquanto dura o período de cuidados. Somente a ideologia da norma, por importante ou insuficiente que pareça a longo prazo, permite-lhes durante esse período enfrentar a situação. Mas é suficiente que, ao cabo de alguns anos, eles decidam, ou por sua própria iniciativa ou pelos conselhos de outrem, consultar um psicanalista para que a lógica do 'sim...mas', que fundamenta e mantém essa ideologia oponha apenas uma fraca defesa ao ressurgimento dos temores irracionais suscitados pelo câncer, à desorganização interior causada por ele. Porque o fato de que as coisas tenham, de agora em diante, parcialmente voltado à ordem, lembra inevitavelmente a época de sua desordem. É a lembrança do que resta disso, acrescida da raiva de ter de pensar de novo no assunto e de obrigar-se a verbalizar o que até então não tinha sido realmente formulado, que dá ao encontro com a psicanálise seu caráter onírico, ou mais exatamente que institui um parentesco entre os ditos sobre a criança e o relato de um sonho que a pessoa teria produzido a partir do 'resto diurno' constituído pelo câncer.

Hostilidade contra um irmão menor num sonho

Se é verdade que o sonho cede, como esclarece Freud, à irresistível atração do passado, é igualmente verdade que ele realiza — essa é sua 'performance', como sua sutileza — uma conjunção entre o passado, o presente e o futuro, acarretando a abolição das referências temporais. Quaisquer que sejam as deformações por ela sofridas ou os disfarces de que se revistam, a ponto de parecerem explicativas ou premonitórias, as imagens que servem de apoio ao

As relações entre irmãos e irmãs instauradas pelo câncer 249

relato do sonho são, contudo, moldadas pela indestrutibilidade do desejo inconsciente. Sendo assim, ao conjugar-se no presente — é um de seus paradoxos — ele anuncia o futuro da mesma forma que prediz o passado. São essas brevemente resumidas as observações conclusivas de *A interpretação dos sonhos.*

Para tornar essa opção teórica mais concreta e mais audível, para explicar também os erros a que pode dar lugar, se não distinguimos, em sua especificidade, os estratos do aparelho psíquico, para explicar, enfim, nosso espanto frente à imoralidade de alguns de nossos sonhos, Freud conta na sexta e última seção de seu livro, intitulada "O inconsciente e a consciência. A realidade", uma historiazinha a que não prestaríamos maior atenção pelo mero fato de ela encontrar seu exato lugar no desenvolvimento do roteiro. Mas Strachey abre um parêntesis que remete o leitor à sexta seção do capítulo I: "A literatura científica sobre o sonho". Ficamos sabendo que a história é tomada de empréstimo a Scholtz, um dos autores cujos trabalhos Freud mencionou a propósito dos 'sentimentos morais no sonho'. De modo que, não obstante seu caráter anedótico, a história do imperador romano não deixa proceder menos de um involuntário retorno das coisas sob a pena de Freud. Ela instaura uma espécie de correspondência entre o capítulo inicial e o capítulo final do livro e não é irrelevante que haja aí o perigo de um desejo de morte nem que seja a morte sua saída. O problema nasce da realidade que adquire o desejo de morte pelo fato da morte em si, bem como de sua sucessão no tempo. É por isso que Freud, levado por seu arrebatamento, esquece suas fontes. Num segundo tempo importa-lhe somente utilizar a história como uma caricatura e fazer sua crítica.[3] O imperador que fez executar um de seus vassalos por ter sonhado que ele o assassinava, esteve, diz Freud em síntese, duplamente errado: em primeiro lugar porque tomou o conteúdo manifesto do sonho como moeda corrente; em seguida, porque, ao supor que outro sonho diversa-

---

3. *Op. cit.*, pp. 66 e 526. *S.E.*, pp. 67 e 620.

250 *A criança dada por morta*

mente estruturado se tenha revelado portador de um sentido similar de *lesa-majestade*, ele deveria ter-se lembrado do provérbio de Platão, segundo quem o homem virtuoso se contenta em *sonhar*, aquilo que o homem mau *faz* realmente.[4]

O episódio serve a um só tempo de apoio e de ilustração para os mal-entendidos e mesmo para os trágicos equívocos a que conduz o temor sentido pelo homem diante da profunda imoralidade do sonho, imoralidade que sabemos ser igualmente uma das principais características da vida psíquica da criança. É uma analogia que Freud sublinhou inúmeras vezes e acerca da qual, lembramos, elaborou a demonstração relativa à origem infantil dos desejos de morte que encontramos em ação nos Sonhos sobre a morte de pessoas queridas.[5] Basta ler, aliás, as páginas seguintes ao relato do 'sonho da criança morta numa caixa', tratando da hostilidade das criancinhas, para perceber que entre os adulto e elas a distinção é comparável à outra, feita no provérbio de Platão, entre o homem virtuoso e o homem mau. Os primeiros se limitam a sonhar o que os segundos expressam claramente em palavras e, eventualmente, em atos. Essas palavras, esses atos resultam, segundo Freud, de um traço de caráter primário que o desenvolvimento posteriormente oculta, mas que pode aparecer em certas circunstâncias, muito especialmente, segundo ele, por ocasião de estados histéricos. Ao que Freud acrescenta existir uma semelhança impressionante entre o que se convencionou chamar de caráter histérico e o da criança que chamamos de malvada, por causa das atitudes de hostilidade demonstradas diante de um eventual concorrente.

Curiosamente, ele recorrerá também ao modelo dos processos de pensamento envolvidos na histeria, com a finalidade de ilustrar a complexidade e a diversidade dos problemas ligados à tomada de consciência, bem como à liberação das censuras entre

---

4. Os itálicos são de Freud.
5. *Op. cit.,* pp. 218 e 221. S.E., Vol. IV, pp. 248-252.

As relações entre irmãos e irmãs instauradas pelo câncer 251

o inconsciente, o pré-consciente e a consciência.[6] Se tomarmos em consideração essas diversas correspondências, se também pensarmos no impacto traumático do câncer e da reação dele decorrente, diremos que a ameaça de morte de que é portador, é suscetível de dar corpo a desejos infanticidas provenientes da tenra infância, de reavivá-los, talvez mesmo de se oferecer a eles para abrigá-los. Assim, o câncer na criança terá como efeito, mesmo adiado, contribuir, como num sonho, para o ressurgimento de traços de personalidade infantis.

A hipótese conduz, considerando-se o lugar ocupado pela criança na irmandade, à suposição de que ela é simultaneamente objeto e sujeito dos desejos infanticidas arcaicos, que como as "sombras da Odisséia [...] após terem bebido sangue" encontram de novo seu lugar no cenário da vida psíquica.[7] Por causa de sua intensidade e de sua vilência passadas, esses desejos, por mais recalcados que tenham sido, imprimem sua marca nas relações entre irmãos e irmãs. O abrigo, o esconderijo mesmo que eles encontram na realidade da doença, geralmente dissimulam-nos aos olhos de todos. Às vezes nos é dada ocasião de desvendar suas pegadas antigas nas declarações, nos atos ou preocupações da vida cotidiana. Assim, consegue-se senão construir o trajeto, pelo menos acompanhar o destino desses desejos, paralelamente aos processos que levam a criança e os seus a crer na cura ou dela duvidar, a aceitá-la ou a discuti-la, mesmo temporariamente.

---

6. *Op. Cit., L'inconscient et la conscience. La réalité*, p. 524. *S.E.*, p. 617. Encontraremos no artigo *Sur les souvenirs-écrans* outra comparação entre a amnésia infantil e a amnésia histérica: "O histérico, por exemplo, mostra-se regularmente amnésico, no todo ou em parte, das experiências vivenciadas que o conduziram ao aparecimento de seu mal; [...] Gostaria — escreve Freud — de considerar a analogia entre essa amnésia patológica e a amnésia normal que diz respeito aos anos de infância, como uma indicação preciosa sobre as relações estreitas entre o conteúdo psíquico da neurose e nossa vida infantil". (1899, p. 114).

7. Sabemos que Freud emprega essa fórmula para definir a falsa morte dos desejos de nossa infância (*supra*, cap. 10).

252   *A criança dada por morta*

Morte acidental de uma criança curada numa irmandade

Dois casos típicos podem-se apresentar, conforme a criança doente seja a menor ou que, pelo contrário, ela tenha um irmão menor. Cada um desses casos típicos dá ao par formado pela criança doente com o irmão ou a irmã uma orientação cuja diferença de fundo não é essencial. São com freqüência os pais, principalmente por que se apropriaram dela, por fazerem parte deles e pertencerem à sua biografia, os que traçam de novo a história da doença em suas diversas etapas. Se cada uma delas tem sua importância, é ao relato da saída do hospital, após o início do tratamento, que convém atribuir um interesse especial. A volta da criança à casa é, de fato, descrita, por muitos deles, como um novo nascimento. Compete a cada um na sua família recebê-la como se faz com um bebê, independente de sua idade, com todas as emoções que um fato desses pode suscitar. Emoções redobradas, porém, e extremamente desorganizadoras, pois são sustentadas por imagens de morte, que por serem muitas vezes veladas, nem por isso são menos influentes e insistentes. Por seu impacto, por sua presença quase obsedante na mente de cada um, e mesmo sendo apenas raramente objeto de intercâmbio verbal, essas imagens vão ser utilizadas em vista de uma nova distribuição dos papéis de uma irmandade. Esse remanejamento, na medida em que confirma a criança na dependência e na incapacidade, contribui muitas vezes para despertar de ambas as partes antigos impulsos de vingança.

Vem à minha memória, a esse respeito, a história de uma menina que foi atingida aos cinco anos, por um tumor no rim, que exigia uma intervenção cirúrgica e um tratamento de curta duração, pois era um câncer de bom prognóstico. A ansiedade persistente dos pais, principalmente do pai conduziu-os, contudo, a adiar a entrada da filha na escola, e a alimentar em torno dela uma atmosfera de cuidados não mais justificados por sua situação. Seu irmão, um ano mais moço e cuja vinda ao mundo tinha despertado nela uma curiosidade e uma atividade sexuais precoces, levava

As relações entre irmãos e irmãs instauradas pelo câncer　253

uma vida absolutamente normal. Ainda que tendo pouca idade, era sobre esse último descendente da família que de agora em diante repousavam as esperanças parentais. Quando ele saiu de casa para começar a vida escolar num internato, a menina ficou sendo a única criança no lar.

Sabendo disso, que influência, que parte de responsabilidade convém atribuir ao câncer para captar o impacto e o sentido dos acontecimentos, que no término da adolescência, regularam a vida do irmão e da irmã? Questão espinhosa, pois tenderia à sugestão de uma alternativa relativa à incidência do câncer curado no curso posterior das coisas. Seria ele o ponto, tomando fora de época o valor de origem, diante do qual toda outra origem careceria de maior valor? Não será ele bem mais o farol que, num presente indefinidamente renovado, acende e apaga ao compasso de acontecimentos felizes e infelizes? Se nenhuma dessas proposições traz uma resposta realmente satisfatória, ambas dispensam de invocar o acaso ou de entrarem no impasse que representa um apelo à fatalidade.

Esforçando-se em catalogar as fontes de hostilidade de uma menina para com a mãe, suas queixas dela assim como os pontos capitais que sustentam sua acusação, Freud nota, em *A feminilidade*, tratar-se aí de um mecanismo de pensamento natural.

> É preciso já ter — diz ele — uma boa dose de preparo intelectual para crer no acaso; o primitivo, o indivíduo inculto, com certeza também a criança, sabem encontrar uma razão para tudo o que acontece. Talvez fosse inicialmente um motivo de tipo animista. Em certas camadas de nossa população, hoje ainda, ninguém pode morrer sem ter sido morto por um outro, de preferência o médico. E a reação neurótica comum à morte de uma pessoa próxima é efetivamente a auto-acusação: foi a gente que causou a morte.[8]

8.　1932, p. 164.

254   *A criança dada por morta*

Diz-se que a psicanálise é a única ciência que não acredita no acaso. Talvez porque, contrariamente ao que se poderia supor, a crença no acaso procede senão de uma racionalização, ao menos de subestimar a força dos processos psíquicos. Sob esse aspecto o acidente estúpido, que pôs termo à vida desse jovem, nos seus vinte e um anos — até então cheio de saúde, convindo sublinhar que ele era filho único — , não poderia ser imputado exclusivamente ao destino. Mas as circunstâncias de sua morte, em seguida a um acidente, conferem ao casal que formava com a irmã por suas idades próximas um destino excepcional. Impressionante, de fato, ao menos pelo estudo das forças em ação na vida psíquica, é o desejo de morte que essa morte permite postular, da qual desvenda a existência anterior e muda. A injustiça, para não dizer a anormalidade dessa morte, seria a expressão disfarçada da imoralidade dos desejos da infância.

Depois da doença a menina se tornou, senão a preferida, em todo o caso a mais mimada. Ela encontrou, nessa ocasião, a atenção e o interesse que o nascimento de seu irmão, anos antes, arrebataram-lhe. Mas pode-se imaginar que o preço pago por essa recuperação de solicitude não eliminou em nada a impressão de uma espoliação anterior. "Tudo isso — observa ainda Freud a esse respeito — é desde muito conhecido. [...] Mas fazemos raramente uma idéia exata da força dos impulsos de ciúme, da tenacidade com que subsistem, bem como de sua imfluência no desenvolvimento posterior".[9]

Nessa perspectiva, e se pensarmos que a diferença de idade entre essas duas crianças era de apenas onze meses, as circunstâncias da morte do irmão levantam numerosas questões, quanto à ação ou eficácia a longo prazo, dos movimentos da vida psíquica infantil, e quanto à parte que lhes convém atribuir, em outra época, para que o inexplicável se torne pensável. De fato, quando em conseqüência de um erro de anestesia para uma pequena ci-

---

9. *Op. cit.*, p. 165.

As relações entre irmãos e irmãs instauradas pelo câncer 255

rurgia, devida a uma queda, esse menino ficou em coma profundo durante um ano, foi a filha curada de câncer que, cansada — segundo a expressão do pai — de ver seus pais a cada fim de semana, vai ao hospital contemplar um morto-vivo e decide desligar o aparelho. A informação foi-me então comunicada pelo pai, que eu senti ao mesmo tempo desesperado pela morte do filho e quase admirado por sua filha demonstrar energia de que continuava a dar provas ao ficar 'à testa' dos negócios da família.

Esse homem que havia, durante tantos anos, vivido no temor da recaída de sua filha, o que significa que ele não cessara de ser freqüentado por imagens de vida e de morte, encontrou ao longo da sobrevivência de seu filho suas próprias incertezas. Ele tinha de novo navegado, com o risco de perder a razão, entre a vida e a morte de uma criança. E não é irrelevante que o desejo de terminar o vaivém tenha sido realizado por aquela que, na origem, tinha sido seu objeto, em decorrência da doença. A visão de seu irmão a teria, involuntariamente, levado para trás, impelindo-a a tornar-se sujeito da ação? Mas seria, sem dúvida, demasiado simples e rápido considerar que a história tem seu ponto de partida quando sobreveio o câncer. Ao invés disso, convém pensar que o câncer abre para cada um dos membros da família, e ainda que tenham disso clara consciência, novos caminhos em direção ao passado e ao futuro, que são, ambos, balizados por votos infanticidas. Na medida em que, em sua realidade, ela é incontornável, a ameaça de morte que pesa sobre uma criança lhes confere uma força nova, tanto mais inquietante quando se supõe que eles de agora em diante são capazes de se realizar, verdadeiramente, o que facilita seu recalcamento.

Talvez convenha primeiro ficar o mais próximo do texto freudiano para poder compreender a que movimentos internos obedece uma criança saudável quando permite que desejos infanticidas se desenvolvam nela. Quais são, pois, as motivações internas que a impelem a falar ou a agir como faz, por ocasião do nascimento de um irmão menor? A que atribuir a persistência dessas motivações na idade adulta e seu retorno sob a forma de sonhos sobre morte de pessoas queridas, devendo essas ser consideradas, como lembra Freud, testemunhas, no presente, do que foi a vida psíquica das crianças? Como, enfim, não considerar que uma morte acidental na irmandade, de um irmão curado de câncer, pudesse ter o sentido de uma realização disfarçada, indireta, desses desejos? A questão colocada aqui não é destinada a estabelecer uma relação de causa e efeito imputável ao câncer, o que significaria criar uma inútil oposição entre uma onipotência, a dos pensamentos e uma outra onipotência, a da doença. Mais frutuosa, acho eu, é a posição que consiste em destacar, e mesamo ilustrar o tipo de construções ou reconstruções a que nos sentimos levados a nos entregar, quando sobrevêm acidentes inesperados, inexplicáveis e aparentemente sem relação com o câncer que atingiu uma das crianças. O mínimo que se pode dizer no caso, é que os acidentes sancionam a legitimidade do medo da morte que a doença da criança pode ou ter contribuído para materializar ou ter ritualizado. E é forçoso constatar, seja qual for a ocorrência e por mais paradoxal que isso possa parecer, que a morte de uma criança que ninguém poderia esperar é, sob certo ponto de vista, menos difícl de administrar do que a manutenção em vida de um outro dentre os irmãos, o qual devido a seu estado de saúde, pensávamos sem o crêr, mas também sem nos podermos impedir de acreditar, que sua morte teria lugar num futuro simultaneamente próximo e indeterminado. Em suma, a perspectiva de uma morte que nos esforçamos em conjurar, usando o mais possível de, ainda que fracos, meios, nela pensando sem cessar, é uma fonte de dores profundas e inalteráveis. Mas desde que a criança que se acreditava condenada conserva a vida, sua própria vida psíquica bem como a dos irmãos e irmãs, assim como a dos pais, experimentam uma renovada atividade. Trata-se da atividade, outrora adormecida, dos desejos de morte recalcados.

A presença desses desejos pode ser inferida da qualidade do trabalho de luto que se elabora em relação a uma criança que

As relações entre irmãos e irmãs instauradas pelo câncer 257

sobreviveu. O aspecto pesado e a complexidade desse processo justificam que seja distinguido daquele que se realiza por ocasião do falecimento de uma criança, ainda que só fosse devido ao destino especial que a morte real estabelece para os desejos de morte. Esses últimos, como salienta Freud talvez com demasiada ênfase — o que tem o mérito de acentuar sua força mítica — , deixam sua marca nas relações entre irmãos e irmãs. Essas relações hostis, principalmente pelo fato de se transformarem, estão destinadas ao esquecimento. Mudadas em amor, deixam de ser reconhecíveis enquanto tais; *a fortiori*, eu diria, se uma das crianças vier a sofrer de uma doença considerada mortal e se curar. Na medida, porém, em que a criança conserva maior proximidade que o adulto com as fontes de sua vida interior, o exame das relações da criança afetada pelo câncer com os irmãos e irmãs merece nossa atenção. Descobre-se aí um outro aspecto das representações relativas à morte: percebemos então como essas representações são inerentes ao funcionamento do aparelho psíquico, como também a morte real, pelo fato de a desorientação por ela suscitada contribuir para paralizar sua evolução.

É óbvio que cada história é singular, não podendo servir de apoio ao enunciado de proposições gerais. Entretanto, os acontecimentos que marcam ou dividem a vida de algumas famílias não deixam de apresentar certa semelhança com a ampliação do conhecimento do que se passa no cenário de nosso teatro interno, proporcionada pelo sonho ou o estudo da vida mental infantil. Tanto quanto o sonho, esses acontecimentos não são passíveis de ser julgados nem apreciados sob a visão da ética, mas eles tornam mais claramente perceptíveis o que ordinariamente é subtraído à nossa vigilância, a saber, a realidade da vida psíquica.

258   *A criança dada por morta*

Movimentos de vida e de morte na criança

Sabemos por Strachey que entre 1909 e 1919 Freud modificou várias vezes as últimas páginas do livro sobre os *sonhos* afim de definir as características da realidade psíquica, apresentando-a como uma forma especial de existência que conviria não confundir com a realidade material, nem julgar com o recurso aos mesmos critérios. Em 1914, utilizou a metáfora de Hanns Sachs para denunciar a resistência de que se alimentam as hesitações para reconhecer a imoralidade do sonho e aceitar a responsabilidade por ele. Ele desejaria mostrar porque essas hesitações procediam de uma falsa avaliação do funcionamento do aparelho psíquico e de um erro de apreciação quanto às relações que se estabelecem entre representações inconscientes e representações conscientes. "Se — escreve Hanns Sachs — queremos procurar na nossa consciência o que o sonho nos ensinou sobre nossa relação com o presente (realidade), não devemos surpreender-nos de encontrar de novo, sob a forma de um infusório, o monstro que vimos com a lupa da análise.[10] "Podemos inserir o câncer, ou mais exatamente a cura do câncer, no número dos atos psíquicos que concorrem para a transformação do infusório em monstro. A mesma imagem invertida explica bem, por outra parte, a eficácia do recalcamento, tanto quanto a da amnésia, que, na idade adulta, dissimula as façanhas psíquicas que na época longínqua da infância se estava para realizar.

> A criança — escreve Freud, na carta aberta que endereçou ao Dr. M.Fürst, mais conhecida pelo título: *Explicações dadas às crianças* — é capaz, bem antes de ter chegado à puberdade, de realizar a maior parte das façanhas psíquicas da vida amorosa, a ternura, o devotamento, o

---

10. Hanns Sachs, 1912, "Traumdeutung und Menscherkenntnis", *Jb. Psychoanal. psychopath. Forsch.* 3, 568 citado em *L' interprétation des rêves*, cap. VII, seção 6, p. 527. *S.E.,* p. 620.

As relações entre irmãos e irmãs instauradas pelo câncer 259

ciúme). [...] O interesse sexual se manifesta, de fato, mesmo numa idade espantosamente precoce.[11]

O que essa precocidade pode conter em si de monstruoso é corroído, miniaturizado pelo curso do tempo a ponto de atingir a dimensão de um infusório, não distinguível em nós mesmos a olho nu e que nos ofusca ao vê-lo ampliar-se num sonho ou quando observamos o comportamento das crianças por ocasião do nascimento de um irmão menor. Freud deu uma longa lista dessas condutas no fim do relato do 'sonho da criança morta numa caixa', que ele propôs, lembremos uma vez mais, como sonho típico da morte de pessoas queridas.[12]

Observemos, antes de dar disso alguns exemplos, que esse encadeamento, que Freud justifica com a intenção de trazer provas e testemunhos de nossa vida psíquica de criança hoje esquecida, mas ainda e sempre eficiente em nossa vida onírica, resiste mal a um exame. Porque o sonho em questão põe em cena uma filha única, e, na ausência de informações contrárias pomo-nos a supor que essa era a situação da pessoa que sonhava. De sorte que a passagem imediata às relações infantis entre irmãos e irmãs é, nesse contexto, muito enigmática. A imoralidade da criança, sem dúvida, constitui o fundamento implícito disso, tanto quanto sua curiosidade sexual. Mas o impasse parece se dar principalmente quanto à significação infanticida das condutas da criança, graças a que entrariam em correspondência com o 'sonho da criança morta na caixa'. Dese sonho, encontramos uma primeira explicação na seção consagrada à Desfiguração no sonho, antes do relato do sonho do jurista que, como sabemos, suscitou em Freud um vivo movimento de surpresa: "Infanticídio? Mas o senhor não sabe que se trata de um crime que só uma mãe pode cometer com um recém-nascido?".[13] Sem dúvida devemos lembrar-nos, para a cla-

---

11. 1907, pp. 7-14.
12. *Op. cit.*, p. 217, *S.E.*, p. 249. (*Cf.*: La scène onirique de la maladie mortelle).
13. *Op. cit.*, pp. 140-141. *S.E.*, Vol. IV, pp. 154-155.

260   *A criança dada por morta*

reza de nossa exposição, de que essa conversa tinha originado considerações mais amplas relativas ao infanticídio e a seus equivalentes. A partir do crime que o aborto podia representar, Freud conduziu progressivamente seu amigo a reconhecer que toda forma de contracepção era suscetível de adquirir o significado de um infanticídio. Tal era, aliás, o tema principal de um poema de Lenau: *Das tote Glück, A sorte morta*, a que Freud fez alusão, ao que parece, com muita intuição, pois logo de tarde o jurista se surpreendeu a pensar nesse poeta.[14] Mas a satisfação de Freud ficou incompleta. Faltava compreender porque esse homem chegara a realizar em sonho um crime tão especificamente feminino. E é preciso afirmar que a resposta do jurista não trouxe qualquer solução para esse mistério, do mesmo modo, aliás, que não o trazem para a interpretação direta do 'sonho da criança morta numa caixa', as digressões de Freud sobre o ciúme e a rivalidade entre as crianças por ocasião do nascimento de mais um bebê. Sendo assim, convém procurar os elos faltantes na cadeia associativa. Podemos imaginar, por exemplo, e mesmo que ele nada tenha dito, que se deu uma aproximação no espírito de Freud entre o infantícidio da pessoa que sonhava e o infanticídio de que, por sua conduta, as crianças se mostram potencialmente capazes.

A ausência da palavra infanticídio na seção em que, aliás, aparece a palavra parricídio, procede de uma dificuldade pessoal de Freud. De fato, ele diz algumas páginas depois que, tendo constatado a freqüência dos sentimentos de inimizade entre irmãos e irmãs, não teve ocasião de fazer essas observações a respeito de seus filhos por eles terem pouca diferença de idade. Não foi precisamente a pouca diferença de idade o argumento de que ele se utilizou para inferir a presença, a sobrevivência e o que resta dos desejos de morte para com irmãos menores ou pessoas queridas? Ao invés disso, toma um caminho indireto passando pelo exem-

---

14. O título do poema está indicado por Strachey em *The interpretation of dreams., S.E.,* Vol. IV, p. 156.

As relações entre irmãos e irmãs instauradas pelo câncer 261

plo de um sobrinho-neto para se permitir o olhar objetivo que ele exige de seus leitores. Dito isso, parece claro que as reações de um irmão mais velho para com um recém nascido, seriam mantidas, como no exemplo do 'sonho da criança morta numa caixa', por uma atitude de identificação com a mãe. Elas resultaram de uma confusão entre a criança real — a que está ali — , a quem a criança de qualquer dos sexos, gostaria de ter feito nascer, e a criança que alguém carrega *in utero*. Nesse sentido, a inveja ciumenta demonstrada pelos mais velhos seria efeito de uma projeção e de uma antecipação. Tanto isso é verdade mas difícil de admitir, como o próprio Freud constatou, que muito antes da puberdade a criança está

> pronta para o amor, salvo no que respeita à reprodução. E podemos dizer com razão — esclarece ele, continuando sua carta ao Dr. Fürst — que os 'cochichos' só a privam da faculdade de superar intelectualmente as façanhas para as quais ela está psiquicamente pronta e somaticamente adaptada.

Não nos enganemos porém: "os cochichos" de que fala Freud não expressam um defeito pernicioso a que se daria remédio explicando em detalhe em que consistem a concepção e a gestação.

> O que — assinala ele — provoca os 'cochichos' dos adultos em relação às crianças não é mais que a habitual afetação de recato e a má consciência dos próprios pais; mas é provável que para isso concorra também uma certa ignorância teórica de sua parte que, se pode combater dando aos adultos certas explicações.

Quando os encontrei pela primeira vez, bastante tempo antes de que seu pai me anunciasse esse "duríssimo golpe" que foi a morte trágica de seu filho, os pais da pequena Hélène me participaram a preocupação que lhes causava a filha, de tanto que se masturbava. Era o único assunto de que desejavam falar-me, tratando do câncer, de suas preocupações a esse respeito e das modificações que a doença da criança tinha causado em sua vida como algo que só fosse de sua conta. Refletindo hoje no sentido dessa escolha, no que essa seleção tinha posto de parte, creio que a despeito de seu mal estar, o pai e a mãe experimentavam certa satisfação em ver a filha se excitar e dar, ainda que desta forma, os sinais de vida que eles buscavam intensamente nela. Assim sendo, não conseguiam decidir-se em lhe dizer que isso era proibido. Um rápido cálculo permitiu, ainda assim, constatar que o fato começara com o nascimento do irmãozinho. Desde então a menina não cessara de expandir sua inventividade nesse domínio. Esfregava-se no selim do velocípede, no salto do sapato do jardineiro agachado para plantar legumes e não deixava de abraçar os meninos por trás da sebe. "Não faça sua ginástica", dizia-lhe a mãe ao surpreendê-la. Mas como poderia falar com ela de outro modo se ela e o marido tinham tomado o partido de protegê-la das coisas dolorosas da vida e especialmente da morte? Ela tinha que ser poupada de todas as preocupações, de qualquer sofrimento. E quando sua ama morreu ninguém teve coragem de lhe contar a verdade. Convinha que ela não pensasse na morte pois ficaria sabendo que pensavam na sua. Ela porém insistiu, continuou a exigir a "mamãezona", até o dia em que teve a idéia de lhe escrever uma carta que os pais puseram no correio. Quiseram saber o que eu pensava desse expediente, conhecendo de antemão, ao que parece, minha posição sobre o assunto. De fato o problema era complexo, pois a pequena perdeu sua "mamãezona" quase na mesma época que a mãe perdera a sua própria mãe. De sorte que a mãe e a filha se encontravam numa situação análoga. O pai e a mãe sempre fizeram do nascimento, da sexualidade e da morte segredos igualmente tabus. Acontece, outrossim, que os temores do pai relativos ao futuro da filha giravam, antes de mais nada, em torno das três rubricas que permaneceram sempre as mesmas: "Eu estou — diz ele dez anos mais tarde — sempre aflito com as conseqüências a longo prazo, tenho sempre medo de uma recaída, e principalmente que ela tenha dificuldade

As relações entre irmãos e irmãs instauradas pelo câncer   263

de ter filhos." Não estaríamos acaso encontrando, enxertado no câncer, essa mesma homologia entre o nascimento, a sexualidade e a
morte, que podemos supor estivesse ativa e eficiente nele desde sua
própria infância?

Voltando aos 'cochichos' e a seus efeitos sobre o desenca-
deamento da hostilidade de uma criança para com um recém-
nascido, se pudermos admitir que desempenhem um papel, é contudo difícil o considerarmos determinante, na medida em que a
criança o infere geralmente por si mesma, independente da liberdade de palavra ou do comportamento de seus pais. Digamos que
ela reascende a chama de uma questão ancestral, "a mais velha e
a mais candente da jovem humanidade", segundo as palavras de
Freud: "De onde vêm as crianças?"

O ciúme entre crianças

> Eu sei agora — escreveu Freud em 1908, instruído pela
> análise do pequeno Hans — que a transformação sofrida
> pela mãe durante a gravidez não escapa ao olhar pene-
> trante da infância e que esta acha-se inteiramente capaz
> de estabelecer, ao cabo de algum tempo, a relação correta
> entre o fato de que o corpo de sua mãe aumentou e o apa-
> recimento de uma criança.[15]

Há ai alguma coisa visível, ostensiva, que não engana a
criança, assim como não a enganam, poderíamos acrescentar, a
emoção e o sofrimentos de seus pais, se casualmente, um de seus
irmãos ou irmãs fica gravemente enfermo. Exemplar a respeito
dessa problemática e da analogia por ele revelada entre o mistério
das origens e o mistério da morte, é o relato feito pela televisão
por Marie-France, das dificuldades de sua filha mais velha.

---

15. 1907, p. 9.

264 *A criança dada por morta*

"Ela sempre reprovou minha tristeza", diz Marie France procurando, mais tarde, explicar, por ocasião da volta à escola, a inesperada regressão de Delphine, seu comportamento simultaneamente ciumento e protetor para com a irmãzinha doente.

"E por que você está chorando? Por que chorou?" — perguntou-lhe Delphine.

"Isso foi ainda assim, creio eu, espetacular — acrescentou Marie France — ; ela nunca tinha me visto chorar tanto. [...] Tudo isso foi para ela muito misterioso, porque, de um dia para o outro, disseram-lhe que sua irmãzinha não andava mais, quando na véspera elas davam a volta no terraço juntas. Ela viu todos chorarem e creio que se sentia um pouco por fora da doença. É incrível dizer a uma irmã mais velha: 'Sua irmã menor não está mais andando' e ver todos desatinados por causa disso. Ela fazia perguntas a si mesma, penso eu. [...] Ela me disse:
'E a próxima vez que essa doença aparecer... isso pode voltar?'
'Pode'.
'E da próxima vez, ela vai morrer?'
'Talvez...' E é só isso" — concluiu rapidamente Marie France.

A conversa entre a mãe e a filha fazem-nos lembrar as que se passaram entre o pequeno Hans e sua mãe, fato de que Freud fez um breve relato numa nota da seção chamada Sonhos típicos da morte de pessoas queridas. "Eu não quero uma irmãzinha — exclamou a criança, febril, que sofria de angina, pouco depois do nascimento do bebê. Pensamento esse insistente, pois um ano e meio mais tarde, assitindo ao banho da irmãzinha, procurou fazer sua mãe deixá-la cair na banheira para que ela morresse. Pensamento também muito insistente em Delphine, que foi ficando aos poucos enciumada do lugar preponderante ocupado por Sophie no lar, querendo arrebatá-lo a ela. A apresentação do diálogo ha-

As relações entre irmãos e irmãs instauradas pelo câncer   265

vido entre elas enquanto assistiam à projeção de filmes amadores que o pai fizera antes da doença, é rico de informação a esse respeito. Consciente do ciúme de Delphine, a menina reagiu atacando-a em seu próprio terreno. Delphine acabava de responder a uma questão feita pela mãe:

> "Onde é isso aí, Sophie?
> "Na casa da vovó" — afirmou a maior sem demora, como que para demonstrar que tinha uma memória melhor.
> "Logo antes de começar as férias"— esclareceu a mãe. Ao que Sophie maliciosamente invectivou Delphine:
> "Não é você, hem, o bebezinho..."
> "Pára de amolar" gritou-lhe a outra, torcendo-se na cadeira diante da tela. O que não impediu Sophie de continuar:
> "Não é você o bebezinho".
> "Sophie é a vedete, só se tem olhos para ela" — tentou a mãe de forma compreensiva.
> "Por que não eu?" — perguntou Delphine.
> "Mas você irá chegar depois, querida!" continuou a mãe.

"Chegar depois" era exatamente o que Delphine teria desejado, mas que atualmente não queria mais, ocupada como estava pelos desejos de vingança que carregava dentro de si e que sentia com intensidade nova ao ver esses filmes de sua tenra infância. Descobria neles imagens esquecidas, anteriores à doença de Sophia. Uma seqüência a mostrava com um pé quebrado, sentada, lendo, enquanto Sophie colhia flores com a mãe. Às imagens de Delphine "em penitência" com um pé quebrado, sucediam-se imagens de Sophie, pouco tempo depois do tratamento do tumor. Feliz por se ver de novo na tela gritou para Delphine:

> "Não é você, sou eu! — O que lhe valeu como resposta um curto:
> "Tá bom, feia!" — seguido de: "Estica um pouco a cabeça,

266   *A criança dada por morta*

a gente não vê nada por causa da tua cabeça".

Quebrar, romper, rejeitar, desarrumar, livrar-se: na sua diversidade todos esses projetos que se concretizam em reações verbais ou gestuais não estão destinados a chegar a termo. Só interessam devido a seu fracasso, ao estímulo ou ao contrário do obstáculo que constituem para o desenvolvimento das faculdades de pensar da criança.[16]

Assim sendo, o componente infanticida desses projetos deve ser considerado participante ao mesmo tempo da gênese das perguntas que a criança se faz sobre o nascimento ou a morte e as tentativas de solução que elabora para resolvê-las. Dessas perguntas, assim como de toda a busca proveniente da infância, podemos dizer, com Freud, que são produtos de "urgência da vida, como se tivéssemos designado ao pensamento a tarefa de impedir a volta de acontecimentos tão temidos".[17]

Mas se é verdade que a espera ou a chegada de um concorrente faz do recém-nascido um polo de atração da família, do mesmo modo que uma criança ameaçada de morte para os pais, não nos poderíamos deter no conteúdo manifesto dos rompantes de mau humor suscitados por esses acontecimentos em tal ou qual

---

16. Freud trata longamente desta questão num artigo de 1917, intitulado *Un souvenir d'enfance de 'poésie et vérité'*, pp. 189 a 208. Ele faz referência especialmente a um de seus pacientes cuja tenra infância fora marcada por numerosas doenças, o que não o impediu de conservar dela uma lembrança idílica, de tanto ter ele aproveitado da "ternura ilimitada de sua mãe, sem ter que a partilhar com ninguém". [...]. Quando não tinha ainda quatro anos, nasceu um irmão que ainda está vivo e o paciente, reagindo a esse incômodo, transformou-se num garoto cabeçudo e indócil. [...] Ao começar o tratamento comigo — relata Freud — o ciúme de seu irmão menor, que à época tinha chegado a manifestar-se por um atentado ao bêbe no berço, tinha sido há muito tempo esquecido. Tratava agora o irmão caçula com muito zelo, mas fatores estranhos fortuitos, pelos quais infligia de repente um grave dano a animais de que gostava, como a seu cão de caça, ou a passarinhos de que cuidava muito bem, deviam sem dúvida ser interpretados como ecos de impulsos hostis que tinha para com o irmão menor.

17. 1908, p. 17.

As relações entre irmãos e irmãs instauradas pelo câncer 267

irmã ou irmã. Pelo fato de sua intensidade, violência e de seu caráter episódico, temos realmente a tendência a interpretar esses rompantes de ciúme bem mais pelo que são do que pelo seu significado; quer dizer, ignorar seu amor subentendido, não encarando senão a hostilidade que revelam. A cólera da criança, seu azedume para com o menor ou para com outra criança gravemente enferma pode igualmente visar a mãe, pois, como esclarece Freud com ingenuidade, mas não sem pertinência, é ela quem põe no mundo o recém-nascido. Na medida, contudo, em que a morte do recém-nascido representa para a criança uma grande fonte de aflição quanto ao futuro daquilo que a mãe carrega dentro dela e no que toca ao destino do que ela expele, o acontecimento suscita, revela nele número igual de questões relativas à misteriosa elasticidade do corpo materno.

Nessa perspectiva, como subestimar e, menos ainda, desconhecer os efeitos a longo prazo resultantes da ocorrência, numa mesma irmandade, da morte de uma criança recém-nascida, em seguida, da sobrevinda, num dos mais velhos, de um câncer que evolui para a cura? E o fato de essa aproximação não ser feita em geral de forma espontânea pelos interessados, pais ou crianças crescidas, não o torna menos verdadeiro. Porque é preciso muito tempo para que se torne perceptível a interação e mesmo a conjunção dos desejos infantis produzidas nos mais velhos a notícia de um novo bebê, mais a perplexidade ocasionada por sua morte prematura, bem como a angústia que provoca, vários anos depois o risco de morte a que outra das crianças esteja exposta. Principalmente se as crianças, inclusive a atingida pelo câncer, forem suficientemente crescidas para terem conservado a lembrança da mãe grávida, e para fazerem uma aproximação entre a dor que experimenta atualmente — mesmo quando esforça-se por escondê-la — e as lágrimas que foi vista derramar outrora.

Se o impacto relativo ao acúmulo desses acontecimentos é sentido em diversos níveis, tem-se ainda assim a impressão de que os desejos infanticidas para com o irmão menor permanecem

268   *A criança dada por morta*

o elemento organizador e condutor dos remanejamentos que ocorrem na irmandade durante a doença do mais velho. Damos a seguir um breve relato da histéoria de uma família.

As crianças tinham respectivamente cinco, três e um ano quando a mãe deu à luz um bebê que morreu ao nascer. Ela começou nova gestação dois anos mais tarde, ao sair de um estado depressivo prolongado consecutivo ao luto. A última filha a que deu nascimento foi, ao que parece, a única a não ter nunca dado problemas e a ter feito estudos com regularidade. Essa quarta filha tinha sete anos quando a irmã mais velha teve que ser operada de uma temor no ovário, o que entre outras repercussões, foi causa de uma diminuição da atenção da mãe para com ela. Em suma, ela perdeu o lugar de caçula, em detrimento dessa irmã que concentrava agora sobre si, como um recém-nascido, as preocupações e o zelo de cada um. Certamente ela não estava em condições de compartilhar dos sentimentos confusos que sua irmã lhe inspirava nesse momento. Ela não compreendeu porque o porvir de mãe daquela que, durante tantos anos, lhe havia servido de 'mãezinha' ficasse repentinamente comprometido. Não compreendeu como essa irmã de dezesseis anos, que ela invejava pela capacidade de ter bebês, se transformasse bruscamente num pseudo bebê-frágil, aparentemente condenado à morte.

"É verdade — diz ela dez anos mais tarde para a mãe —, na época a senhora tinha o ar preocupado". Foi a única maneira de expressar alguma coisa, sem outra forma de emoção. A mãe, entretanto, achava que ela devia ter ficado mais marcada do que se pensava. Com razão, ao que parece, se imaginarmos que de fato o câncer instaurou entre ela e a irmã mais velha uma rivalidade até então desconhecida. Porque a doença que colocou em risco a vida da mais velha e destruiu as suas possibilidades de dar à luz, conferiu-lhe uma forma de poder destruidor. Poder passivo, não obstante, e contudo eficiente pois que, dispondo dele, a mais velha usurpou da irmãzinha o papel de filha-testemunha, de filha substituta daquela que a mãe perdera ao nascer. Ainda que as coisas não tivessem sido

As relações entre irmãos e irmãs instauradas pelo câncer 269

formuladas por ela nesses termos, pode-se supor que a atitude da menor para com a mais velha fosse alimentada de desejos infanticidas. Ela deve ter sentido, de um jeito ou de outro, que o período de aplacamento que ela iniciou com sua vinda ao mundo fez uma volta atrás. As angústias de morte da mãe se refizeram cada vez mais. E ainda que ninguém se tenha permitido, exceto talvez em segredo, fazer uma aproximação entre a morte do bebê, anos antes, e a que se temia pela mais velha, foi dada uma oportunidade à menor para encontrar de novo a lembrança de coisas antigas, escutadas, uma vez ou outra, a esse respeito.

Daí a imaginar que o tumor de que sua irmã sofria era o nome erudito que servia para designar a volta da criança morta, e que de fato sua irmã carregava no ventre o bebê morto que sua mãe tinha perdido, há apenas um passo, que é preciso arriscar-se a transpor para representar a confusão inerente a esse tipo de situações.

O temor da morte não se duplica, em tais circunstâncias, com o temor dos que podem voltar? O medo do desaparecimento de um não é por acaso compensado pelo temor misturado com o desejo da reaparição do desaparecido? São muitas das perguntas a que seria difícil dar respostas claras. Elas têm antes de tudo a finalidade de pôr a ênfase nos vínculos que tanto se estabelecem, como se restabelecem entre pensamentos relativos à perda e pensamentos relativos a um presente. Devido ao fato de sua indistinção e por causa da indefinição que os caracteriza, tais pensamentos derivam provavelmente da infância. Levam a marca de uma época em que as teorias sexuais infantis se construíram sobre desejos de evicção destinados a disfarçar desejos de dar à luz.

Quanto à filha que vinha em segundo lugar nessa irmandade em que morreu um recém-nascido, por mais diferentes que tenham sido suas reações à doença da irmã mais velha, pode-se considerar que sua atitude procedeu de um compromisso semelhante entre uma perda e um presente. Relizaram-se assim, de maneira disfarçada, os desejos de dar à luz e o que a moça alimentava, de longa data, de evicção para com o pai. Esta de fato

270.   *A criança dada por morta*

ajudou a mãe a "carregar à exaustão" — são seus próprios termos
— a doença da mais velha. Coisa em que foi de grande ajuda,
pois o pai, silencioso e estóico, se enterrava solitário no seu can-
to. "Uma verdadeira personalidade essa menina — diz a mãe — ,
inteiramente a mesma de meu pai. Eu me encontrei totalmente
nela. Mas ela extraiu desse fato uma grande importância e não
admitiu mais, depois disso, voltar a seu lugar de segunda filha".

Por freqüente que seja essa inversão de papéis numa irmandade onde há uma criança com câncer, e qualquer vingança
que leve a cabo a inveja ciumenta de que o mais velho possa ter
sido objeto, é preciso reconhecer que essa inversão é sustentada
por um duplo desejo, na essência edipiano: tomar o lugar do pai,
ser paradoxalmente aquele ou aquela que tem o poder de desa-
possar a mãe e de enchê-la. Tal é, num certo sentido, a função que
assume também, para a mãe, a criança doente. Donde a hostilidade e a rivalidade que sua presença pode ocasionar.

É a um conflito dessa natureza, numa conjuntura diferente, pois ela era a mais velha, que Delphine tentou reagir na doença de Sophie.

"Quando Sophie voltou ao hospital — contou a mãe — quis
que minha filha mais velha voltasse antes, para que fosse
recebida junto, para que a família se recompusesse.[...] Creio
que ela se surpreendeu com a doença, que tentou também
aparar o golpe e aceitar viver. [...] E na volta seguinte (trata-
se aqui de uma volta à escola) ela regrediu muito."

Contraditórios, em razão de seus volteios, esses dois movimentos não são, contudo, dissociáveis. Ambos atestam os esforços empreendidos pela menininha para ultrapassar uma situação
que a conduzia à época do nascimento da irmãzinha, quando, tendo perdido os privilégios de filha única, sentiu-se desorientada,
impregnada de hostilidade e descontente de ser ao mesmo tempo
pequena demais e grande demais.

A perda do direito de primogenitura

12

Inversão de papéis na irmandade

Não há certeza de que a inversão de papéis seja satisfatória, quando, como sucede na observação que acaba de ser relatada, a doença dá ocasião a uma das crianças, habitualmente a segunda, de desempenhar o papel de mais velho e de pai, durante certo tempo. E isso mesmo quando a criança guindada às responsabilidades, que não eram suas até então, fica sabendo que traz algum conforto ao sofrimento de sua mãe. Tornar-se o primeiro quando não se é primeiro é uma fonte de novas tensões; tensões que estão ligadas ao medo da morte, bem como ao ressurgimento de desejos de morte originários da infância. Essas tensões são, talvez, tanto mais importantes por nunca deixarem de ser percebidas pela criança de que são objeto e que procura defender-se delas. Defesa, não obstante, paradoxal, pois atesta simultaneamente a rejeição da imagem da *criança dada por morta* (a que está, desde o começo da doença, aderida à pessoa) e a reivindicação da propriedade dessa imagem. A inversão de papéis na irmandade se efetua, de fato, a partir da adesão implícita que a família traz a essa imagem. Resulta do advento dessa imagem, do lugar que ocupa na casa, do consenso que se estabelece em torno dela, e que simultaneamente confirma sua validade. Assim sendo, o afastamento que habitualmente é mantido entre esses projetos datados da infância ('tomar o lugar de...') e sua realização concreta é abo-

272 *A criança dada por morta*

lido com o advento da imagem *da criança dada por morta*. Mas é interiormente necessário que os desejos de morte que alimentam esses projetos não acedam à consciência. A imagem da *criança dada por morta* apenas de forma precária contribui para isso, pois a criança promovida ao posto de mais velha só a pode fazer sua de forma imperfeita. Ocorre que ela a acha pesada demais, sendo conservada, talvez, além dos limites. Ela tenta então organizar sua existência de maneira menos forçada e adotar um comportamento cuja ambivalência é bem fácil perceber, especialmente pela criança destronada.

Nessas circunstâncias, a criança curada, quando já crescida, comporta-se de novo como uma criancinha, procurando amparo junto à mãe, manifestando ciúme junto dela. Ao fazer isso dá alento, sem querer, à vivacidade de uma imagem que a aliena mesmo se ela for sua representante privilegiada: a da imagem da *criança dada por morta*. Tal foi provavelmente o tema da discussão que existiu entre Christine, a mais velha dos filhos F., e sua mãe, quando esta se queixou na presença daquela, diante de testemunhas, da atitude de sua irmã.

"Ela me faz mal" — disse ela à mãe, logo depois que esta contou como Annick a havia ajudado, no duro período da doença. "Ela me disse coisas... e depois, se ela não ia me ver durante o dia, não se importava".

"Não é verdade" — replicou a mãe, tomando a defesa da caçula — "ela é hipersensível. Eu mesma me repreendo se por acaso não estou lá!"

"Eu mesma me repreendo quando não estou lá!" Porque ela erra do ponto de vista da concordância dos tempos e sobretudo do ponto de vista do encadeamento das seqüências é que essa réplica adquire um sentido insuspeito. Ela põe em perspectiva diversas facetas da visão da *criança morta*. Considerando-se a lógica, de fato, a mãe não era suscetível de se repreender senão

A perda do direito de primogenitura 273

quando voltasse e não quando ausente. Emocionada pelas afirmações da mais velha, tendo quase a contragosto, percebido a equivalência que esta última realizava entre a ausência e a morte, denunciou seu embaraço fornecendo uma resposta elíptica na qual se dissimulavam simultaneamente uma afirmação e uma denegação. Uma e outra se referiam à sua identificação com cada uma das filha e com a emergência de um desejo contraditório de morrer e fazer morrer. Se ela não tivesse desde há muito estabelecido em seus pensamentos uma equivalência entre ausência e morte — equivalência expressa, aliás, nitidamente, como poderemos ver, depois do casamento das filhas —, não teria também sentido a necessidade de tomar com tanto empenho a defesa da caçula, nem teria dado à reprimenda tal amplitude. Não poderia deixar de reconhecer na atitude da caçula, conquanto essa tenha sido simétrica e inversa à sua, as razões profundas pelas quais não suportava que os membros de seu ambiente tivessem uma ou outra vez quinze minutos de atraso em relação à hora estabelecida. Reconheceu que tinha "sempre a morte em vista". O que não exclui que, apesar dos encargos de família, nutrisse o secreto desejo de morrer. Aliás, pensou em morrer no caso de sua filha não escapar do câncer. Se ela tivesse ido embora eu teria ido com ela", diz a esse respeito, numa fórmula que por mais batida que seja, ter-se-á notado, funda-se ainda aqui na equivalência entre a morte, a partida e a ausência, equivalência cuja origem infantil é por nós conhecida.

"Eu mesma me repreendo quando não estou lá!" Tendo em vista sua inabilidade, incomum em uma mulher, a frase podia ser creditada a uma criança. Ela atesta a presença da criança no adulto. Faz pensar num jogo verbal em que a criança entraria em cena com a mãe. Como no jogo do carretel, afinal, exceto que a frase reúne num mesmo movimento a hora do desaparecimento e a da volta. Quanto ao "Eu me repreendo" convenhamos em considerá-lo ao mesmo tempo como uma negação de indiferença de que se queixava a irmã mais velha. ("Não me incomodo se ela não vai me ver durante o dia"), e como a volta sob uma forma passiva de

274 *A criança dada por morta*

uma atividade ordinariamente reservada à mãe: repreender. Isso para dizer que o breve diálogo entre mãe e filha, relativo à filha menor procede da necessidade interior de suportar a solidão, quando se pensa que a outra foi embora para desfrutar de prazer com um terceiro. Donde a idéia de inferir um parentesco entre o conteúdo da queixa de Christine e a invenção de Ernst do jogo do carretel, levando-se em conta, para um como para outro, a emergência de atitudes hostis, bem como a tentativa de transformar a passividade em atividade. Tentativa abortada, aliás, logo depois de esboçada, pois ela se saldou para a mãe por meio de uma posição de compromisso, graças a que ela delegou suas funções sem lhes renunciar (repreender); graça a que também, e malgrado a energia que inconscientemente dispendia para nada saber, seus movimentos de projeção e de identificação com os mútuos desejos de morte das crianças tornaram-se perceptíveis. Ficou patente também que ela era parte duplamente interessada nisso, a saber, enquanto mãe e enquanto filha.

Quanto a Christine, a filha mais velha, em última instância, não estaria ela procurando tocar a mãe em seu âmago, com a observação feita, dando-lhe uma lição? Não procurava eventualmente suplantar a mãe, expressando em seu lugar o descontentamento que deveria ter sido o seu, se ela tivesse se conformado à imagem que dava de si mesma, assim como às imagens que carregava em seu interior? Em suma, Christine se esforçava de tomar a mãe como testemunha do desdém de que era objeto, a despeito ou por causa da doença que tivera. As coisas eram simples e procediam de uma lógica elementar: quando amamos alguém, reagimos à sua ausência, suportamos mal que sua partida se prolongue, mostramos nosso mal-estar, nosso desprazer. A observação que Freud fez de seu neto e que utilizou par explicar a compulsão à repetição tem esse mesmo ponto de partida. Isso tudo é tirado da vida cotidiana.

A criança, escreve Freud,

A perda do direito de primogenitura 275

nunca chorava quando a mãe a abandonava durante horas, ainda que ela fosse ternamente apegada a essa mãe, que não somente a havia alimentado, mas criado e conservado sem ajuda alguma externa. [...] A partida da mãe não pôde ser agradável à criança ou mesmo somente ser-lhe indiferente? Como então conciliar com o princípio do prazer o fato de repetir num jogo essa experiência penosa?[1]

Foi exatamente a conduta aparentemente irracional da criança que provocou a interpretação. De nada teria adiantado julgá-la, acusá-la ou criticar sua insensibilidade. Era mais importante descobrir como ela geria seu desprazer, questão que não se exclui, aliás, estivesse contida na observação de Christine. O emprego da negação em 'isso não incomoda' não invocava só a indiferença. Ela deixava em suspenso a procura bem como a obtenção do prazer.

Para Freud, ficou rapidamente estabelecido que o jogo da criança não era apenas o arremesso do objeto, mas uma rejeição, impossível de expressar como tal. Mais do que se vingar diretamente da mãe e manifestar sua raiva, o menino encontrou o meio de encontrar "satisfação disfarçada de um impulso reprimido". Dito isso, e mostrando que esse jogo era produto de uma série de condensações e deslocamentos, parece que Freud aceitou tacitamente que o acontecimento determinante e doloroso para a criança, isto é, a deserção da mãe, tenha sido relegado ao segundo plano, tingido de indiferença, como acontece nos casos mais importantes dos primeiros anos de vida, dos quais, por mais anedóticas que

---

1. 1920, pp. 54-55.
2. Tais acontecimentos, diz ele a respeito, são significativos de uma faixa da vida, acrescentando: "É verdade que o valor elevado de tais lembranças da infância não se manifesta a não ser em raros casos. A maior parte do tempo mostram-se indiferentes, e mesmo nulos. Por isso não se compreendeu que fossem justamente eles que tenham conseguido desafiar a amnésia. Por outra parte, quem os conservou desde longos anos como um alvo claramente

276   *A criança dada por morta*

sejam só as lembranças encobridoras, fazem lembrar as pegadas.[2]
Para ir até o fim do que esta sugestão implica, e por não saber se a celebridade conferida a esse jogo não privou a criança tornada adulta de contá-lo entre os tesouros de sua história, conviria admitir que Freud, ao dar-lhe tanta atenção, o transformou numa lembrança encobridora para si mesmo e para seu público, ou ao menos para seu neto. Eis um ponto que me parece necessário assinalar. Ele permite compreender como, de estranha a atividadde da criança se tornou pouco a pouco familiar a Freud, a ponto de incitá-lo a colocá-la na categoria das que ele enumera em *Uma lembrança de infância de 'Poesia e verdade'*. "Temos outros exemplos de crianças — esclarece — que expressam atitudes interiores hostis desse tipo, atirando longe os objetos no lugar das pessoas".[3] Merece nossa atenção a maneira com que, a seguir, graças às duas notas que enquadram esta frase, é feita a ligação, é certo, discretamente, mas assim mesmo repetidas vezes, com os diversos testemunhos de hostilidade que se observam nas crianças por ocasião do nascimento de um irmão menor. Essa hostilidade resultante da transformação do amor em ódio é a expressão de um sofrimento de amor precoce. O enigma da repetição do desprazer encontraria a partir daí uma espécie de solução. De fato, a reiterção, ainda que modificada, disfarçada, de episódios considerados penosos devido ao desdém de que são acompanhados, deveriam ser considerados a parte visível de impulsos amorosos que não teriam tido tempo de chegar à consciência, que se teriam perdido antes de serem conhecidos e que teriam sucum-

---

(cont. pg. anterior) amnésico estava pouco habilitado a tirar deles algo, tanto quanto aquele a quem os relatava. Para reconhecer toda sua significação seria preciso certo trabalho de interpretação, que, ou estaria demonstrando a necessidade de substituir seu conteúdo por outro, ou então revelaria sua relação com outras experiências cuja importância não deixava dúvidas, e nas quais tinham intervindo sob a chancela do que chamamos de lembranças-anteparo". (1917, pp. 195-196).

3.   1920, p. 54.

A perda do direito de primogenitura 277

bido ao recalcamento, caído no esquecimento.

O casamento e a morte

Votando à família F., fica claro que a despeito da rivalidade não-dita com a irmã mais velha, dado o lugar que a doença a fazia ocupar no coração da mãe, a segunda filha retirou benefícios e reparação de seu comportamento. Do que aliás a mãe se deu conta perfeitamente, falando mais tarde do assunto nos seguintes termos: "Estamos atualmente terrivelmente distantes uma da outra. Ela utilizou a doença da irmã como trampolim para sair, adquirir autonomia".

Quando lhe foi dada ocasião de se expressar assim, a Sra. F. tinha acabado, como se diz, de casar as duas filhas. A mais velha, a que sarou do câncer foi a primeira a contrair matrimônio, seguida alguns meses mais tarde pela irmã. Em suma, não tinham podido sair de casa uma sem a outra. De fato, esse duplo casamento coincidiu com um desgosto amoroso da terceira filha, então com a idade de dezenove anos. A mãe me falou dessa filha pela primeira vez, porque ela acabava de fazer uma tentativa de suicídio. Foi só nesse momento que, informando-me das razões dessa tentativa e pensando que o desgosto amoroso da moça não era, com toda probabilidade, suficiente para explicá-lo, fiquei sabendo que a Sra. F. tinha dado à luz uma quarta criança que não sobreviveu. Dominique tinha um ano quando o bebê morreu. É possível que ela tivesse guardado em depósito, vivos mas silenciosos, os traços de depressão da mãe. Esses traços devem tê-la feito particularmente receptiva a todas as angústias de perda que ela podia identificar na mãe. De fato, não podia ignorar, por tê-la conhecido bem jovem, a desorientação causada, às vezes, pelo desaparecimento de alguém. Conquanto ela não fosse de modo alguma abandonada na época, pois o pai tomara conta das crianças, ela certamente não tinha deixado de sentir a ausência física e psíquica da mãe. É possível, entretanto, que ela tenha tido a sensação de ter sido abandonada pelo casal formado pela mãe e o

278   *A criança dada por morta*

bebê desaparecido e que tivesse concebido desejos de morte contra ele: maneira disfarçada, para ela, de se identificar com essa criança. O certo é que ao fazer, tanto tempo depois, uma tentativa de suicídio por ter sentido o abandono já pela quarta vez, ela conseguiu, por meio desse último recurso, fazer ouvir seus gritos de criança.

Depois da morte do bebê de sua mãe, quando a menina tinha um ano, o nascimento da caçula quando tinha quatro, a doença da mais velha quando tinha doze, o rompimento com o rapaz que amava, tiveram, sem dúvida um efeito duplicado. Nenhuma dessas hipóteses era certamente para ser rejeitada, mas restava ainda uma aproximação a ser efetuada para captar o sentido das informações que a mãe me havia dado naquele dia, e de uma maneira que me pareceu muito reservada. Precisei de um certo tempo para perceber que essa tentativa correspondia ao casamento das duas irmãs, isto é, na data de sua saída de casa. De modo que, procurando-se matar, era talvez à impressão de abandono percebida na mãe que Dominique tinha reagido. Teria, assim, atuado em favor da mãe, tendências suicidas a que esta jamais teria concedido direito de cidadania, mesmo em pensamento. Não irei até o extremo de deixar pensar que esta mulher contivesse em si desde a infância semelhantes tendências, tanto mais que careço de informações nesse sentido. Sei somente que a imagem da morte acompanhava sua vida e que ela se sentia culpada de tudo o que acontecia às filhas. Percebi, outrossim, que sua identificação com as crianças era mais aguda quando as sentia em perigo de vida. Pareceu-me que, sem querer, estava mais próxima das filhas nessas circunstâncias.

Em síntese, ao me falar das preocupações que essas lhe causavam, era dela que estava sempre me falando. Apercebi-me verdadeiramente disso no dia em que ela me informou, de uma forma apenas aparentemente alinhavada, sobre o casamento das filhas mais velhas, do suicídio abortado da terceira e em seguida do falecimento de um de seus bebês ao nascer. Até então a doen-

A perda do direito de primogenitura 279

ça de sua primeira filha havia ocupado todos os seus pensamentos, escondendo tudo o mais. Invadida pelo temor da perda, com o corpo e a alma cheios desse temor, as sensações de vazio foram progressivamente tornando-se estranhas para ela. Hoje, na sua desorientação, essas faziam seu retorno com força. Ela as encontrava sem saber como administrá-las, e semelhante a uma menininha punha no mesmo plano a morte e a ausência. Tinha-se a impressão de que seus quatro filhos se confundiam em seu espirito a ponto de fazerem um único. Teriam desaparecido? Estariam vivos? De que se queixava ela? Ao ouvi-la desfilar as imagens que poderiam ter sido as suas em épocas diferentes da existência, era difícil saber aonde queria chegar. Assim, ela não deixou de surpreender-me quando, perguntando-me se não seria desejável que, dada a tentativa de suicídio, Dominique viesse ter comigo ao invés de continuar a psicoterapia a que fora encaminhada, ela emendou, sem esperar resposta: "Tudo está preso com ferrolhos, com cadeados dentro de mim. Eu deveria ter feito psicanálise."

Fantasias a respeito da morte e morte real

"Nossa existência se escoa de luto em luto, momentos, sensações e rostos que, mal são vistos, logo se apagam como espécies de 'lutos-anteparos' que condensariam, para melhor ignorar, todos esses pequenos desaparecimentos repetitivos", escreve Alain de Mijolla.[4] Para mim é há muito tempo familiar a idéia segundo a qual o câncer de uma criança condensaria, como num sonho, cenas antigas e que atualizaria, especialmente no momento da cura, fantasias de identificação que ficaram até então em sofrimento. Sucede que, por mais insistente que ela seja no meu pensamento, essa idéia suscita numerosos obstáculos. Antes de mais nada, porque, admitindo-se correr o risco de atribuir à morte de

---

4. 1981, p. 205.

280   *A criança dada por morta*

uma criança, real ou potencial, o sentido de um 'luto-anteparo', esse anteparo se mostre mais opaco do que qualquer outro. Supondo, de fato, que a criança em perigo reúna em sua pessoa uma multidão de fantasias, irreconhecíveis como tais por seus autores, convém não esquecer a economia psíquica que realizam e, ao mesmo tempo, não desprezar o preço com que são pagos.

> Sua função de antimemória — esclarece Alain de Mijolla (e me parece pertinente lembrar aqui essas afirmações) — conduz-me a uma falaciosa acalmia, porque a lembrança atuada na repetição consciente não é assimilada enquanto lembrança e não se integra ao restante de uma pessoa que deve se considerar detentora de um passado. Se o visitante do eu, que é sempre o representante de um morto, pretender suprimir a noção do tempo que escoa e negar a morte que é sua conseqüência, só exerce seu papel a preço de uma mutilação, principalmente se ele se implanta, [...] a ponto de não poder mais ser identificado e diferenciado.

Parece-me que é esta função de antimemória das fantasias que se aglutinaram em torno do câncer, semelhantes a mariposas em torno da luz — e cujos benefícios enganosos são, legitimamente, denunciados por Alain Mijolla —, que é desmascarada com a notícia da cura. Donde, talvez, o aspecto simultaneamente regressivo e defensivo dos movimentos que esse conhecimento acarreta, assim como a retirada de barreiras que produz, bem como outras novas que põe em seu lugar. Há um parentesco entre o trabalho realizado em certas seqüências da análise e a desordem realizada por esse novo saber — tanto mais novo, poderíamos dizer, sem jogar com as palavras nem usar indevidamente o paradoxo, quanto ele é intuitivamente conhecido mas sem ter-se tornado público, nem autenticado pela autoridade médica. Mas aqui se trata de uma desordem descontrolada, fundamentalmente diversa daquelas que se experimentam num tratamento, pois aquele ou aquela que passa por ela não dispõe do quadro da análise para lhe abrir um espaço

A perda do direito de primogenitura 281

verbal. Como a partir daí não esquivar-se ele da sua selvageria? Como, dentro dos limites de seus recursos, não procurar estrangulá-la? O que podemos chamar de máquina associativa se bloqueia automaticamente se tiver que saltar rápido demais certas etapas, chegar demasiado depressa, e não obstante sua violência, a representações arcaicas constitutivas da vida psíquica.

Devido a essa peculiaridade, efetuar um desvio pela irmandade, consagrando-se especialmente ao estudo das relações entre os irmãos e irmãs antes e depois da doença, representa uma abertura que favorece a reaparição dos pensamentos. Desse modo se cria para eles novas vias de passagem, por mais embaralhadas que possam ser e por mais misturadas com as fantasias maternas que estejam.

A sinuosidade do percurso que os desejos infantis tomam emprestado dá à primeira vista a impressão de uma certa incoerência. É também essa a impressão que nos deixa o texto freudiano. De modo que, seguindo a trama dos pensamentos de Freud, com o risco de denunciar o hiato e mesmo a confusão feita por ele entre os desejos de morte nos sonhos e a hostilidade demonstrada por uma criança contra um irmão menor, percebemos que a análise *a posteriori* dos desejos de morte originários da infância conduz insensivelmente à redescoberta dos desejos de morte da mãe para com sua própria mãe, conforme o modelo que Freud deu na comunicação do 'sonho da criança na caixa'. Está claro agora que esses desejos retomam força, vigor e disfarce por ocasião de acontecimentos dolorosos da existência, cujo mais importante exemplo é a morte real ou potencial de uma criança.

Uma nota que Freud acrescentou em 1914 à seção chamada Sonhos típicos sobre a morte de pessoas queridas permitirá corroborar minha afirmação. Fazendo alusão à incidência a longo prazo das experiências de morte datadas da infância, sobretudo quando coincidem com a emergência, nas crianças, de movimentos de evicção suscitados pelo nascimento de mais um bebê na irmandade, ele esclareceu que se esses mortos pudessem ser rapi-

282 *A criança dada por morta*

damente esquecidos na família, a pesquisa psicanalítica mostraria que elas exercem, não obstante, "uma influência muito importante sobre as neuroses futuras".[5] Não virá essa nota atenuar a idéia que fazíamos da violência dos desejos infantis e infanticidas da criança? Ela não estaria indicando que eles não se destinam a realizar-se, tanto quanto as palavras hostis, segundo o modelo 'Que a cegonha o leve de volta', que Freud cita com freqüência, não estariam destinadas a terem efeito na realidade? Seria mais conforme à natureza desses votos serem indefinidamente alimentados e substitutivamente realizados. Donde o perigo potencial que corre aquele ou aquela que os nutre de ser testemunha da morte de que se tornaria responsável. O artigo que Freud escreveu sobre a autobiografia de Goethe é, a esse respeito inteiramente esclarecedor. Quatro anos separavam Johann-Wolfgang de seu irmão Hermann-Jakob. O mais velho tinha, pois, dez anos na ocasião da morte do caçula e suas reações suscitaram o espanto de sua mãe. Esta, relata Freud, conforme à explicação de Bettina Brentano, que lhe passou a comunicação,

> ficou estranhamente impressionada pelo fato de que, por ocasião da morte do irmão menor Jakob, seu compamheiro de brinquedos, ele não derramasse uma lágrima: parecia que ele experimentava mais uma espécie de mal humor diante das lamentações dos pais, dos irmãos e das irmãs; quando a mãe perguntou depois ao obstinado se ele não sentia afeto pelo irmão, o garoto correu para o quarto, tirou de debaixo da cama um calhamaço de papéis cheios de lições e historietas e disse que tinha feito tudo aquilo

5. *Op. cit.*, p. 220. *S.E.*, p. 252. Aí está um tema que Freud retomará com agudeza na vigésima primeira lição em *Introdução à psicanálise*, nos seguintes termos: "Quando o maldoso desejo da criança se realiza e a morte carrega rapidamente aquele ou aquela considerados como intrusos, pode-se constatar, por meio de uma análise posterior, como foi importante esse acontecimento para a criança que pôde, contudo, não ter guardado dela absolutamente nenhuma lembrança.."(1915-1917, p. 314).

A perda do direito de primogenitura 283

para ensinar o irmão. Freud concluiu que o mais velho, no mínimo, gostava de se fazer de pai com o menor, mostrando-lhe sua superioridade.[6]

Ciúme infantil e compulsão à repetição

Freud escreve na décima terceira conferência de *Introdução à Psicanálise*: é "a si mesma que a criança ama antes de mais nada; só mais tarde aprende a amar os outros.[...] Só mais tarde o amor nela se desprende do egoismo. De fato é o egoismo que lhe ensina o amor".[7] Encontramos nesse texto, organizados e desenvolvidos de outra forma, temas idênticos aos que foram abordados em *A Interpretação dos Sonhos*, na seção dedicada aos Sonhos típicos sobre a morte de pessoas queridas. O 'sonho da criança morta numa caixa' é aí uma vez mais lembrado e a analogia entre o egoísmo daquele que sonha e o egoísmo da criança é mais uma vez postulada, analogia em nome da qual Freud se vê legitimado a pôr a ênfase na inimizade entre as crianças, nas tentativas de desqualificação e mesmo sobre atentados cometidos contra um novo intruso.

Não é por acaso que esse mesmo raciocínio seja retomado em *Para além do princípio do prazer*, em prosseguimento à análise do jogo do carretel, para explicar a transformação da passividade em atividade, nem que ele seja utilizado para ilustrar o mecanismo da compulsão à repetição na transferência. É imperioso, então, atribuir a uma força desconhecida por eles a habilidade demonstrada pelos pacientes para reproduzir situações afetivas dolorosas e para encontrar, "para seu ciúme, objetos apropriados". Por mais contingente que possa parecer no desenvolvimento da exposição, esse argumento reforça a hipótese da persistente existência de um desejo de morte, a despeito do recalcamento de que é objeto. Daí nasce a idéia de que a compulsão à repetição

---

6. 1917, p. 200
7. 1915-1917, pp. 184-1917, *Traits archaïques et infantilisme du rêve, S.E.*, Vol. XV, pp. 199-212.

284 *A criança dada por morta*

serviria, entre outros agentes motores, a abrir uma passagem para um desejo de morte originário da infância. Chegamos assim a considerar a décima terceira conferência de *Introdução à psicanálise* um texto-dobradiça, no caminho que levou Freud à descoberta das fontes infantis inconscientes da obstinação em produzir desprazer, caminho que vai de *A interpretação dos sonhos* até chegar a *Para além do princípio do prazer.*

Durante todos esses anos, Freud parece ter encontrado, ora como uma explicação para certos enigmas da vida psíquica, ora como um obstáculo transferencial, o desdém de que a criança pôde sentir-se objeto, ao mesmo tempo que procurava intensamente agir de modo a que o outro se achasse desdenhado.

> A perda do amor e o fracasso — escreve em 1920 — levam ao sentimento da estima de si próprio um prejuízo durável, que permanece como uma cicatriz narcísica.[...]
> O vínculo de ternura que prendia a criança, principalmente ao genitor de sexo oposto, sucumbiu à decepção, à vã tentativa de satisfação, ao ciúme suscitado pelo nascimento de uma outra criança, essa prova sem equívoco da infidelidade do amado ou da amada; sua própria tentativa conduzida com uma seriedade verdadeiramente trágica, para criar ela próprio um filho, fracassa de maneira humilhante; a diminuição de sua parte de ternura, as exigências crescentes da educação, as palavras severas [...] lhe revelam finalmente a amplitude do *desdém* que acabou sendo o seu legado.[8]

Uma série de danos marcam o declínio da vida sexual infantil. Talvez fosse mais simples dizer que sua florescência sucumbe ao ciúme, sob o efeito de um processo complexo de luto e melancolia, para o qual torna-se difícil determinar um limite temporal. É isso que explicaria o apego de Freud ao tema do ciúme

---

8. 1920, pp. 60-61.

A perda do direito de primogenitura 285

infantil. Dito isso, o fato de que o tema ocorra como um motivo condutor em sua obra, e por vezes até de forma inesperada, não permite deixar de levar em consideração seu envolvimento nesse domínio. Muito especialmente, isso é atestado pela famosa carta dirigida a Fliess em 3 de dezembro de 1897, na qual lhe confia: "Tudo me faz crer também que o nascimento de um irmão um ano mais jovem que eu suscitou em mim desejos malvados e um verdadeiro ciúme infantil e que sua morte (ocorrida alguns meses mais tarde) deixara em mim o germe de um remorso".[9] Essa confidência parece-me conferir uma nova dimensão e um novo relevo aos desenvolvimentos posteriores sobre a compulsão à repetição. Ela mostra a insidiosa e durável imbricação dos elementos da realidade externa com os da realidade psíquica, cuja separação nem sempre é fácil fazer. Assim, apesar de todos os cuidados e de toda a atenção de que é objeto, a criança curada de câncer não pode deixar de sentir-se desdenhada, e isso seja qual for o ciúme de que, paralelamente, seja objeto por parte de seus irmãos e irmãs. De sua parte, ela inveja a saúde deles, percebendo-os como mais livres e mais disponíveis que ela, tanto interiror quanto materialmente.

Uma rivalidade baseada na eqüidade

"Há vezes — dizia Christine, tendo manifestamente na cabeça a imagem da caçula — eu tenho vontade de escapar, mas eu sou caseira. Eu gosto muito de ficar em casa, o que me faz estar muito com as crianças". Poderia deixar mais claro que, ao contrário de sua irmã, incomodava-se por não vê-las?

Em que ponto desejava chegar? Fazer prevalecer a política do 'dentro' sobre a do 'fora', a da presença sobre a da ausência? Na relidade Christine estava muito menos segura do que deixava

---

9. 1887-1902, p. 194.

286 *A criança dada por morta*

ver uma aparente falta de motivo. No fundo ela devia duvidar muito de que entre a atitude de sua irmã e a sua a diferença era principalmente de ordem econômica. Tratava-se para ambas de administrar a perda, o medo da não-volta, da morte, da separação. E na medida em que não o sabiam, nem ousavam falar do assunto juntas, impunham-se mutuamente o espetáculo de suas mazelas.

Alardear desdém tomando distância, demostrar com a presença provas de afeição, cada uma dessas condutas não era, em última análise, motivada pelo apego, pelo desejo de partir juntas, desejo que, a seu modo as duas conseguiram relizar ao se casarem quase ao mesmo tempo, deixando a mãe sozinha, abandonada como uma criança? Como, de fato não ver nesse duplo casamento a prova de amor que dedicavam entre si, prova de sua exigência de não deixar que um homem as separasse, de sustentar uma rivalidade baseada na eqüidade? Estando ambas na posse de um marido, uma, a caçula, teria um filho, a outra não; a esterilidade era o preço da cura. Uma, a mais velha, devolveria simbolicamente à mãe o filho perdido, a outra não. Em suma elas se nutriam e nutriam sua existência com essa rivalidade.

Foi igualmente uma rivalidade fundada na eqüidade que manteve a Sra. G. entre os dois filhos, rivalidade graças à qual chegou, durante muito tempo, a sufocar suas próprias angústias de abandono. A Sra. G. é, talvez o leitor se lembre, a mulher que me apresentou seu filho mais velho, curado havia oito anos de um tumor no cerebelo, avisando quer ele não tinha problemas, "exceto por sua baixa estatura e um irmão obstrutivo". Curiosamente, ou pelo contrário, muito a propósito, o casamento de Eric, o caçula, forneceu-lhe, após dez anos de silêncio, a ocasião de me telefonar para participar as preocupações que Paul lhe dava. Nossa conversa durou muito e não ocorreu sem que eu me admirasse — nada contudo comentando — por não ouvir uma palavra sobre o câncer. Ela parecia o tempo todo contentar-se em saber que eu o sabia, e que era por esse motivo que me consultava. Mas será que ela não estava apenas procurando minha conivência? Quem sabe

A perda do direito de primogenitura

287

seu silêncio tivesse outro significado? Não lhe permitia ele incluir suas próprias angústias, seus próprios medos nas declarações feitas sobre seu filho? Ela traía desse modo sua identificação com ele. Um 'eu' se escondia no 'ele'. Ele era triste, eu a sentia triste. O fechamento do garoto sobre si próprio a remetia à imagem do fechamento a que ela teria aspirado, ao qual, aliás, aspirava, pois havia se retirado para longe de Paris. Como a Sra. F. para Dominique, ela tinha a intenção de me encaminhar Paul, ocorrendo-me a idéia de que temia o suicídio, sem que eu pudesse, no momento, determinar quem deles dois, mãe ou filho, conhecia a recusa de viver. Manifestamente era ele, mas quem falava era ela.

O casamento de Eric, disse-me ela, foi um choque para Paul, que desde então foi isolando-se cada vez mais. Uma mulher se interpôs entre eles, uma mulher que tinha, de algum modo, posto fim à relação gemelar criada pelo câncer e perpetuada pelos pais de maneira paradoxal, separando-os sempre de maneira eqüitativa. Na adolescência isso consistiu em atribuir a cada um deles um quartinho independente do domicílio familiar. Depois os dois rapazes tiveram direito a um apartamento. Eric mobiliou o seu, Paul deixou o dele devido à sua inércia e à dificuldade de gastar dinheiro. As pessoas em torno dele tentavam fazê-lo sair, encontrar moças. Em vão, contudo, pois ele não sabia 'se virar'. "Eu não sou um presente para uma moça", respondeu à mãe que o incentivava, que se afligia em vê-lo navegar entre Paris e o interior, trabalhando ora com o 'papai', ora com a 'mamãe', sem conseguir alçar vôo. De fato, durante todos esses anos as coisas permaneceram sem alteração. Presente ou ausente, o irmão de Paul era sempre obstrutivo. Quanto à baixa estatura, nada era dito, como também não se falava dessa 'cicatriz narcísica', o câncer. "Eu não sou um presente", disse um homem-criança: isso sem dúvida era suficiente para evocar a lembrança daquilo que ele não deveria ter sido e do que não queria transmitir. De agora em diante ele se sentia sobrando, sem coragem para entrar em rivalidade.

288   *A criança dada por morta*

Pensamos aqui no casal apaixonado que Vincent Van Gogh formou com seu irmão Théo, descrita com arrebatamento por Viviane Forrester.

> Qual, aliás, dos dois irmãos vampirizava o outro? [...] Que duelos insuspeitados travaram, que ciúmes, que azedumes de ambas as partes, que vinganças entraram na sua tragédia?[...] Essa vida estranha, essa construção fina e complicada, febril e selvagem, incestuosa e pudica veremos desmoronar-se quando aparecer uma mulher, Jo Boringer, noiva, depois esposa de Théo e que, apesar dela, [...] destruirá o casal, o duo de irmãos [...].[10]

O interesse de Viviane Forrester pela relação de Vincent Van Gogh com seu irmão menor não recai apenas sobre "seus antagonismos equívocos", nem sobre

> a ambivalência de seus intercâmbios permanentes, febris, sua paixão mútua, [...],inalterável e sempre ameaçada, mas [e é isso que justifica a minha referência a seu livro no presente contexto] sobre a necessidade que cada um deles [...] tinha de um anteparo vivo para o pequeno morto, para o 'pequeno espectro' tão ameaçador, tão fascinante e apesar disso mantido em segredo,

principalmente o outro, Vincent, aquele de quem Van Gogh tomara o nome, e que o havia precedido em um ano, dia após dia, no mundo dos vivos.

A meus olhos, vale a pena expor a analogia entre o fantasma dessa criança morta ao nascer, de cuja representação Van Gogh só teve a que se referia ao túmulo e ao medo da morte que um irmão mais velho curado de câncer pode transmitir a um caçula. Nos dois casos, o espectro da morte adquire uma materialidade que nada tira de sua opacidade.

---

10. 1984, pp. 13-14.

A perda do direito de primogenitura 289

Conseguirá alguém um dia se livrar da realidade irreal desse espectro? A trama do caminho que conduz a uma tal cura-liberação pode passar pela criação artística, como também pela escolha de uma mulher. Ambas procedem, se dermos crédito a Freud, de uma luta contra a sujeição do homem à imutável lei da morte, de que o mito das Moiras é o símbolo.

> Sabemos — escreve ele em *O motivo da escolha das caixinhas* — que o homem utiliza a atividade da fantasia para satisfazer os desejos que não são satisfeitos na realidade. Foi assim que sua imaginação se rebelou contra o conhecimento encarnado pelo mito das Moiras e que ele criou o mito daí derivado, no qual a deusa da morte é substituída pela deusa do amor e pelos equivalentes da figura humana.[11]

Nessa perspectiva, não conviria substituir o: "Qual dos irmãos vampiriza o outro?", de Viviane Forrester, por uma outra pergunta enunciada nos seguintes termos: "O que é que havia neles que os fazia vampirizar um e o outro?"[12]

---

11. 1913, pp. 77-78.

12. "Nada é mais como antes, é certo", escreve Jean-Edern Hallier (1917) num livro dedicado à memória de seu irmão; livro poético e tocante em que, sob a pena do adulto, a intimidade da linguagem das crianças está muito bem expressa. Percebe-se igualmente, na gravidade do tom, a maturidade a que a doença fez chegar o jovem adulto. "É preciso — observa — amenizar os inconvenientes físicos diversos, engendrados pela nova situação. Mas eu assedio meu irmão maior com precauções. [...] Por onde quer que eu o conduza, ele é meu benjamim, pois renunciou aos direitos imprescritíveis de sua idade. Sou o seu primogênito por procuração, desincumbindo-se dessa tarefa com um devotamento incansável. Em suma, o demônio do bem me atormenta. [...] Eu teria sugado tudo. Minha atitude servil não tem outro motivo. [...] Foi apanhado quem achava que ia apanhar. É evidente que precisamos sobreviver. Em todas as coisas o morto apanha o vivo. Eu me chamo Aubert". O livro termina com essas palavras. A união final do 'eu' e do 'ele' atesta o suficiente, ao que me parece, a irreal realidade da morte e da recusa de sujeição que ela engendra.

Os desejos de sua infância que, "tais como as sombras da Odisséia, recobram vida após beberem sangue", teria respondido Freud.

Bibliografia

ABRAHAM, Nicolas
1978 *L'écorce et le noyau, 2ª ed.* Paris Aubier-Flamarion, 1987.

ALBY, Nicole
1974 "L'enfant de remplacement", in *L'évolution psychiatrique,* 39, p.557-566.

AULAGNIER, Piera
1984 *L'apprenti-historien et le maître sorcier, Paris,* P.U.F.
1986 *Un interprète en quête de sens,* Paris, Ramsay.

ANZIEU, Didier
1975 *L'auto-analyse de Freud et la découverte de la psychanalyse,* Paris, P.U.F.

BRAUNSCHWEIG, Denise e FAIN, Michel
1974 "Du démon du bien et des infortunes de la vertu", in N.R.P.nº 10.
1975 *La nuit, le jour, Paris,* P.U.F.

BRUN, Danièle
1986 "L'envie du vagin, la question du natricide dans la vie psychique", in *Psychanalyse à l'Université (Psa. Univ.),* t.2, nº 43.

292   *A criança dada por morta*

BYDLOWSKI, Monique
1978 "Les enfants du désir. Le désir d'enfant dans sa relation à l'inconscient", in *Psa. Univ.*, t.4, n° 13.
1983 "Souffrir de stérilité", in *Psa. Univ.*, t 8, n° 31

CALEF, Victor
1969 "Lady macbeth and infanticide", in *Journal of American Psychoanalysis*, vol. 17, n° 2.

CRAMER, Bertrand
1982 "L'enfant dans l'enfant", in *Les enfants des couples stériles*, E.S.F.

DAYAN, Maurice
1985 *Inconscient et réalité*, Paris, P.U.F.

DELAISI DE PARSEVAL, Geneviève
1982 "L'enfant qui ne veut pas venir", in *Les enfants des couples stériles*, Paris, E.S.F.

FÉDIDA, Pierre
1977 *Corps du vide et space de séance*, Paris, Delarge.
1978a *L'absence*, Paris, Gallimard.
1978b "La question de la théorie somatique dans la psychanalyse", in *Psa.Univ.*, T. 3, n° 12.
1980 "L'arrière-mère et le destin de la féminité", in *Psa. Univ.*, T.5, n° 18.
1985 "Du rêve au langage", in *Psa. Univ.* T.10, n° 37.

FERENCZI, Sándor
1974 *Psychanalyse 3*, Paris, Payot.
1982 *Psychanalyse 4*, Paris. Payot.

FORRESTER, Viviane

Bibliografia 293

1984 *Van Gogh ou l'enterrement dans les blés,* Paris, Seuil.
FREUD, Sigmund
1887-1902 *Naisance de la psychanalyse,* Paris, P.U.F., 1973.
1892-1893 "Un cas de guérison par l'hypnose" in *Résultats, idées, problèmes I,* Paris, P.U.F., 1984.
1899 "Sur les souvenirs-écrans", in *Névrose, psychose et perversion,* Paris, P.U.F., 1973.
1900 *"L'interprétation des rêves",* in *Standard Edition,* Paris, P.U.F., 1967 Vol. IV e V.
1907 "Les explications sexuelles données aux enfants" ,in *La vie sexuelle,* Paris, P.U.F., 1967.
1908 "Les théories sexuelles infantiles", in *La vie sexuelle, op. cit.*
1910 "A propos de la psychanalyse dite sauvage", in *La technique psychanalytique,* Paris, P.U.F., 1969.
1913a "Un rêve utilisé comme preuve", *Névrose, psychose et perversion,* Paris, P.U.F., 1973.
1913b "Le motif du choix des coffrets", in *L'inquiétante étrangeté et autres essais,* Paris, Gallimard, 1895.
1914 "Pour introduire le narcissisme", in *La vie sexuelle,* Paris, P.U.F., 1967
1915a "Considérations actuelles sur la guerre et sur la mort", in *Esssais de psychanalyse, nova trad.,* Paris, P.B. Payot, 1981, e com o título de: *"Actuelles sur la guerre et la mort",* in *O.C.P. XIII,* Paris, P.U.F., 1988.
1915b "Deuil et mélancolie", in *Métapsychologie,* Paris, Gallimard, Col. "Idées". 1968, Folio, 1986.
1915c "Ephémère destinée", in *Résultats, idées, problèmes I,* Paris, P.U.F., 1984 e com o título de: "Passagèreté", in O.C.P. XIII, Paris, P.U.F., 1988.
1915-1917 *Introduction à la psychanalyse,* Paris, Payot, 1968, reed. 1973. Standard Edition, vol XV, p. 199 a 212.
1916 "Ceux qui échouent du fait du sccès", in "Quelques types de caractère dégagées par le travail psychanalytique" ,in *L'inquiétante étrangeté et autres essais,* Paris, Gallimard, 1985.

294 *A criança dada por morta*

1917 "Un souvenir d'enfance de 'Poésie et vérité'", in *L'inquiétante étrangeté et autres essais,* Paris, Gallimard, 1985.

1919 "L'inquiétante étrangeté", in *L'inquiétante érangeté et autres essais, op. cit.*

1920 "Au-delà du principe de plaisir", in *Essais de psychanalyse, nova tradução,* Paris, Payot, 1981.

1923 "Le moi et le ça", in *Essais de psychanalyse, nova tradução,* Paris, Payot, 1981.

1924a "Le déclin du complexe d'OEdipe", in *La vie sexuelle,* Paris, P.U.F., 1967.

1924b "Le problème économique du masochisme", in *Névrose,psychose et perversion,* Paris, P.U.F., 1973.

1932 "La Feminité", in *Nouvelles conférences d'introduction à la psychanalyse, Paris, Gallimard,* 1984, Standard Edition, Vol. XII.

1936 "Un trouble de mémoire sur l'Acropole", in *Résultats, idées, problèmes II,* Paris, P.U.F., 1985.

1937 "L'analyse avec fin et l'analyse sans fin", in *Résultats, idées, problèmes II,* Paris, P.U.F., 1985.

GANTHERET, François
1975 "Les nourrissons savants", *N.R.P., n° 19, printemps 75, in Incertitude d'Eros,* Paris, Gallimard, 1984.

GRANOFF, Wladimir
1957 "Desire for children, children's desire. Un désir d'enfant", in *La Psychanalyse 2.*

GREEN, André
1975 *Le discours vivant,* Paris, P.U.F.

GUTTON, Philippe
1975 "L'enfant et la souffrance", in *Psychologie médicale, 7, 8.*

HALLIER, Jean-Edern

Bibliografia 295

1977 *Le premier que dort réveille l'autre,* Paris, Sagittaire.
JAMES, Henry
1892-1902 "Hugh Merrow", *N.R.P., n° 35,* printemps 1987.

JONES, Ernest
1947 "Introduction à Mélanie Klein", In *Essais de psychanalyse,* Paris Payot, 1968.

KOOCHER, Gérald e O'MALLEY, John E.
1981 *The Damocles Syndrome,* Nova Iorque, McGraw Hill.

KREISLER, Léon
1981 *L'enfant du désordre psychosomatique,* Toulouse, Privat.

LACAN, Jacques
1953 "Le mythe individuel du névrosé ou 'Poésie et Vérité' dans la névrose", conferência inédita pronunciada no Collège de filosofia.
1966 "Psychanalyse et médicine", in *Le Bloc-notes de la psychanalyse, n° 7,* Buchet-Chastel, 1987.

LAPLANCHE, Jean
1980 *Problématiques III. La sublimation,* Paris, P.U.F.
1982 Vie et mort en psychanalyse, *Col Champs* Paris, Flammarion.
1986a "De la théorie de la séduction restreinte à la théorie de la séduction généralisée", in *Etudes freudiennes,* n° 27.
1986b *La pulsion de mort,* Paris, P.U.F.

LECLAIRE, Serge
1976 *On tue un enfant,* Paris, Seuil.
1986 "'Psa-show', Une expérience, des questions", in *Psa. Univ.,* T. 11, n° 44.

296   *A criança dada por morta*

MAGGIONI, Chistina e BENZI, Guido
1986 "La généalogie d'une stérilité", in *Psicosomatique 8.*
MAJOR, René
1987 "La parabole de la lettre volée. De la direction de la cure et de son récit", in *Etudes freudiennes,* n° 30.

MC DOUGALL, Joyce
1981 "L'interprétation de l'irreprésentable", in *Etudes freudiennes,* n° 17-18.
1986 *Corps et histoire,* Paris, Les Belles Lettres.

MIJOLLA, Alain de
1981 *Les visiteurs du moi*, Paris, Les Belles Lettres.

M'UZAN Michel de
1977 *De l'art à la mort*, Paris, Gallimard.

NEYRAUT, Michel
1970 "Sur la vérité", *Etudes freudiennes*, n° 3-4.

PONTALIS, J.-B.
1983 *Entre le rêve et la douleur,* Paris, Gallimard.

RAIMBAULT, Ginette
1968 "Mors certa, hora certa", *L'inconscient.*
1975 *L'enfant et la mort,* Toulouse, Privat.
1982 *Clinique du réel. La psychanalyse aux frontières du médical,* Paris, Seuil.
1986 "L'enfant en vérité", in *Le Bloc-notes de la psychanalyse,* n° 6, N.R.P., *Buchet-Chastel.*

ROSOLATO, Guy
1987 "L'objet de perspective dans ses assises visuelles", in N.R.P., n° 35.

Bibliografia 297

ROYER, Pierre
1975 Préface à Ginette Raimbault, *L'enfant et la mort*, Toulouse, Privat.

SCHNEIDER, Michel
"L' image dans le passé", in *N.R.P.,* n° 35.

SCHNEIDER, Monique
1980 *Freud et le plaisir,* Paris, Denoël.

SCHULMAN, Jerome L. e Kupst, Mary Jo.
1980 *The child with cancer, Springfield,* EUA, Charles Thomas Publisher.

SCHWEISGUTH, Odile
1975 "Collaboration entre médicins et psychologues dans un service d'oncologie pédiatrique", in *Compte rendu des journées médicales sur: les problèmes psychologiques en rapport avec le cancer.* Textos reunidos pelo Dr. Fresco e a Sra. Extremet, Marselha, 12 e 14 de dezembro de 1975.
1985 "L'avenir des enfants guéris de cancer. Morbidité ultérieure", in *Arch. franç. de pédiatrie, 42/3/9/.*

STEIN, Conrad
1971 *L'enfant imaginaire,* Paris, Denoël. (2ª ed. revista e acrescida de um índice, 1987)
1973 "Sur l'écriture de Freud", in *Etudes freudiennes,* n° 7-8.
1979 "Le premier écrit psychologique de Freud", in *Etudes freudiennes,* n° 15-16.
1981a "Le nourrisson savant selon Ferenczi ou la haine et le savoir dans la situation analytique", in *Etudes freudiennes,* n° 17-18.
1981b "Le plus court chemin ou le désir d'interpréter", in *R.F.P. ou Rev. Franç. Psychanal.,* 1, p. 121-128.
1987 *Les Erinyes d'une mère,* Calligrammes.

298   *A criança dada por morta*

1988 *Effet d'offrande, situation de danger. Sur une difficulté majeure de la psychanalyse,* Ed. *Etudes freudiennes,* Paris

TORT, Michel
1987 "Demande d'enfant et procréation artificielle" in *Psa. Univ.* T. 12, nº 46.

ULLMO, Danièle
1975 "Paul ou les vicissitudes d'une grosse tête", in *Psychologie médicale,* 7-8.

ULLMO-BRUN, Danièle e MORISI, Jacqueline
1977 "Traitez-le comme un enfant normal", in *Psa. Univ.,* t. 2, nº 8.

ULLMO-BRUN, Danièle
1976 *Enfants atteints de cancer et leur devenir. Analyse de la relation parents enfants dans la maladie.* Tese do 3º ciclo, dirigida pela Sra. Juliettee Favez-Boutonier, Paris VII, inédita.
1980 "Script" da transmissão pela TV: "Par elles mêmes". Danièlle Ullmo-Brun, psicanalista. Transmitido por Antenne 2. Produção: Anne Sabouret. Realização: Claude Massot.

OUTRAS EDIÇÕES DA CASA DO PSICÓLOGO:

(Solicite catálogo completo pelo telefone: (011) 852.4633)

PENSANDO A INIBIÇÃO INTELECTUAL
Audrey Setton Lopes de Souza

MEMÓRIA E TEMPORALIDADE
Sobre o Infantil em Psicanálise
Bernardo Tanis

MOMENTOS MUTATIVOS EM PSICANÁLISE
Uma Visão Winnicottiana
Gilberto Safra

A TÉCNICA EM QUESTÃO -
De Freud e Ferenczi a Michael Balint
André Haynal - (co-edição Clínica Roberto Azevedo)

O PARENTESCO FANTASMÁTICO
Alberto Eiguer

CORPO-MENTE: UMA FRONTEIRA MÓVEL
Org.: Luiz C. Uchôa Junqueira Fº

A CRIANÇA DADA POR MORTA
Danielle Brun

DROGAS: UMA COMPREENSÃO PSICOD.DAS
FARMACODEPENDÊNCIAS
Dartiu Xavier da Silveira

PENSAR O SOMÁTICO - Imaginário e Patologia
Sami-Ali

PSICOTERAPIA GRUPO ANALÍTICO
Teoria e Técnica
Jorge Ponciano Ribeiro
(Co-edição Livros Neli)

O EQUILÍBRIO PSICOSSOMÁTICO
E um estudo sobre diabéticos
Rosine Debray

MATERNIDADE E PROFISSÃO
Sylvia Mello - Silva Baptista

PAUSA DE 90 SEGUNDOS
Exercícios Rápidos para Relaxar
Holf Herkert

A INSTITUIÇÃO E AS INSTITUIÇÕES
R. Käes e outros

A EXPERIÊNCIA BALINT
Coord. André Missenard

MORTE E DESENVOLVIMENTO HUMANO
Maria Júlia Kovács

PSICOTERAPIA COM FAMÍLIAS
Org. Sally Box e outros

A MULHER SEM QUALIDADE
Estudo Psicanalítico da Feminilidade
Annie Anzieu

- COMUNIDADE TERAPÊUTICA PSICANALÍTICA DE
  ESTRUTURA MULTIFAMILIAR
  Jorge E. García Badaracco
  (co-edição Clínica Roberto Azevedo)

- AS CRIANÇAS QUEREM SABER... E AGORA?
  Moacir Costa e outros

- GUIA DE ORIENTAÇÃO SEXUAL (5ª ed.) -
  Coord. Marta Suplicy

- O GRUPO E O INCONSCIENTE
  Didier Anzieu

- PSICOSE E MUDANÇA
  R. Diatkine e outros

- EM BUSCA DO FEMININO
  Ensaios Psicanalíticos
  Org. Assoc. Bras. Grupos Est. do IPA

- PSICOMETRIA GENÉTICA
  Sara Paín

- A CRIANÇA E SUA PSICOSE
  Claudine e Pierre Geissmann

- SÓCIO-PSICOMOTRICIDADE RAMAIN-THIERS
  Solange Thiers

- O EU E O TEMPO
  Psicanálise do Tempo e do Envelhecimento
  Henri Bianchi

- A PSICOPATOLOGIA NO EXAME DE RORSCHACH
  Catherine Chabert

- RESSENTIMENTO E REMORSO - Estudos
  Psicanalíticos - *Luis Kancyper*

- CONTRIBUIÇÕES AO CONCEITO DE OBJETO
  EM PSICANÁLISE
  W. Baranger e Colaboradores
  (Co-edição Clínica Roberto Azevedo)

- O EU-PELE
  Didier Anzieu

- O INCESTO UM DESEJO
  Claudio Cohen

- PROVÉRBIOS E O INCONSCIENTE
  Cláudio Cohen

- ÁLBUM DE FAMÍLIA - Imagens, Fontes e Idéias
  da Psicanálise em São Paulo

- REVISTA IDE
  Soc. Bras. de Psicanálise

- CONTRATRANSFERÊNCIA
  De Freud aos Contemporâneos
  Org. Sérvulo A. Figueira

Cadastre-se na Casa do Psicólogo®

Nome completo

Endereço Residencial

UF   CEP   Cidade

DDD + Telefone Residencial   DDD + Telefone Comercial

Data de Nascimento   /   /   CIC/CPF   CRP Nº

Assinale abaixo as áreas em que você atua.

☐ Educação   ☐ Hospitalar   ☐ RH/Institucional   ☐ Clínica/Consult.

☐ Orientação Prof. ☐ Docência Sup.   ☐ Outra área
                                           Qual:

Você, nosso CLIENTE PREFERENCIAL receberá sempre notícias com as novidades e informações.

PRT/SP - 3912/95
UP-AC CENTRAL

DR/SÃO PAULO

CARTÃO-RESPOSTA
NÃO É NECESSÁRIO SELAR

O SELO SERÁ PAGO POR

Casa do Psicólogo Livraria e Editora Ltda.

05999-999 São Paulo - SP